中国金融四十人论坛
CHINA FINANCE 40 FORUM

致力于夯实中国金融学术基础，探究金融领域前沿课题，引领金融理念突破与创新，推动中国金融改革与发展。

走向"十四五"

中国经济金融新格局

《径山报告》课题组 ◎ 著

肖钢 | 蔡昉 | 都阳 | 陆磊 | 王信 | 朱鸿鸣 | 刘晓春 | 梁红　联袂打造

中信出版集团 | 北京

图书在版编目（CIP）数据

走向"十四五"/《径山报告》课题组著. -- 北京：中信出版社, 2021.9
ISBN 978-7-5217-3476-8

Ⅰ.①走… Ⅱ.①径… Ⅲ.①中国经济—研究报告—2021-2025 Ⅳ.①F12

中国版本图书馆 CIP 数据核字（2021）第 166510 号

走向"十四五"

著　　者：《径山报告》课题组
出版发行：中信出版集团股份有限公司
　　　　　（北京市朝阳区惠新东街甲 4 号富盛大厦 2 座　邮编　100029）
承　印　者：宝蕾元仁浩（天津）印刷有限公司

开　　本：787mm×1092mm　1/16　　印　　张：28　　字　　数：300 千字
版　　次：2021 年 9 月第 1 版　　　　印　　次：2021 年 9 月第 1 次印刷
书　　号：ISBN 978-7-5217-3476-8
定　　价：79.00 元

版权所有·侵权必究
如有印刷、装订问题，本公司负责调换。
服务热线：400-600-8099
投稿邮箱：author@citicpub.com

"中国金融四十人论坛书系"专注于宏观经济和金融领域，着力金融政策研究，力图引领金融理念突破与创新，打造高端、权威、兼具学术品质与政策价值的智库书系品牌。

中国金融四十人论坛是中国最具影响力的非官方、非营利性金融专业智库平台，专注于经济金融领域的政策研究与交流。论坛正式成员由40位40岁上下的金融精锐组成。论坛致力于以前瞻视野和探索精神，夯实中国金融学术基础，研究金融领域前沿课题，推动中国金融业改革与发展。

自2009年以来，"中国金融四十人论坛书系"及旗下"新金融书系""浦山书系"已出版150余部专著。凭借深入、严谨、前沿的研究成果，该书系已经在金融业积累了良好口碑，并形成了广泛的影响力。

中国金融四十人论坛《径山报告》项目介绍

中国金融四十人论坛于2017年初正式启动《径山报告》项目，每年针对经济金融领域的重大话题，邀请学界、政界与业界专家进行研究、辩论，提出相应的政策建议。《2020·径山报告》由中国金融四十人论坛资深研究员肖钢牵头，邀请学术素养深厚、专业经验丰富的专家承担课题研究工作。《2020·径山报告》项目协调小组成员包括：肖钢、黄益平、刘晓春、王信、王海明。

《2020·径山报告》主题为"'十四五'时期经济金融发展与政策研究"，分为一个综合报告和六个分报告，从发挥我国强大国内市场优势、储蓄率变化、全球"宽货币、低利率"现象、提升金融体系适应性、金融支持民企发展、房地产金融发展、防范金融风险等角度对"十四五"时期重大经济金融问题展开系统研究并提出政策建议。此报告于2020年10月定稿并交付出版，根据报告主题定名为《走向"十四五"》。

径山，位于杭州城西北，以山明、水秀、茶佳闻名于世。《径山报告》项目选择以"径山"命名，寓意"品茶论道悟开放"，让中国金融实践走向世界。

中国金融四十人论坛《2020·径山报告》课题组

综合报告：肖　钢　冯　明　石锦建
分报告一：蔡　昉　都　阳
分报告二：陆　磊　马　昀　王笑笑　姚一旻
　　　　　尚昕昕　亢　悦　贺　洋
分报告三：朱鸿鸣
分报告四：刘晓春　周　琼　肖　蕾　祝修业
分报告五：梁　红　张　宇
分报告六：王　信　张　蓓　贾彦东　李宏瑾
　　　　　马志扬　崔　莹　张　伟

序　言

围绕实体经济进行金融创新，推动金融业高质量发展

在 2020 年 10 月 29 日闭幕的党的十九届五中全会上，习近平总书记在对《中共中央关于制定国民经济和社会发展第十四个五年规划和二〇三五年远景目标的建议》的说明中强调，"当今世界正经历百年未有之大变局，我国发展的外部环境日趋复杂。防范化解各类风险隐患，积极应对外部环境变化带来的冲击挑战，关键在于办好自己的事，提高发展质量，提高国际竞争力，增强国家综合实力和抵御风险能力，有效维护国家安全，实现经济行稳致远、社会和谐安定"。

金融业是我国经济发展的重要组成部分，也是下一步经济高质量发展的关键因素之一。如何"在危机中育新机、于变局中开新局"，是金融业在数字经济时代必须要回答的问题，也是金融管理者、从事金融研究的专家学者、金融行业的从业者非常关心的问题。2020 年 5 月 23 日，习近平总书记提出"以国内大循环为主、国内国际双循环相互促进"的新发展格局，为中国的金融创新指明了基本方向。十九届五中全会进一步强调："构建金融

走向"十四五"

有效支持实体经济的体制机制,提升金融科技水平,增强金融普惠性。深化国有商业银行改革,支持中小银行和农村信用社持续健康发展,改革优化政策性金融。全面实行股票发行注册制,建立常态化退市机制,提高直接融资比重。推进金融双向开放。完善现代金融监管体系,提高金融监管透明度和法治化水平,完善存款保险制度,健全金融风险预防、预警、处置、问责制度体系,对违法违规行为零容忍。"党中央的一系列举措,为中国数字时代围绕实体经济的金融创新打开了新思路、提供了新机遇。

中国金融四十人论坛多年来一直在探索中国金融的创新之路,本书更是在全球新冠肺炎疫情蔓延时期,务实、深刻地分析了在这一特殊历史时期中国国内市场的优势,探讨了提升金融体系对于经济高质量发展的适应性,开放条件下防范金融风险的对策,以及如何建设金融支持民营企业发展的长效机制,并针对中国的储蓄率变化、"宽货币、低利率"现象、房地产金融三个具体方面进行了深入剖析。这些观点为我国下一步围绕"十四五"规划进行金融创新提供了很好的思路,也对下一步中国金融政策的制定有一定参考意义。

中国经济已经进入到一个全新的发展时期,数字化发展已经成为中国经济的新特征。随着中国率先布局数据要素并大力推进数字经济,一系列围绕工业经济的秩序将会被打破,一些传统的经济金融理论将会被改写。中国所推行的数字时代金融创新必须要为实体经济服务,不能脱离实体经济而存在。金融的核心是信用、杠杆和风险,数字技术正在改变信用体系、杠杆计算的方式

序 言

和风险控制的模型，因此，我们即将面临的是金融体系的全方位的变革。这不是华尔街的金融体系，也不是以往的互联网金融所能够涵盖的，而是需要依据中国特色来进行创新，走出中国的金融科技和科技金融的道路。

服务中华民族伟大复兴战略全局和世界百年未有之大变局这内外两个大局，是我国金融创新的基本出发点。围绕这一目标，面向实体经济的金融创新应该注意以下几点。

第一，把握国情基本盘，树立中国金融理论自信。我国有经过历史检验的制度优势，能够全国一盘棋，集中力量办大事，能够以"有为政府"协同"有效市场"，能够以国企立稳、以民企促活，能够打破三元悖论，走出一条中国特色创新之路。现阶段我国已经打下了良好的发展基础，是世界第二大经济体、第一大制造国，是全球唯一一个拥有联合国产业分类中全部工业门类的国家。这些举世瞩目的成果为发展中国的数字时代金融理论奠定了基础，无论是金融管理者还是专家学者、从业者，都要在我们的制度自信基础上，树立金融理论自信，敢于开拓进取，从金融的本质出发，依据中国经验提出并实践中国的数字金融理论。

第二，发挥超大市场优势，用金融创新促进传统产业数字化转型。我国是世界第一人口大国，拥有世界上最大规模的劳动力群体。本书数据显示，中国有 4 亿人属于中等收入人群，大致相当于欧美日的总和，拥有多达 12 亿的互联网网民和超过 11 亿的移动互联网月度活跃用户，2019 年中国已经超越美国成为世界第一大消费市场，2019 年人民币信贷余额是全球第一，股票市

走向"十四五"

场市值、债券市场托管余额均位居全球第二。良好的发展基础和巨大的市场规模,为启动高质量内循环奠定了基础。但我们也要看到,我国大量的产业生态还在较低水平上循环,迫切需要通过数字技术和金融创新来提升产业生态水平,促进高质量发展。

第三,迎接国际环境变化挑战,用数字科技促进金融双向开放。2020年以后,中国经济发展的外部环境错综复杂,逆全球化、民粹主义、贸易保护主义抬头,中美博弈与对抗升级,新冠肺炎疫情对全球经济的冲击长期化、复杂化。面对这些挑战,中国金融业也必须抓住在内外经济循环之中重构金融秩序的机会。我们要主动应用数字科技,创新金融监管模式和服务模式,促进金融双向开放。

第四,抓住数据要素市场化机遇,探索利用"五全信息"的金融新框架。数字化基础平台实际存在"五全特征"(全空域、全流程、全场景、全解析和全价值),并给社会经济系统带来了"五全信息"。所谓"全空域",是指打破区域和空间障碍,从天到地、从国内到国际可以泛在地连成一体。所谓"全流程",是指关系到人类所有生产、生活流程中每一个点,每天24小时不停地积累信息。所谓"全场景",是指跨越行业界别,把人类所有生活、工作中的行为场景全部打通。所谓"全解析",是指通过人工智能的搜集、分析和判断,预测人类所有行为信息,产生异于传统的全新认知、全新行为和全新价值。所谓"全价值",是指打破单个价值体系的封闭性,穿透所有价值体系,并整合与

序 言

创建出前所未有的、巨大的价值链。现代信息化的产业链是通过数据存储、数据计算、数据通信跟全世界发生各种各样的联系，正是这种"五全"特征的基因，当它们跟产业链结合时，就形成了全产业链的信息、全流程的信息、全价值链的信息、全场景的信息，成为具有高价值的数据资源。有了"五全信息"和数据要素的市场化配置，金融业就有了新的发展空间，并可以基于此发展金融科技，构建金融新框架。

但是，金融科技并没有改变任何金融传统的宗旨以及安全原则，在这个意义上，无论是"科技＋金融"，还是"金融＋科技"，都不仅要把网络数字平台的好处高效地用足、用好、用够，还要坚守现代金融形成的宗旨、原则和理念。金融科技有两个基因，一是互联网数字平台的基因——"五全信息"，二是金融行业的基因，在一切金融业务中把控好信用、杠杆、风险的基因。互联网运行有着巨大的辐射性和无限的穿透性，一旦与金融结合，便既有可能提升传统金融体系的效率、效益和降低风险的一面，也有可能带来系统性、颠覆性的危机的一面。金融创新不能违背金融运行的基本原则，必须持牌经营，必须有监管机构的日常监管，必须有运营模式要求和风险处置办法。

《中共中央关于制定国民经济和社会发展第十四个五年规划和二〇三五年远景目标的建议》提出，经济社会发展必须遵循的原则之一是"坚持系统观念"。要"加强前瞻性思考、全局性谋划、战略性布局、整体性推进，统筹国内国际两个大局，办好发展安全两件大事，坚持全国一盘棋，更好发挥中央、地方

走向"十四五"

和各方面积极性，着力固根基、扬优势、补短板、强弱项，注重防范化解重大风险挑战，实现发展质量、结构、规模、速度、效益、安全相统一"。这一原则也是构建数字时代中国的金融体系必须遵循的，我也衷心希望金融业的同人能够前瞻性思考，办好金融发展和安全两件大事。也希望大家以本书为起点，广泛讨论、大胆创新、小心求证，开辟我国数字时代的金融行业新局面。

黄奇帆

中国金融四十人论坛学术顾问

复旦大学特聘教授

摘 要

走向"十四五":充分发挥强大国内市场优势,塑造经济金融新格局

面对国内外更加复杂严峻的形势,在传统优势趋于消失的同时,中国经济必须挖掘和释放强大国内市场优势的潜力。尽管我国强大国内市场优势蕴藏着巨大潜力,但要将其转化成现实优势,充分发挥其效能,目前还面临不少障碍和挑战。

对此,笔者主要提出七项政策建议:一是加大人力资本投入,提高技能人才占比,加快培育适合中国国情的养老体系;二是扩大中等收入群体,壮大国内消费市场;三是构建支持民营企业发展的长效机制;四是提升金融体系与经济高质量发展的适应性和协调性;五是推进房地产金融改革,促进房地产业长期健康发展;六是以更高水平金融开放应对日益复杂严峻的国际环境,推动形成互利共赢局面;七是保持金融稳定,守住不发生系统性风险底线。

基本内涵

"十四五"时期中国经济金融发展的内外部环境面临着三大

走向"十四五"

变化：一是人口红利和低劳动成本优势趋于消失，二是后发优势不再，三是相对有利的外部发展环境正在发生深刻改变。面对国内外更加复杂严峻的形势，在传统优势趋于消失的同时，中国经济必须挖掘和释放强大国内市场优势的潜力。

中国强大国内市场优势包含以下五个方面基本内涵。

第一，新一代青壮年人口优势。强大国内市场优势首先是由我国超大规模的人口数量决定的。2014 年以来，尽管中国的劳动年龄人口数量已经处于下降趋势，但从国际比较来看，我国在未来较长时期内仍将拥有世界上相对规模最大的优质劳动力资源。这些青壮年人群（八零后、九零后、零零后）成长于中国经济蓬勃发展的高速增长期，受教育程度高，是互联网等新经济时代的原住民，正在成为各行各业的生力军，必将具有更强的创造力和国际竞争力。

第二，超大规模消费市场优势。近年来，中国已经在越来越多的行业成为第一大消费国。中等收入群体人数的快速增长是促使中国消费规模不断壮大的重要原因。但在 2018 年，我国居民消费占 GDP 的比例仅为 39.4%，总消费率仅为 54.3%，不仅低于美国、日本、德国等发达国家，而且低于印度、巴西等新兴市场经济体。这意味着，未来我国消费率仍存在一定的上升空间。

第三，科技创新与技术产业化应用规模优势。首先，强大国内市场意味着更高的新技术涌现概率。在数字通信、计算机技术、视听技术等领域，中国的发明专利数量均处于领先地位。其次，强大国内市场还为新技术的产业化落地创造了更广阔的空间、更

摘 要

丰富的应用场景和更充分的试错机会。

第四，大规模金融市场优势。当前，我国金融市场已经具备了成为大规模金融市场的潜力。一是中国金融市场的体量已经位居全球前列。二是中国金融市场拥有规模庞大、结构多样的投资者群体。三是居民资产配置和财富管理需求持续增长。四是新冠肺炎疫情的冲击加速了海外资金配置中国金融资产的需求。

第五，强大国内市场地区收敛优势。强大国内市场内部较大的区域差距蕴含着增长潜力，落后地区追赶发达地区、缩小区域差距的过程是经济增长潜力释放、产业转移升级、国内贸易增长的过程。但是，落后地区追赶发达地区的收敛效应并不是天然存在的，精准发掘区域优势、释放增长潜力是落后地区实现收敛效应的前提。

值得注意的是，强大国内市场并非一个封闭的国内市场，而是一个开放、包容、连通国际的市场，是世界市场的重要组成部分。近年来，我国通过实施更高水平的对外开放，为全球大规模的货物服务贸易往来、跨境资金流动，以及为我国积极融入国际产业链、供应链提供了广阔的空间。"十四五"时期强大国内市场的开放优势也将进一步得到发挥，从而促使国际国内要素有序自由流动，市场深度融合，助推国内国际双循环相互促进的新发展格局。

多重挑战

第一，人口结构演变和资产价格攀升共同制约了青壮年人口优势发挥。我国面临的人口老龄化压力从"十四五"时期开始会日趋加大。劳动年龄人口占比持续下降，人口抚养比持续上升，老龄化时代的到来还可能引发一系列社会问题。特别是，居高不下的房价已经开始成为限制中青年人口由农村向城镇、由小城镇向大中城市流动的因素，进而约束了经济增长动能和社会活力。高房价、高房租和高负债不仅加重了中青年人的生活负担，抑制了即期消费，还造成了社会上的一些焦虑情绪。

第二，劳动者报酬偏低和结构性供给不足共同制约了超大规模消费市场潜力释放。从需求端看，我国消费率偏低的最根本原因是劳动者报酬份额偏低，绝大部分普通劳动者的收入和消费能力有限。从供给端看，由于制度藩篱和市场发育不健全，存在大量需求旺盛但是缺乏供给的领域，从而限制了消费市场壮大，如医疗服务、养老保健服务、家政服务、中高品质物业服务、幼儿陪护和教育等。

第三，自主创新能力不足阻碍了科技产业化应用规模优势发挥。当前，我国科技创新领域面临较大挑战，高技术产业领域主要以加工贸易方式参与全球产业链分工，核心部件和高端精密设备等领域"卡脖子"现象比较普遍，一些关键零部件严重依赖进口。高技能人才仍然短缺，支持创新发展的制度软环境建设也有待优化。

第四，金融体系结构与超大规模经济创新及高质量发展要求不相适应。一是我国金融结构失衡，金融服务新兴产业和成长型企业的能力不足。二是衍生品市场对实体经济的支持力度不够。

摘　要

三是居民金融财产性收入增加，需要多元化、多层次、智能化金融产品和服务。四是中国金融市场双向开放程度仍有待提升。

第五，国际国内营商环境制约了强大国内市场效应发挥。近年来，虽然我国营商环境得到了显著改善，但与法治化、国际化营商环境还有不小的差距。各地区发展也很不平衡，中西部地区与东部地区的差距仍然较大，南方与北方差距有所扩大。此外，逆全球化趋势给我国强大国内市场优势带来严峻挑战。尽管我国拥有完整的超大规模制造业体系，进出口贸易总额高企，但我国在全球产业链价值链体系中的地位仍然偏低。

第六，金融风险不断累积，给我国强大国内市场优势发挥带来新的挑战。"十四五"时期是我国过去长期积累的金融风险进一步暴露的时期，也是国际环境变化和全球新冠肺炎疫情冲击带来新的风险应对的关键时期。我国宏观杠杆率继续升高，国内金融市场波动加剧，跨境风险交叉传染事件增多，技术风险引发的金融风险隐患明显增多。

政策建议

（一）加大人力资本投入，提高技能人才占比，加快培育适合中国国情的养老体系

其一，持续加大人力资本投资，深化教育改革，出台对青少年学习和探索数理化与生物等基础科学的优惠扶持政策，营造鼓励基础理论研究的社会环境。

其二，坚持"房子是用来住的、不是用来炒的"定位，高度重视房价大幅波动带来的社会问题以及年轻人择业问题，特别是房价过高会影响制造业发展，削弱产业链聚集效应，增大成本压力，影响青壮年人口合理流动。

其三，加快培育适合中国国情的养老体系。构建家庭、社区、医院、公共养老机构和商业养老机构并存互补、结构合理的多层次、多样化养老服务体系，为青壮年劳动者做好未来养老的财务准备。

（二）扩大中等收入群体，壮大国内消费市场

其一，适度提高劳动报酬在 GDP 中的比重，确保劳动者收入增长与经济增长和劳动生产率增长相适应。从"十四五"时期开始，争取用接下来三个五年规划的时间，将我国的中等收入群体规模由当前的 4 亿扩大到 8 亿左右，实现"中等收入群体倍增"。

其二，大力推进新型城镇化，形成大都市圈和城市群，适应农村人口向县城聚集的需要，加快推进县域产城融合。进一步推进乡村振兴战略，逐步推动农业实现适度规模经营，提高农业的劳动生产率，增加农民集体土地财产性收入。

其三，加大供给补短板力度，针对医疗、养老、家政、物业、幼儿教育等需求旺盛而供给不足的领域，及时破除制度藩篱，引导劳动力、资本等要素资源的市场化配置。

（三）构建支持民营企业发展的长效机制

其一，坚持所有制中性原则和竞争中性原则，确保民营企业与国有企业一视同仁，实现公平竞争。进一步完善法律法规，修订《中小企业促进法》，规范各级政府的担保机制、方式和业务

摘 要

模式，严禁要求企业提供抵押等反担保措施。同时，为应收账款、知识产权、存货、通用机器设备等担保品的确权、流通、处置等立法，确保担保品可确权、可评估、可流通。

其二，构建亲清政商关系，优化地方政府职能，深化政府部门"放管服"改革。减少审批、核准和备案事项，强化政府监管标准的严格、统一、可预期，不断改善营商环境。

其三，金融机构要转变经营理念与方式，将支持民营企业发展作为业务战略的重要组成部分。建立健全新型银企关系，改进对民营企业信贷风险的管理，发展民营企业债券融资支持工具，发展以计算违约概率和违约回收率为核心的定价方法。

（四）提升金融体系对于经济高质量发展的适应性和协调性

其一，大力发展股权市场，增加风险资本供给，强化金融的创新催化剂功能。继续推进股票发行注册制改革、市场化常态化退市制度改革，提升信息披露质量和水平，深化对外开放，并加大对资本市场违法犯罪行为的打击力度。健全有利于股权融资发展的税制体系。引导长期机构投资者开展创业风险投资和私募股权投资。

其二，要稳慎推进人民币国际化，抢抓机遇，打造全球人民币金融资产配置中心。在"十四五"末期实现资本项目基本可兑换，完善开放、统一、普惠的跨境投融资体系，推动中国金融与世界金融融合发展，提升人民币作为全球公共产品的服务功能。

（五）推进房地产金融改革，促进房地产业长期健康发展

其一，发展房地产证券化市场，改变过度依赖银行融资的局面。抓紧落实基础设施公募 REITs（房地产投资信托基金）试点，探索可复制、可推广的经验，及时完善相关规则。适时扩大底层资产类别，推动长租公寓和商业物业公募 REITs 发展。建立规范的房地产股权基金，降低房地产企业的资产负债率，实现项目风险隔离与有效管理，实行定制化收益分配。

其二，创新房地产金融服务，构建有效、包容、可持续的公共金融体系，推动公共租赁住房市场发展，满足中低收入家庭的购房租房需求。进一步发挥政府、金融机构、民营企业等多个参与主体的作用，满足中低收入家庭的合理购房需求。对于公共租赁住房建设，地方政府应提供无偿或低价用地，建成后原则上只租不售，打包资产发行 REITs 进行再融资，滚动发展，降低地方财政负担。

（六）以更高水平金融开放应对日益复杂严峻的国际环境，推动形成互利共赢局面

其一，练好金融市场化改革内功。持续推进利率市场化改革，培育市场基准利率和收益率曲线，逐步形成以政策利率和利率走廊上下限为核心的市场化利率调控体系。深化人民币汇率形成机制改革，积极推进金融机构市场化改革。

其二，优化金融开放的体制机制。完善开放、统一、普惠的跨境投融资体系，构建开放多元、功能健全、富有弹性、竞争力强的外汇市场体系。建立以人民币金融资产为基础的国际金融中心。

其三，构建与更高水平金融开放相适应的现代金融治理体系。

摘　要

推进金融监管体制机制改革。建立开放经济条件下多层次跨境资本流动宏观调控体系。综合运用逆周期宏观审慎工具，及时对跨境资本流动进行预调微调，重点防范外汇市场的非理性行为和单边贬值预期。完善关键领域法律法规体系建设。加强金融基础设施建设，积极推动金融科技赋能。

（七）保持金融稳定，守住不发生系统性风险底线

其一，加强宏观政策协调，提高宏观调控有效性。注意财政政策与货币政策的协同配合，创新和规范结构性货币政策工具，健全"双支柱"政策框架，推进功能监管、协调监管，完善风险处置和市场退出机制。

其二，防范化解中小银行风险，推动转变经营理念，补充资本，改进公司治理，加强对实际控制人的监管，健全内部合规与风险控制流程，因地制宜发展数字金融，提升业务能力与效益。

其三，防范地方政府债务风险，特别是隐性债务风险。建立规范的举债融资机制，控制举债规模，严格项目筛选，加强财务约束，提高资金使用效率。

其四，防范输入型风险，统筹协调好人民币国际化、资本项目可兑换和人民币汇率机制改革之间的关系，高度重视国内外资本市场的联动风险。加强国际金融监管合作与协调，坚决反对并妥善应对美国的长臂管辖与金融制裁，做好极端情况下的工作预案。

目 录

序　言 · I
摘　要 · VII

01 充分发挥我国强大国内市场优势

我国强大国内市场优势的内涵　· 005
强大国内市场与对外开放　· 020
市场潜力转化为现实优势的障碍与挑战　· 026
主要结论与政策建议　· 034

02 中国储蓄率变化、决定因素及其影响研究

中国储蓄率的构成及其变化趋势　· 047
中国居民储蓄率的决定因素及其影响　· 060
储蓄率变化对宏观经济的影响　· 073

储蓄率与危机时期的政策反应　·083

主要结论与政策建议　·092

03
全球"宽货币、低利率"对我国金融业的影响

全球"宽货币、低利率"是近150年来
　　罕见的货币现象　·100

我国"三元悖论"框架下的政策选择　·119

新环境下银行业面临的挑战与转型　·129

我国金融市场迎来新的发展机遇期　·137

"宽货币、低利率"环境下的潜在金融风险　·145

主要结论与政策建议　·156

04
提升金融体系对经济转型升级的适应性

金融适应性四要素　·168

面向"十四五"时期的金融适应性　·181

我国金融适应性存在的不足　·187

主要结论与政策建议　·202

目 录

05 建设金融支持民营企业发展的长效机制

我国民营企业经营和融资现状 ・209
民营企业融资困境的成因分析 ・233
主要结论与政策建议 ・255

06 房地产金融发展的困境与破解

房地产金融发展的现状、问题及改革方向 ・285
构建多层次的市场化房地产金融体系 ・293
探索创新型的房地产公共金融体制 ・315
主要结论与政策建议 ・340

07 开放条件下防范金融风险的难点与对策

国内外新形势下金融稳定面临的挑战 ・351
开放条件下防范金融风险的重点和难点 ・370

| 主要结论与政策建议　·393

参考文献　·403
后　记　·417

01
充分发挥我国强大国内市场优势

01

充分发挥我国强大国内市场优势

逐步形成以国内大循环为主体、国内国际双循环相互促进的新发展格局,是党中央审时度势,对当前和今后一个时期我国经济发展做出的重大战略部署,也是全球化重构时代我国经济发展的重大战略抉择,更是构建高水平开放、制度型开放新格局的必然要求。围绕高质量发展主题和构建新发展格局战略部署,党的十九届五中全会提出了国内市场更加强大的目标。充分发挥我国强大国内市场优势是"十四五"时期经济平稳健康发展的根本保障。

"十四五"时期中国经济金融发展的内外部环境面临三大变化。

一是人口红利和低劳动成本优势趋于消失。2014年以来,我国的劳动年龄人口数量已经处于逐年下降的趋势,劳动年龄人口在总人口中的比重由2010年的74.5%下降至当前的71%。农村剩余劳动力转移殆尽,农民工人数增速近年来持续放缓,目前已接近于零增长。在传统"人口红利"优势趋于衰竭的同时,人口老龄化压力和农民工市民化压力未来还可能导致"人口负债"。

二是后发优势不再。随着经济的不断发展,我国大多数产业与世界技术前沿的差距不断缩小,一些产业已处于领先地位。在这种情况下,通过"跟随"和"学习"实现经济发展开始变得越来越困难,因此必须通过自主研发实现创新驱动型发展。

三是相对有利的外部发展环境正在发生深刻改变。逆全球化、

走向"十四五"

民粹主义、贸易保护主义此起彼伏,世界经济可能面临长期停滞,中美博弈与对抗升级不可避免。新冠肺炎疫情冲击长期化和复杂化,加剧了外部环境的恶化。

我国强大国内市场优势,是一个全面、系统的概念,具有丰富的内涵,这个市场涵盖了劳动力、消费、产业、创新、金融、物流、房地产等各类市场;既包括商品市场和服务市场,也包括要素市场;既涉及实体经济,也涉及虚拟经济。强大国内市场不仅仅是以某些市场达到世界最大规模来衡量的,更重要的是强调其是全国统一的市场,以及对全球市场能够产生重大影响,对内循环与双循环能够形成有力支撑的大市场。可以说,像我国这样超大规模的统一市场,全球只有一个。当然,尽管我国强大国内市场优势蕴藏着巨大潜力,但要转化成现实优势,充分发挥其效能,需要一系列条件。在这方面,我国目前还面临着不少障碍和挑战。要真正实现从潜在优势到现实效能的转变,更好地推动国内国际双循环相互促进的新发展格局,还需要进一步深化改革、扩大开放,采取一系列政策措施。

01
充分发挥我国强大国内市场优势

我国强大国内市场优势的内涵

"十四五"时期,面对国内外更加复杂严峻的形势,在传统优势趋于消失的同时,中国经济必须挖掘和释放强大国内市场优势潜力。具体而言,中国强大国内市场优势有如下五方面基本内涵。

一、新一代青壮年人口优势

"十四五"时期新一代青壮年人口优势将进一步体现。强大国内市场优势首先是由我国超大规模的人口数量决定的。截至2019年年底,我国大陆总人口数量为14.000 5亿,占全球人口数量的18.4%。与其他主要经济体比较来看,美国的人口数量约为3.27亿,欧盟为5.13亿,日本为1.27亿,东盟为6.54亿。超大规模人口数量意味着我国拥有世界上最大规模的劳动力群体。我国劳动年龄人口数量为9.92亿,占全球劳动年龄人口总量的1/5,比美国、欧盟、日本的总和还要多——美国、欧盟和日本的劳动年龄人口数量分别为2.14亿、3.31亿和0.76亿。2014年以来,尽管随着出生率下降和人均寿命延长,我国的劳动年龄人口数量已经处于下降趋势,但从国际比较来看,在未来较长时期内,我国仍将拥有世界上相对规模最大的优质劳动力资源——到2030年,我国20~50岁(八零后、九零后、零零后)的青壮年人口数量将达到 6.12 亿，其中 20~40 岁（九零后和零零后）的青年人口数量为 3.90 亿。这些人成长于中国经济蓬勃发展的高速增长期，受教育程度高，是互联网等新经济时代的原住民，正在成为各行各业的生力军，为我国经济发展持续注入新鲜血液，使我国成为人力资本积累的后起之秀，一代更比一代强。我国必将具有更强的创造力和国际竞争力。

从长期趋势看，人口结构变化是影响储蓄率最重要的因素。我国储蓄率总体上处于下降趋势，虽然在 2008 年达到高点 52.3% 以后开始下降，但目前仍高达 46%，远高于 20% 的世界平均水平，也高于其他高储蓄率的东亚经济体。根据世界银行收入水平分类标准，中国目前属于中上收入国家，而我国储蓄率高出其他中上收入国家平均水平（2018 年为 32.2%）14 个百分点，对经济长期发展具有促进作用。

二、超大规模消费市场优势

"十四五"时期我国超大规模消费市场优势将进一步强化。2019 年，我国社会消费品零售总额达到 41.16 万亿元，按照当年 1∶6.9 的平均汇率折算，相当于 5.97 万亿美元，已经超过美国 5.46 万亿美元的零售总额，[1] 成为世界第一大消费市场。全年社会物流总额达到 298 万亿元，完成货物周转量共计 194 045 亿吨公里，[2] 日均快递达 2.6 亿件。

---

[1] 资料来源：Statista 数据库。
[2] 资料来源：中国国家发改委、交通运输部。

01
充分发挥我国强大国内市场优势

宏观数字背后是更多具体、鲜活的行业案例和微观故事。近年来，中国已经在越来越多的行业成为世界第一大消费国。例如，在汽车和住房等大件消费方面，我国已经成为世界第一大市场。2019 年全国汽车销量达到 2 575 万辆，占到全球汽车总销量的 28.5%，远多于北美的 2 087 万辆和欧洲的 1 970 万辆。①2019 年全国商品房销售额达到 15.97 万亿元，销售面积达到 17.16 万平方米。②又如，春节等节假日期间动辄数以亿计的人口出行量，一方面表明了我国超大规模的客运交通运输需求，另一方面也显示了我国交通运输体系的超复杂、超强度承载能力。以 2019 年春运期间为例，③全国铁路、道路、水路、民航累计发送旅客 29.8 亿人次，其中铁路系统发送旅客量超过 1 000 万人次的天数达到 23 天。北京、上海、广州三个城市的地铁客运量均位列全球前五，成为世界上最繁忙的地铁系统之一。2019 年北京地铁工作日的日均客流量超过 1 200 万人次，最高日客流量达到 1 327 万人次，上海和广州地铁的日均客流量也分别高达 1 063 万人次和 907 万人次。④再如，跨境出游人数和跨境消费，我国都是全球市场的第一大贡献来源。2019 年我国国内旅游人数为 60.06 亿人次，出境旅游人数达到 1.55 亿人次。⑤根据麦肯锡发布的《中国奢侈品报

---

① 资料来源：http：//www.qpzone.com.cn/sdjd/2561.html。
② 资料来源：中国国家统计局。
③ 考虑到新冠肺炎疫情对 2020 年春运的特殊影响，此处引用 2019 年春运数据。数据来自中国政府网：http：//www.gov.cn/shuju/2019-03/01/content_5369667.htm。
④ 资料来源：北京地铁、上海地铁、广州地铁官方网站。
⑤ 资料来源：中国文化和旅游部。

告 2019》，中国人 2018 年在境内和境外的奢侈品消费金额达到 7 700 亿元人民币，占全球奢侈品消费总额的 1/3；2012—2018 年，中国贡献了全球奢侈品增量市场的一半以上。此外，2019 年我国原油消费量达到 1 451 万桶 / 天，占全球总消费量的 14.4%，与欧洲地区的石油消费量基本相当。① 高达 70% 的石油对外依存度使我国成为世界上最大的石油进口国。中等收入群体的快速增长是促使中国消费规模不断壮大的重要原因。改革开放 40 多年的高速经济增长孕育了一大批具有较高消费能力的中等收入群体。目前我国中等收入群体的人数已经超过了 4 亿，② 按照同样的标准（三口之家年均收入 10 万 ~50 万元人民币），欧盟、美国和日本的中等收入群体数量分别约为 2.1 亿、1 亿、8 500 万。换言之，按照该标准，目前我国的中等收入群体人数已经大致相当于欧盟、美国、日本的总和。③ 清华大学中国经济思想与实践研究院测算，到 2035 年前后，我国的中等收入群体规模有望实现倍增，达到 8 亿左右。④

从宏观经济结构来看，由投资驱动向消费拉动转型也是当前和未来中国经济的一个显著特征。长期以来，中国经济的宏观支出结构呈现低消费、高储蓄、高投资的典型特征——居民消费率由 20 世纪 80 年代初的 53% 下降至 2010 年的 35.6%，减少了 17.4

---

① 资料来源：https://www.eia.gov/outlooks/steo/pdf/steo_full.pdf。
② 资料来源：http://www.stats.gov.cn/tjsj/sjjd/201901/t20190121_1645944.html。
③ 资料来源：清华大学中国经济思想与实践研究院研究报告《中国宏观经济分析与预测（2019 年 6 月）》。
④ 资料来源：同上。

01
充分发挥我国强大国内市场优势

个百分点；国民经济的总体消费率从 20 世纪 80 年代初的超过 65% 下降至 2010 年的最低点 48.5%。① 尽管消费率自 2011 年起开始逐步回升，但仍然明显偏低。2018 年，我国居民消费占 GDP 的比例仅为 39.4%，总消费率仅为 54.3%，这两个数字不仅低于美国、日本、德国等发达国家的水平，而且低于印度、巴西等新兴市场经济体的水平，在主要经济体中是最低的（见图 1.1）。这意味着，未来我国消费率仍存在一定的上升空间。

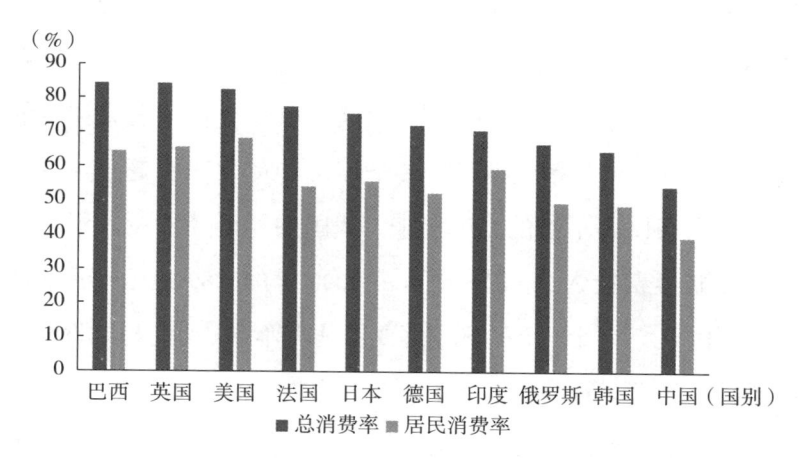

图 1.1　2018 年代表性国家的居民消费率和总消费率

资料来源：中国数据来自万得数据库，其他国家数据来自世界银行 WDI 数据库。

---

① 资料来源：冯煦明，《扩大消费的根本在于促进劳动者收入增长，壮大中等收入人群规模》，详见中国经济网。http://www.ce.cn/xwzx/gnsz/gdxw/202003/23/t20200323_34543569.shtml。

三、科技创新与技术产业化应用规模优势

"十四五"时期强大国内市场赋予的新技术涌现、广泛应用场景等创新迭代优势将进一步强化。强大国内市场优势在科技创新和风险投资领域有重要体现。首先，强大国内市场意味着更高的新技术涌现概率。人口基数和经济实力是影响科技创新的两个基础性因素。在自主创新条件下，人口基数越大，经济发展水平越高，从事科技研发的人就越多，新发明、新技术涌现的概率就越高。创新成果越多，内部市场分享面越大，就越不必过分追求各个主体的研发投入比例，计算研发总量就越有意义。2019年中国人均GDP突破1万美元，然而中国人拥有的公共产品规模，包括大型科研装备等，与人均GDP超过3万美元的国家相比是不差的。近年来，我国的科研经费投入不断增长，科研经费投入占GDP比重由2000年的0.89%上升至2019年的2.19%。①"十三五"规划纲要更是明确将"研究与试验发展经费投入强度"列为指导经济社会发展的一个定量目标。从研发投入强度来看，尽管我国目前的水平仍低于主要发达国家——例如，2018年美国的研发投入强度为2.83%，日本为3.26%，德国为3.13%，OECD（经济合作与发展组织）国家平均为2.40%，②但从研发投入金额的绝对量上看，我国2019年研发经费共计21 737亿元，③仅次于美国，是世界第二大研发投入国。再如，从

---

① 数据来源：各年《国民经济和社会发展统计公报》。
② 数据来源：OECD数据库。
③ 数据来源：2019年《国民经济和社会发展统计公报》。

01
充分发挥我国强大国内市场优势

全球经验看，创新型城市往往出现在人力资源集中、经济发展水平高的地方，如美国硅谷、中国深圳、印度班加罗尔等。这些创新中心主要由科技、知识、人力、文化、体制等创新要素驱动发展，并对周边区域具有高端辐射与引领作用，可以形成创新性区域经济，对一国高端创新有较大的引领和促进作用。

发明专利申请量和高水平科技论文发表量是衡量一个国家科技创新水平的重要指标。根据世界知识产权组织的统计数字，2019 年全球共申请了 26.58 万件 PCT[①] 发明专利，其中中国申请了 58 990 万件，首次超过美国成为发明专利的第一大申请国（见图 1.2）。在数字通信、计算机技术、视听技术等领域，中国的发明专利数量均处于领先地位。2018 年，中国发表科技论文数量为 599 386 篇，虽然位居美国（683 003 篇）之后，但已远远超过排名第三的英国（211 710 篇）和排名第四的德国（180 608 篇）。[②] 从论文被引用次数来看，中国与美国之间的差距进一步拉开，但仍居于第二位。以代表顶尖水平科学论文发表量的"自然指数"来衡量，中国 2019 年的得分为 17 724，与美国（28 330）亦存在较大差距，但远高于紧随其后的德国、英国、法国和日本（见图 1.3）。

另外，强大国内市场优势还为新技术的产业化落地创造了更广阔的空间、更丰富的应用场景和更充分的试错机会。大多数技术具有"规模经济"的特性——在一定范围内，平均成本会随着产量或应用人数的增加而降低。这一点在制造业领域和现代服务业领

---

① PCT（Patent Cooperation Treaty）是专利领域的一项国际合作条约。
② 数据来源：Scimago 数据库。

(万件)

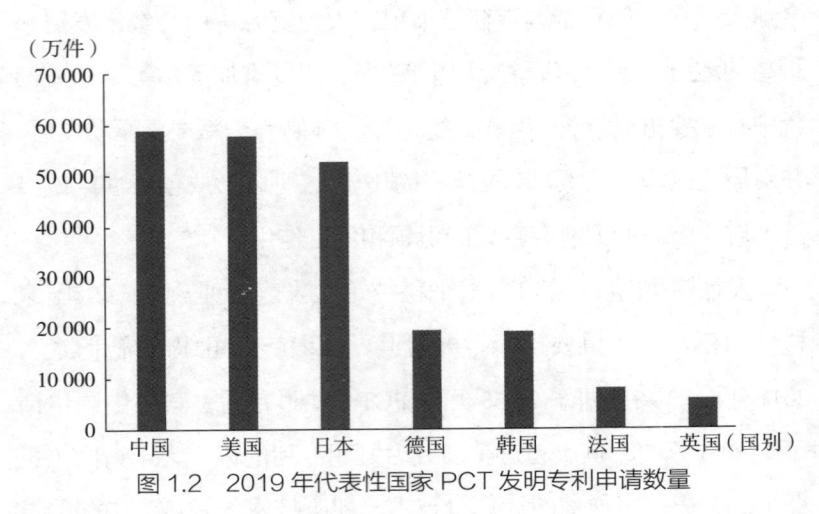

图 1.2　2019 年代表性国家 PCT 发明专利申请数量

资料来源：世界知识产权组织官方网站。

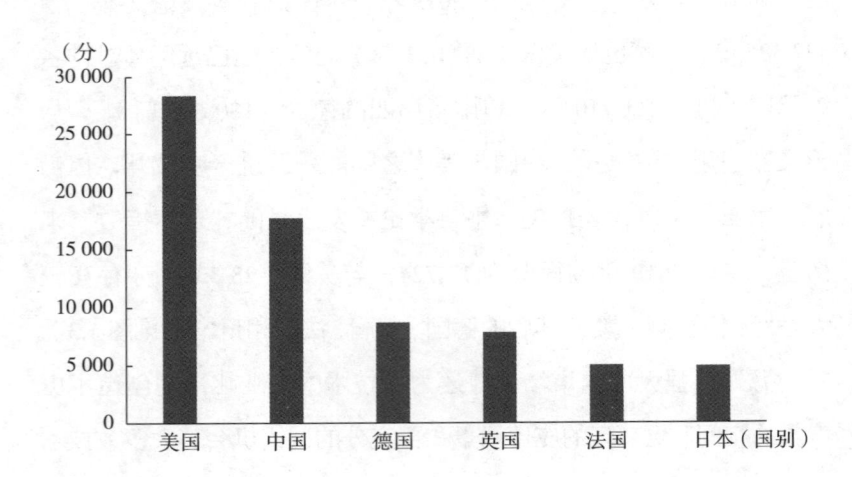

(分)

图 1.3　2019 年代表性国家"自然指数"得分

资料来源：《自然》杂志官方网站。

01
充分发挥我国强大国内市场优势

域均有明显体现。在制造业领域，中国庞大的市场需求为新能源汽车的大规模量产和技术迭代创造了有利环境，正因如此，特斯拉等电动汽车企业愿意到中国设厂。在服务业领域，多达12亿的互联网网民和超过11亿的移动互联网月度活跃用户规模，为各类电脑应用软件和手机应用软件的开发、试错、快速成长创造了有利环境，不仅使得中国诞生了诸如阿里巴巴、腾讯等互联网巨头，还催生了字节跳动等新一代在全球范围内具有创新性和引领力的移动互联网企业。在强大统一国内市场中，更多的大企业会相互竞争，难以形成垄断，有利于增强企业的国际竞争力。强大统一国内市场促进了创新型城市建设和产业配套完善，也为高端科技设备"备胎"提供了充分的开发、试验空间。互联网科技巨头普遍实行技术备胎计划，正是依托了巨额的人力和资金投入、其他产品利润支撑和广泛的业务应用场景。市场规模不大、经济体量较小的经济体很难有足够的力量进行技术备胎研发。

数据表明，近年来全球创投市场的重心正在逐渐向以中国为中心的东亚、东南亚经济区域转移。根据《2019科创独角兽研究报告》，截至2019年6月，全球共有452家"独角兽"公司，其中来自中国的公司达到了180家，与美国（179家）相当，中国成为全球孕育科创企业最活跃的市场之一。2019年上半年，中国境内本土创投基金的募资规模达到了391.68亿美元，已经超过美国创投基金的募资规模（370.51亿美元）；而从投融资事件数量和总金额来看，2015—2018年，中国均高于美国。①

---

① 数据来源：投中研究所研究报告《2019上半年中美创投市场对比》。

四、大规模金融市场优势

"十四五"时期，大规模金融市场将会进一步发展壮大，服务实体经济的能力也将进一步强化。改革开放40多年来，中国金融业几乎从零起步，从单一结构走向门类齐全、功能完备的金融市场，对经济高速增长发挥了关键作用。金融竞争力是国家竞争力的重要组成部分。

从各国经验来看，金融市场发展是一把"双刃剑"。对金融市场规模扩大与实体经济发展的关系，需要全面地、辩证地看待。如果金融过度发展或"脱实向虚"，必然会影响到实体经济发展，一旦酿成金融危机，更会严重伤害到实体经济；而如果金融与实体经济发展是适应的、匹配的，能够最高效地将储蓄转化为投资，促进消费扩大，两者就会产生良性互动，共同发展。特别是股权融资比重提高，有利于降低宏观杠杆率和改善企业资产负债表。美国拥有全世界规模最大、最发达的金融市场，股市市值与债券市场余额占GDP比重超过了400%，对支撑其庞大的经济、军事、科技实力起着至关重要的作用。当前，我国金融市场已经具备了成为大规模金融市场的潜力，主要表现在四个方面。

一是中国金融市场的体量已经位居全球前列。截至2019年年底，人民币信贷余额超过150万亿元，位居全球第一；股票市场市值超过60万亿元，债券市场托管余额近100万亿元，均位居全球第二。

二是中国金融市场拥有规模庞大、结构多样的投资者群体。以A股市场投资者为例，截至2019年年底，投资者数量达

15 975.24 万，较 2018 年同期增长 9.04%，其中个人投资者占比高达 99.76%。从机构投资者看，经过多年发展，A 股市场机构投资者群体不断壮大，公募基金、保险资金、社保基金、资管机构、QFII（合格境外机构投资者）等多元化、多层次的机构投资者竞争合作发展格局逐步形成。

三是随着中等收入群体扩大和人口老龄化时代来临，居民资产配置和财富管理需求持续增长。随着居民收入增长，财富管理需求和资产配置也将发生重要变化。

四是新冠肺炎疫情拉动了海外资金配置中国金融资产的需求。我国有效控制住了疫情，经济率先得到了恢复，金融市场表现出了较好韧性和较强活力。而海外疫情持续扩散，无限量、无底线的量化宽松政策不仅透支了政策效力，普遍的零利率甚至负利率更使得金融资产收益率大大下降。相比之下，中国金融资产的安全性、稳健性、收益性优势便凸显出来。2020 年上半年，北向资金净流入超过 1 100 亿元，同比增幅在 20% 以上，这反映出海外机构配置中国金融资产的需求上升。

五、强大国内市场地区收敛优势

"十四五"时期我国强大国内市场内部的地区收敛效应将进一步显现。我国幅员辽阔、人口众多、发展不平衡不充分，这既是中国经济金融发展面临的问题和挑战，也蕴含着未来可持续发展的潜力和机遇。强大国内市场内部较大的区域差距为经济持续发展提供了潜力、机遇、韧性和活力，这是超大规模经济体的独特优势，是其他经济体无法比拟的。一方面，我国 1 000 万人口以上的都市圈达到 24 个①，都市圈、城市群可以成为承载发展要素的主要空间形式，而较大的区域差距为产业转移、梯度发展，以及建立完整的经济体系提供了可能性。随着制度性成本和交易费用的下降，一部分中西部地区完全有条件承接东部地区的产业，使得我国经济在面对外部冲击时拥有较大的回旋余地。另一方面，虽然地区差距大并不能天然促进增长，但不同地区之间潜在增长率不同，资源配置效率也有差异，为各地区之间你追我赶、竞争合作、优势互补创造了条件，潜在增长率高的地区就可以实现更快增长，生产力可以实现较大提升，资源配置会更加平衡与有效，从而为整个国家经济发展提供源源不断的动力。同时，强大国内市场内部的区域差距还存在对冲效应。一些地区发展滞后了，发达省市可以对口帮扶，这些地区的劳动力也可以流动到发达地区，获得更高收入，这使得中国作为一个整体，有效避免了落入"中等收入陷阱"的可能，而其他中小型经济体很难做到这一点。

需要指出的是，落后地区追赶发达地区的收敛效应并不是天然存在的，也不是说越落后的地区发展潜力越大。不同发展水平的地区禀赋优势有差异，潜在增长率也不同，如何精准发掘区域优势、释放增长潜力是落后地区实现收敛效应的前提。过去 20

---

① 根据 21 世纪经济研究院统计，截至 2019 年年底，我国共有 24 个千万级人口以上的都市圈，即上海、北京、深圳、广州、苏锡常、天津、南京、成都、杭州、重庆、武汉、长株潭、郑州、西安、厦泉漳、合肥、青岛、济南、宁波、石家庄、哈尔滨、沈阳、南昌、长吉都市圈。

01
充分发挥我国强大国内市场优势

年不同省份的发展经验表明,一些落后地区实现了快速追赶,而另一些地区仍原地踏步甚至更加落后。造成这种区域差距扩大的原因是多方面的,但并不能否认落后地区的追赶潜力和收敛效应,关键是创造条件,精准发掘和释放增长潜力。

2019年我国人均GDP最高的三个地区分别是北京(2.38万美元)、上海(2.28万美元)、江苏(1.79万美元)。人均GDP最低的三个地区分别是甘肃(0.48万美元)、黑龙江(0.52万美元)、广西(0.62万美元),尚不及哥伦比亚、利比亚、秘鲁等中等偏下收入国家的水平。人均GDP超过全国平均水平即1万美元的省份仅有10个,占1/3;人均GDP最低的甘肃省仅相当于北京市的1/5(见图1.4)。不同地区之间金融发展和金融资源分布差异同样很大。银行贷款、债券融资、股权融资是实体

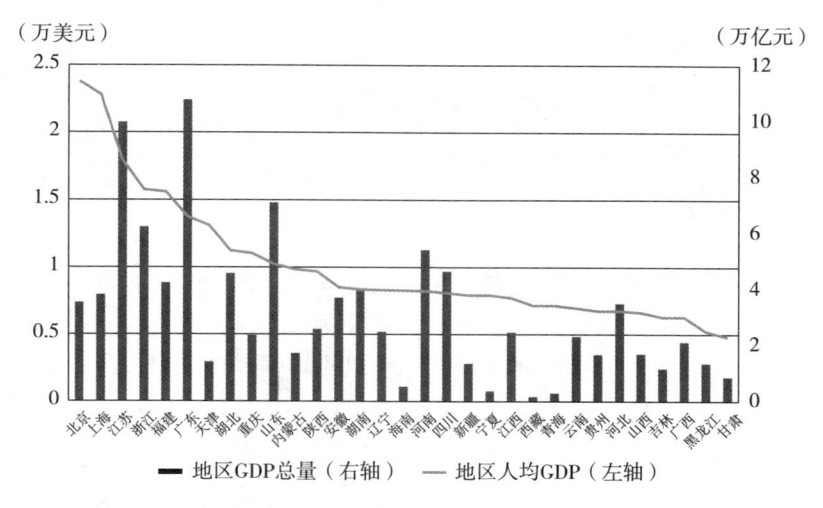

图 1.4　2019年中国各省级行政单位GDP及人均GDP
资料来源:各省(市、区)统计局官网。

走向"十四五"

经济三大融资来源，2019年银行贷款和股权融资最多的省份为广东，全国有1/3的省份不到广东的1/10；债券融资规模最大的是北京市，其债券融资规模超过了人均GDP排名后14位的所有省份之和。上市公司群体基本上汇聚了各行业最优秀的企业代表，一个地区上市公司的数量和市值可以在一定程度上反映区域经济竞争力。从3 800多家A股上市公司的分布情况看，广东、浙江、江苏分别以649、470、442家上市公司数量位居前三，合计占比40%，上市公司数量不足50家的省份达12个（见图1.5）。如果考虑海外上市的情况，省际差异会更大。

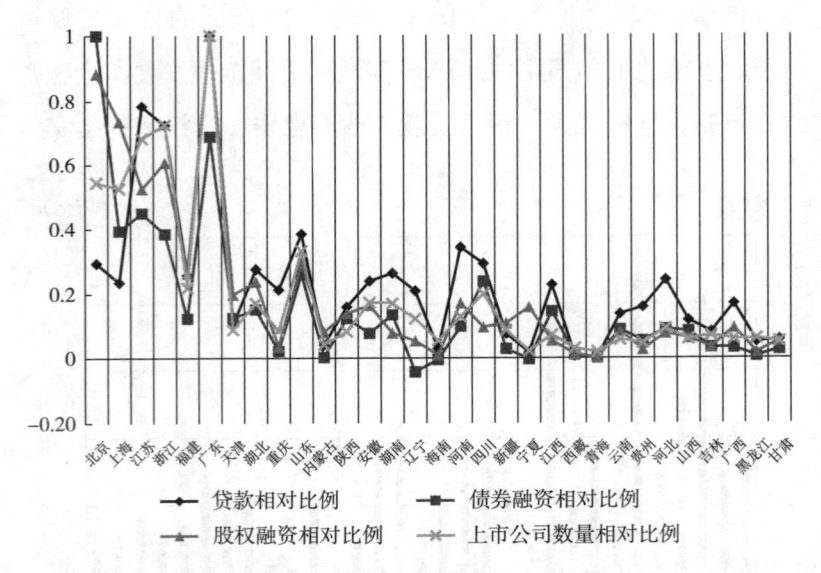

图1.5　各省级行政单位在信贷、债券、股权融资及上市公司数量方面的差异
资料来源：三种融资渠道数据来源于中国人民银行公布的各地区社会融资规模增量和分项，上市公司数量来源于万得统计，分别取2019年各省级单位贷款增量、企业债券增量、股权融资增量，上市公司数量为截至2020年4月底的数据。每一项数值最高的省份为1，其余省份数据则为占最高省份的比例。

01
充分发挥我国强大国内市场优势

较大的地区差异蕴含着增长潜力，落后地区追赶发达地区、缩小区域差距的过程本身就是经济增长潜力释放、产业转移升级、国内贸易增长的过程。以安徽和相邻的江苏为例，2010 年前者人均 GDP 仅占后者的 37.9%，而 2019 年这一差距已缩小为 47.4%，提升了近 10 个百分点；安徽经济总量在全国的排名从第 14 位上升到第 10 位。

走向"十四五"

强大国内市场与对外开放

"十四五"时期强大国内市场的开放优势将进一步得到发挥,构建国内国际双循环相互促进格局的条件将更加有利。强大国内市场并非一个封闭的国内市场,而是一个开放、包容、连通国际的市场,是世界市场的重要组成部分。近年来,我国通过实施更高水平的对外开放,形成了进出口平衡发展、利用外资和对外投资相互协调的良性循环,为全球大规模的货物服务贸易往来、跨境资金流动以及我国积极融入国际产业链供应链提供了广阔的空间。我国强大国内市场促进了国际国内要素有序自由流动,市场深度融合,国内国际双循环相互促进的新发展格局。

一、我国货物与服务进出口较快增长,成为经济全球化的重要力量

2001年我国加入WTO(世界贸易组织)后,与世界经济的相互依存程度不断加深,并连续多年成为世界第一大出口国和第二大进口国。数据显示,1980—2019年,我国货物与服务贸易进出口总额达到56.72万亿美元(见图1.6)。一般贸易额占全球出口比重不断上升,机械设备、纺织纱线、织物及制品、服装、电动机及发电机、集成电路等产业出口金额位居前列。与此同时,进口总额也在不断提升,主要进口品种为原油、农产品、汽车、

01
充分发挥我国强大国内市场优势

矿砂、钢材等。与我国有贸易往来的国家和地区超过230个，很多与我国互为重要贸易伙伴。2020年上半年，即使在新冠肺炎疫情的冲击之下，我国出口和进口仅分别下降了3.0%和3.3%，6月出口和进口分别增长了4.3%和6.2%。我国强大国内市场带来的大规模跨境货物服务贸易往来为建立开放型世界经济、拉动世界经济增长贡献了中国力量。

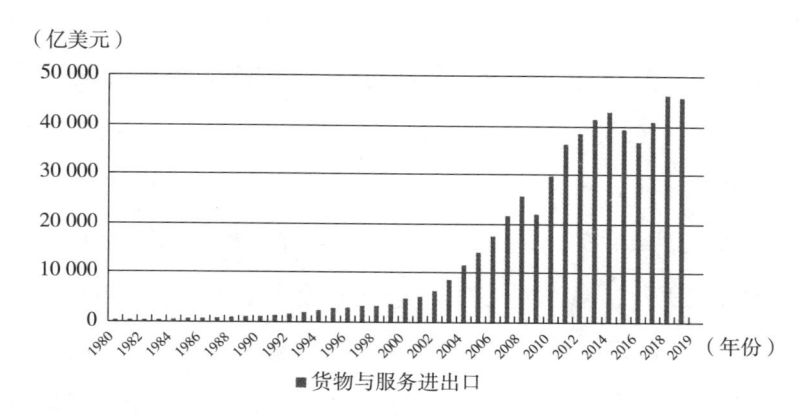

图1.6 1980—2019年我国货物与服务贸易进出口情况
资料来源：万得资讯。

二、大规模跨境资金往来通畅便捷，促进国际国内要素有序自由流动

改革开放以来，大量境外资本和企业来华投资，推进我国快速形成了制造业产业链的国际生产网络。即使在近几年全球投资不景气的背景下，我国仍保持了第二大外资流入国的地位。根据国家统计局数据，2001年至今，我国实际利用外资额总计达到1.8万亿美元，投资来源地国家和地区达到179个。截至2019年年

底，我国累计设立外资企业突破 100 万家，而全年新设外资企业达到 4.1 万家，创历史新高。特别是我国高科技产业，2019 年全年吸收外资增长了 25.6%，其中高技术服务业增长了 44.3%，科学研究和技术服务业增长了 68.4%。2020 年上半年，在全球跨国投资遭受重创的背景下，我国实际使用外资 4 722 亿元，同比微降 1.3%，而美国对华实际投资同比增长了 6%。同时，我国非常注重对外投资协调发展。《2018 年度中国对外直接投资统计公报》显示，2018 年年底，我国对外直接投资的流量和存量稳居全球前三，且投资覆盖全球 188 个国家和地区，投资行业分布广泛。2020 年上半年，我国对全球 159 个国家和地区直接投资 515 亿美元，同比微降 0.7%，其中对"一带一路"沿线国家和地区直接投资 81.2 亿美元，同比增长 19.4%。对外投资企业在税收和就业方面对当地贡献很大，取得了良好的双赢效果。通过吸收和配置全球资源，推动海外布局与国内产业协同互补，增强对全球资源的整合和掌控能力，加速我国制造业实现技术进步和产业升级，在开放合作中形成了具有更强创新力、更高附加值的产业链。从金融市场跨境资金往来看，资本账户的开放进程不断加快。截至 2019 年年底，境外机构和个人持有境内人民币金融资产总量共计 6.41 万亿元，其中，有 2/3 以上的资金投资于我国股票和债券市场。2019 年，沪深港通总成交额达到 9.76 万亿元。截至 7 月 10 日，2020 年通过沪深港通进入 A 股市场的净买入资金就已经超过 1 700 亿元。截至 6 月底，境外机构的债券托管量为 2.19 万亿元，比 5 月底多增加 829 亿元，同比大幅提高 33.48%。

三、超大规模消费市场是促进双循环的"压舱石"和"助推器"

近年来,美国、欧洲国家等实施了"再工业化",新冠肺炎疫情全球大流行也进一步加速了全球产业链的重新布局,但全球化趋势不可逆转,互联网、数字技术已成为全球化最大推手,必将打造升级版的全球化。企业以服务消费者需求为导向的客观规律不会改变,我国不断壮大的国内消费市场,必将增强对外国投资者和企业的吸引力,全球产业链无法与中国"脱钩"。这种"压舱石"效应不仅在汽车、铁矿石、日用消费品等传统行业表现得尤为突出,而且近年来在电子产品、半导体、新能源汽车等高科技领域也开始发挥作用。这种巨大的消费市场优势不仅使我国成为全球产业链重构的基石,而且还是培育我国自身产业链竞争力的"助推器"。过去,我国借助国内超大规模消费市场优势,在房地产、家电、个人电脑、手机等产业链方面形成了较强的国际竞争力;未来,由于互联网服务、芯片制造、大数据、人工智能等领域具有更强的"规模经济"特征,这种"助推器"效应还会更加凸显。

四、完整的制造业体系助推我国积极融入国际产业链,巩固和提升我国国际分工地位

近年来,我国制造业规模持续壮大,制造业增加值占世界制造业的比重进一步提高。我国已经成为全世界制造体系完整度最高的国家,工业覆盖联合国工业体系全部门类,产业链较完备,

上下游产业配套能力较强，这增加了我国应对外部冲击的韧性和回旋余地。面对新冠肺炎疫情的冲击，我国迅速恢复了生产能力，特别是与抗疫直接相关的口罩、防护服、呼吸机等防护设备的生产能力，不仅满足了国内需求，还及时向其他国家和地区提供援助，有力支持了全球抗疫。虽然中国已成为全球供应链不可或缺的辐射中心，同时也是全球供应链的重要需求方，但自身产业链也存在着不稳、不强、不安全的问题，特别是对资源品和高附加值零件与设备等进口依存度较高，需要进一步融入国际经济，不断补链、固链、强链，引进来，走出去，形成吸引外资和对外投资并重的格局，深入融入全球经济投融资活动，努力培育新形势下我国参与国际合作和竞争的新优势。

五、科技创新和技术产业化规模优势将加速国内国际市场融合

新一代科技创新与技术产业化应用以互联网服务、大数据、人工智能等信息技术领域为代表，其典型特征是区别于普通物质商品，能够突破传统的地理界限，加速国内国际市场的相互融合，更好地促进国内国际经济双循环。例如，我国的移动支付技术，依托国内超大规模应用场景优势，不断向海外拓展业务，目前已经被应用于国外许多国家和地区的零售领域，支付场景日益丰富，成为全球商户和中国客户的"连接器"，促进了全球跨境贸易便利化和便捷化。同时，这些技术应用所涉及的跨境信息交换、数据传输、资金清算和归集等业务，也要求跨境业务参与方积极合

作以制定相关规则、规范业务开展,这进一步促进了科技创新与技术产业化应用的更新迭代。

六、大规模金融市场优势有助于配置国内国际资源

全球新冠肺炎疫情冲击可能长期化,主要经济体金融体系将面临长期不确定性,美国、欧洲、日本等已处于零利率或负利率区间,全球"宽货币、低利率"甚至"负利率"现象将是不可逆转的趋势。我国保持常规、稳健的货币政策,与主要发达经济体相比,利率保持在正常水平,本外币利差上升。人民币资产的优势会更加明显,境外投资者配置中国金融资产的需求会更加强烈,而中国金融市场持续双向开放为境外投资者参与中国金融市场提供了便利,大规模金融市场也意味着能够吸纳足够多的境外资金。同时,在全球宽货币、低利率背景下,外部流动性或将持续充裕,资金可能回流新兴市场,我国非储备性质金融账户下资金持续呈净流入趋势,而中国金融机构和资金也会走出去,形成深度融合、联动效应加强的局面,金融"脱钩"和金融制裁的成本变得更高,有利于加强双循环格局。更多的境外机构和资金进入中国金融市场,有利于强化各类市场参与主体的规则意识,推进市场法治化,带动评级、咨询、会计、审计等现代服务业发展,扩大金融市场的容量与深度,改善市场定价机制与效率,这对我国更好地吸引外资企业、改进金融服务实体经济,以及维护和提升中国在国际产业链中的地位将发挥重要作用。

走向"十四五"

市场潜力转化为现实优势的障碍与挑战

尽管强大国内市场优势蕴藏着巨大潜力,但要将其转化成现实优势,充分发挥其效能,还需要一系列条件。当前我国强大国内市场仍然面临一些障碍和挑战。

一、人口结构演变和资产价格攀升共同制约了青壮年人口优势发挥

我国面临的人口老龄化压力从"十四五"时期开始会日趋加大。一是劳动年龄人口占比持续下降。2014年以来,我国的劳动年龄人口数量已经处于逐年下降的趋势,劳动年龄人口在总人口中的比重由2010年的74.5%下降至当前的71%(见图1.7)。二是人口"抚养比"持续上升。2015年,我国0~19岁和65岁及以上人口数量与20~64岁人口数量之比为49.6%,根据联合国的数据,这一数字在2020年会上升至54.2%,到2035年将进一步上升至69.1%(见图1.8)。这意味着,每100个劳动力对应的需要抚养的小孩和老人数量在未来15年时间里会增加大约15人。三是人口结构变化会引发宏观经济结构的转型。在其他条件不变的情况下,人口老龄化会提高经济的消费率,降低储蓄率和投资率。预计"十四五"时期我国的总储蓄率和居民部门储蓄率都将呈下降趋势,而储蓄率降低又会在一定程度上制约固定资产投资和经

01
充分发挥我国强大国内市场优势

济增长。四是老龄化时代的到来还可能引发一系列社会问题，如养老难问题、医疗负担问题、养老保险账户不平衡、人口代际转

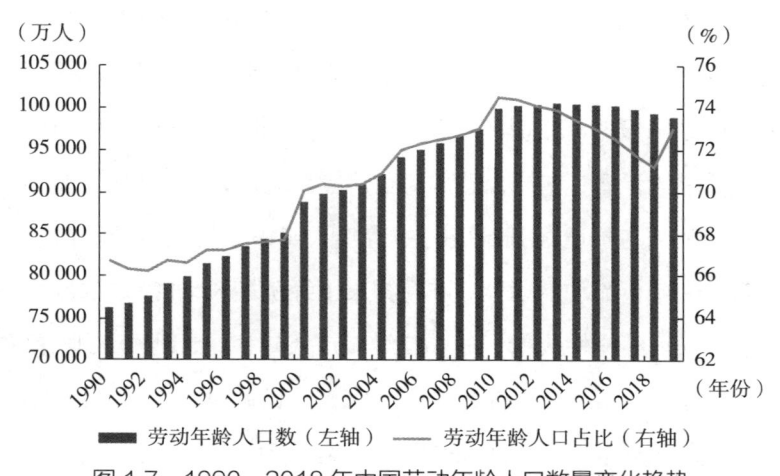

图 1.7 1990—2018 年中国劳动年龄人口数量变化趋势

资料来源：中国国家统计局。

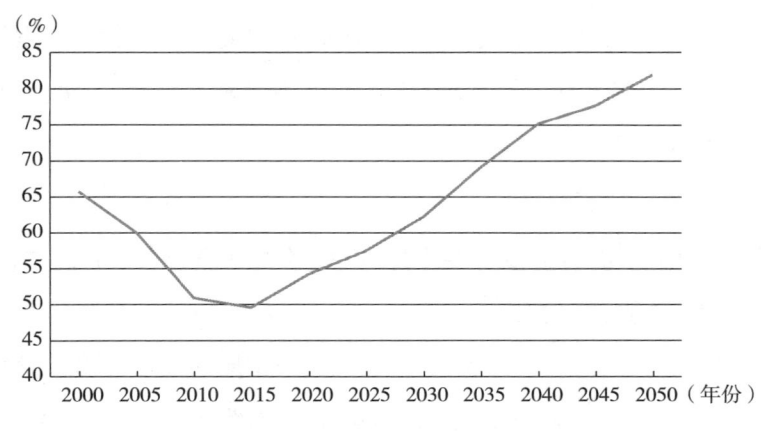

图 1.8 中国人口抚养比变化趋势

资料来源：联合国世界人口展望数据库。

型过程中的房地产价格风险等。

房地产价格在过去10多年时间里大幅攀升，造成了剧烈的再分配效应。相对而言，有房的人受益，无房的人受损；买房早的人受益，买房晚或未买房的人受损。公共住房金融体系薄弱，房地产金融服务和工具不发达，加剧了金融供给管理与房地产业发展需求的矛盾，支持合理购房租房需求与防范市场风险的矛盾。居高不下的房价已经开始成为中青年人口由农村向城镇、由小城镇向大中城市流动的因素，进而约束了经济增长动能和社会活力。房地产供需结构性失衡，一、二线城市人口多、土地少，地价高、房价高，三、四线城市住宅过剩。农村人口减少，城镇人口增加，而进城的人没房，农村住房空置，不能产生财产性收入。此外，高房价、高房租以及高负债不仅加大了中青年人的生活负担，抑制了即期消费，还造成了社会上的一些焦虑情绪。一些人坐收租金、不劳而获，另一些人辛苦劳动几十年难以攒够钱买房的局面，也在一定程度上对"劳动光荣"的价值观形成了冲击，扭曲了青年人的择业观。

二、劳动者报酬偏低和结构性供给不足共同制约了超大规模消费市场潜力释放

从需求端看，我国消费率偏低的最根本原因在于劳动者报酬份额偏低，绝大部分普通劳动者的收入和消费能力有限。2019年我国GDP总量达到99.1万亿元，人均GDP达到70 892元，全国居民人均可支配收入仅为30 733元，相当于人均GDP的43.4%；

01
充分发挥我国强大国内市场优势

其中城镇居民人均可支配收入为 42 359 元，农村居民人均可支配收入仅为 16 021 元。在 30 733 元的人均可支配收入中，真正转化为最终消费的只有 21 559 元，占 70.1%。

从供给端看，由于制度藩篱和市场发育不健全，存在大量需求旺盛但是缺乏供给的领域，从而限制了消费市场壮大。例如，医疗服务、养老保健服务、家政服务、中高品质物业服务、幼儿陪护和教育、文化创意产业等领域的供需失衡并不涉及太复杂的技术创新短板，而是主要受制于体制和政策藩篱。需要深化改革，释放存量要素资源，通过优化要素配置，创造新的、更有效的生产活动。要素资源市场化再配置的过程很快就能催生出巨大的市场需求和供给，创造出现实的经济增长。

此外，交易费用和行政成本等因素导致市场摩擦，也是限制超大规模消费市场潜力释放的原因。一是物流成本仍然较高。2019 年我国社会物流总费用与 GDP 的比例为 14.7%，尽管相比往年有所下降，但在国际比较中仍然偏高。物流成本偏高的主要原因是公路运输在货运结构中占比较大。此外，降低过路费、加强港口铁路公路联运机制、提高仓储物流智能化水平等措施也有助于降低物流成本。二是社会信用体系尚不健全。部分市场主体缺乏信用意识，虚假注资、骗贷骗保、拖延账期等行为仍广泛存在，信用违约事件频发，这在一定程度上抬高了整体经济运行的交易费用。在医疗卫生、幼儿教育、中小学课外培训班、旅游、餐饮住宿等服务行业，质量监测和保障机制不健全，交易纠纷和不安全事件时有发生，降低了消费者的安全感、舒适感。三是部分地方政府行政效率有待提高，无形中加剧了市场摩擦。一些地方政府部门办事效率较低，对民众和企业事务消极懈怠，"门难进、脸难看、事难办"的现象仍然存在。个别地方政府官员市场意识淡薄，新官不理旧账、政策朝令夕改，在招商引资过程中先承诺、后违约，事前热情、事中事后撂挑子，严重损害了当地的营商环境。

三、自主创新能力不足阻碍了科技产业化应用规模优势发挥

当前，我国科技创新领域面临较大挑战，高技术产业领域主要以加工贸易方式参与全球产业链分工，核心部件和高端精密设备等领域"卡脖子"现象比较普遍，一些关键零部件严重依赖进口。高技能人才仍然短缺，根据人力资源和社会保障部的统计数据，技能劳动者数量只占全国就业人员总量的19%，高技能人才不足6%。根据《21世纪经济报道》的数据，日本产业工人中高级技工占40%，德国占50%。在集成电路领域，尽管我国工程专业大学毕业生每年近50万人，但国内芯片设计企业仍不得不从海外大量聘用专业技术人才。此外，支持创新发展的制度软环境也有待优化。

四、金融体系结构与超大规模经济创新及高质量发展要求不相适应

我国金融结构失衡，金融服务新兴产业和成长型企业的能力不足，银行业和间接融资占比过高，股权融资占比过低。庞大的银行业并不能有效支持轻资产、少抵押品但技术和知识含量高的新兴产业和成长型企业，服务效率不高。资本市场容纳新兴产业

的广度和深度不够。私募股权投资和创业风险投资行为短期化问题严重，政府主导的科技发展引导基金的作用发挥不理想，促进科技创新和科技成果转化的"最先一公里"和"最后一公里"短板明显，风险分担与利益共享机制仍不健全。

衍生品市场对实体经济的支持力度不够。以实体企业参与衍生品市场的情况看，世界500强企业中利用衍生品市场的比例超过了92%，而中国上市公司中利用衍生品市场规避风险的占比仅为8.5%。

要想使居民金融财产性收入增加，需要多元化、多层次、智能化的金融产品和服务。一个成熟的超大规模金融市场，可以通过收益和风险的匹配，有效地将居民储蓄转化为投资，实现金融与实体经济、居民部门与企业部门之间的良性循环。实际上，中国居民部门可投资资金多与可供选择资产少的问题长期并存，房地产是居民资产配置的最主要资产，金融资产配置比重偏低，其中股票、基金等风险资产比重更低。中国人民银行数据显示，2019年中国居民家庭配置金融资产比重为20.4%，比美国低22.1个百分点；而配置住房资产的比重达59.1%，比美国高28.5个百分点。金融资产配置中，银行理财、资管产品、信托占26.6%，银行定存占22.4%，现金及活期存款占16.7%，股票、基金等风险较高资产的占比仅有6.4%、6.6%。投融资不匹配直接影响了强大国内市场效率提升和潜力发挥。

中国金融市场双向开放程度仍有待提升。近年来，尽管我国金融开放步伐明显提速，但仍滞后于实体经济的开放步伐，也影响了大规模金融市场潜力的释放。目前，我国股票市场中外资持股占比不到5%，债券市场外资占比不到4%，人民币在全球储备资产中占比不到3%，银行业外资占比不到2%。金融开放水平的提升，可以促进金融改革、优化金融生态、改善金融服务、改进公司治理、提升风控水平、增强国际竞争力。

五、国际国内营商环境制约了强大国内市场效应发挥

近年来，虽然我国营商环境得到了显著改善，在全球排名大幅度提升，但离法治化、国际化营商环境还有不小的差距。各地区发展也很不平衡，中西部地区与东部地区的差距仍然较大，南方与北方差距有所扩大。一些城市虽然加快了追赶步伐，表现出较强的收敛趋势，但跨区域的要素流动、产业转移还存在障碍，一些地方保护主义盛行，产业政策、竞争政策落实不到位，有的甚至对跨地区并购活动与投融资活动施加不当的行政干预。一些地区在税收、用地、物流、政务、公共服务等营商环境方面还存在不足，民营企业、中小微企业生存和发展压力较大、活力不够、创新动力不足。

逆全球化趋势给我国强大国内市场优势带来了严峻挑战。尽管我国拥有完整的超大规模制造业体系，进出口贸易总额高企，但我国在全球产业链价值链体系中地位仍然偏低，我国通过外包代工、外包组装、贴牌生产、跨国采购等方式嵌入全球供应链，融入全球生产、贸易、流通网络中，处于全球价值链中低端和低附加值环节。当前，"逆全球化""去中国化"暗流涌动，给全球

产业链带来了新的冲击，导致我国在全球产业链重构中面临更多不稳定、不确定因素。"十四五"时期是新一轮科技革命和产业变革的关键期，新技术、新产业、新模式将不断取得突破，科技创新与产业变革的竞争将更加激烈，政治经济博弈更加复杂多变。如何抓住"十四五"这个重要的"窗口期"，对于巩固和发展我国强大国内市场优势，加快我国产业转型升级，巩固和提升我国在全球产业链中的地位至关重要。

六、金融风险累积增大，对我国强大国内市场优势发挥带来新的挑战

"十四五"时期是我国过去长期积累的金融风险进一步暴露的时期，同时又是国际环境变化和全球新冠肺炎疫情冲击带来新的风险应对的关键时期。我国宏观杠杆率继续升高，实体经济债务负担加重，居民偿还住房贷款和消费型贷款的压力增大，银行信贷风险日益突出。受国内外多重因素影响，国内金融市场波动加剧，汇率风险和流动性风险加大，房地产风险仍然存在。从全球范围看，金融脆弱性上升，跨境风险交叉传染事件增多，全球爆发债务危机、货币危机、银行危机、股市危机等金融危机的概率显著升高，我国在开放条件下防范输入型风险任务艰巨。随着数字经济、数字金融的快速发展，技术风险引发的金融风险隐患明显增多，产融结合、跨业经营的风险形成潜在的系统性金融风险，这些因素事关我国经济稳定发展。金融具有"双刃剑"的特征，如果风险防范不好，就会给我国强大国内市场优势带来极为不利的影响。

走向"十四五"

主要结论与政策建议

为实现我国强大国内市场优势从潜在优势到现实效能的转变，加快构建国内大循环为主体、国内国际双循环相互促进的新发展格局，笔者提出以下建议。

一、加大人力资本投入，提高技能人才占比，加快培育适合中国国情的养老体系

为充分挖掘和释放新一代青壮年人口的优势，主动应对老龄化挑战，首先要持续加大人力资本投资，深化教育改革，出台青少年学习和探索数理化和生物等基础科学的优惠扶持政策，营造鼓励基础理论研究的社会环境。实施精英人才培养工程。进一步加强职业教育和技能培训，全面提升劳动者素质，形成高质量、多元化、竞争力强的人力资本。其次要坚持"房子是用来住的、不是用来炒的"定位，高度重视房价大幅波动带来的社会问题以及年轻人择业问题，特别是房价过高会影响制造业发展，降低产业链聚集效应，增大成本压力，影响青壮年人口合理流动。最后要加快培育适合中国国情的养老体系。不断完善城乡居民社会保障体系，提高基本养老保险和基本医疗保险，增强保障能力。养老金要实现从现收现付制向基金累积制转变，大幅提高"第二支柱"覆盖面，加快构建养老金"第三支柱"，全面开展养老金投资，

充分发挥我国强大国内市场优势

降低企业负担,增加个人回报,充实个人账户养老金,为青壮年劳动者做好未来养老的财务准备。要构建家庭、社区、医院、公共养老机构和商业养老机构并存互补、结构合理的多层次、多样化养老服务体系。

二、扩大中等收入群体,壮大国内消费市场

要适度提高劳动报酬在 GDP 中的比重,确保劳动者收入增长与经济增长和劳动生产率增长相适应。从"十四五"开始,争取用接下来三个五年规划的时间,将我国的中等收入群体规模由当前的 4 亿扩大到 8 亿左右,实现"中等收入群体倍增"。在初次分配以市场化手段为主的基础上,健全以税收、社会保障、转移支付等为主要手段的再分配调节机制,防止收入不平等和财富不平等加剧,尤其要注重保障生育、教育、就业等方面的机会平等,提高社会纵向流动性,避免阶层固化。进一步加强扶贫脱困的常态化机制建设:加大对低收入群体的人力资本投资,增强造血功能;做好民生兜底工作,完善低收入家庭和特殊人群的补贴救济及专项转移支付,帮助他们增强消费能力。

大力推进新型城镇化,形成大都市圈和城市群,适应农村人口向县城聚集的需要,加快推进县域产城融合。要进一步推进乡村振兴战略,逐步推动农业实现适度规模经营,提高农业的劳动生产率,增加农民集体土地财产性收入。支持返乡入乡人员创业创新,促进乡村经济多元化。要进一步扩大公共服务消费支出,促进公共服务均等化,提高政府部门向市场主体购买服务比重。

适当发展消费金融，促进居民消费。

要加大供给补短板力度，针对医疗、养老、家政、物业、幼儿教育、文旅休闲等需求旺盛而供给不足的领域，及时破除制度藩篱，引导劳动力、资本等要素资源实现市场化配置。实施创业带动就业示范行动，广泛开展托育、养老、家政、旅游、电商等创业培训。全面提升国内商品和服务的质量和竞争力，加强质量管理、改善消费环境，加快完善服务业标准体系。要加强城乡消费物流基础设施建设，着力打造城乡融合的消费供给网络、优化供给布局，改善县城和乡村居民的消费可及性与消费体验，降低社会物流成本。要加快5G、大数据、云计算、物联网等新一代信息技术在消费领域的商业化运用，实现线上线下融合，促进各类新业态发展。

三、构建支持民营企业发展的长效机制

坚持所有制中性和竞争中性原则，对民营企业与国有企业一视同仁，实现公平竞争。民营经济已成为我国基本制度的内在要素和社会主义市场经济的重要基础，要进一步完善法律法规，修订《中小企业促进法》，规范各级政府担保机制、方式和业务模式，严禁要求企业提供抵押等反担保措施。同时，为应收账款、知识产权、存货、通用机器设备等担保品的确权、流通、处置等立法，确保担保品可确权、可评估、可流通。考虑到民营企业在我国经济社会发展中的重要地位与作用，为稳定民营企业家预期，激发民营企业活力，促进民间投资增长，建议制定《民营企业促进法》，

不过多地与《中小企业促进法》相关条款重复，侧重在所有制中性、竞争中性和民营企业家财产保护与传承等方面做出规定，废除按照所有制类型区分市场主体和对民营企业不平等保护的司法裁判规则，重点解决违法查封、扣押、冻结民营企业财产等问题，将党中央、国务院一系列政策文件和要求纳入法律规范。

构建亲清政商关系，优化地方政府职能，深化政府部门"放管服"改革，减少对民营企业经营发展的直接干预，不应对企业发展速度、规模和行业选择等提出具体要求。进一步减少审批、核准和备案事项，必不可少的必须明确公布。强化政府监管标准的严格、统一、可预期，不因经济波动而在宽严之间摇摆。不断改善营商环境，减少经济运行中因行政成本而产生的交易费用和市场摩擦。

金融机构要转变经营理念与方式，将支持民营企业发展作为业务战略的重要组成部分。建立健全新型银企关系，在充分竞争基础上，使银企双方选择相对稳定的合作伙伴，全面、充分沟通，增进互信，患难与共，长期合作。改进对民营企业的信贷风险管理，民营企业正常生产经营活动产生的现金流以及提供的担保物价值等条件已符合贷款审批条件的，金融机构不得再要求企业法定代表人、控股股东、实际控制人、董监高人员及其近亲属提供保证担保。发展民企债券融资支持工具，将信用风险缓释工具纳入风险资产对冲工具，适当放宽资本金占用规定，由商业银行购买信用保护，可以减少资本金占用。引入多元化金融机构，增加市场流动性，为市场提供多样化的风险偏好，实现信用风险的分散与转移，发展以计算违约概率和违约回收率为核心的定价方法，形成市场化信用风险缓释工具定价机制。

健全民营企业的现代企业制度。改善公司治理结构，形成决策的有效制衡与运转协调。坚持高质量发展理念，防止盲目投资，提升资产负债管理能力，控制企业杠杆率，防范流动性风险。健全社会信用体系，严格依法合规经营，全面、准确披露信息，赢得市场信任。

四、提升金融体系对经济高质量发展的适应性和协调性

关键在于以金融战略性转型和结构性改革去适应经济转型升级的要求，以股权化、长期化、多元化、国际化和规范化为核心深化金融供给侧结构性改革，构建结构平衡、富有韧性、适应经济高质量发展的现代金融体系。

大力发展股权市场，增加风险资本供给，强化金融的创新催化剂功能。继续推进股票发行注册制改革、市场化常态化退市制度改革，提升信息披露质量和水平，深化对外开放，并加大对资本市场违法犯罪行为的打击力度，构建一个规范、透明、开放、有活力、有韧性的资本市场。健全有利于股权融资发展的税制体系。引导长期机构投资者开展创业风险投资和私募股权投资。着力培育发展耐心资本。从强化税收激励、健全金融机构长期融资渠道、发挥政策性金融职能、优化产品期限结构等方面推动金融机构行为的长期化。

要稳慎推进人民币国际化，抢抓机遇，打造全球人民币金融

资产配置中心。在"十四五"末实现资本项目基本可兑换，完善开放、统一、普惠的跨境投融资体系，推动中国金融与世界金融融合发展，提升人民币作为全球公共产品的服务功能。

五、推进房地产金融改革，促进房地产业长期健康发展

当前房地产金融的核心问题是平衡金融供给与金融风险，症结在于资产价格及其预期管理。房地产金融改革既要服务于、服从于构建房地产调控长效机制、防控金融风险、控制杠杆水平、盘活存量资产、加大有效供给和引导资产合理定价的改革，也要顺应房地产行业自身发展趋势，推动房地产业从增量供应向存量经营过渡，从相对简单的标准化开发转向复杂系统的定制化开发，从住宅开发走向多元化房地产经营平台，从房地产制造商向资产管理人进阶。为此，房地产金融改革应当坚持以可持续发展、有效服务实体经济和民生改善为中心，构建多层次的市场化房地产金融体系，探索创新型的房地产公共金融体制。

发展房地产证券化市场，改变过度依赖银行融资的局面。抓紧落实基础设施公募REITs试点，探索可复制、可推广经验，及时完善相关规则。适时扩大底层资产类别，推动长租公寓和商业物业公募REITs发展。建立规范的房地产股权基金，增加股权融资，降低房地产企业资产负债率，实现项目风险隔离与有效管理，实行定制化收益分配，使各方风险、收益和权责更加匹配。提高投资机构专业管理能力，拓展资产改造、城市更新和企业孵化等高附加值业务功能，促进房地产业与实体经济、居民消费升级深

度融合。

创新房地产金融服务，构建有效、包容、可持续的公共金融体系，推动公共租赁住房市场发展，满足中低收入家庭购房租房需求。进一步发挥政府、金融机构、民营企业等多个参与主体的作用，对中低收入家庭的合理购房需求，政府通过信用担保、向商业银行贴息、提供政策性贷款或对首付款予以补贴等方式予以满足，同时允许银行以这类按揭资产通过资本市场发行MBS（抵押支持债券），并以政府信用为担保，实现融资风险分散。要合理确定总规模，严格把握借款人资质条件，控制底层资产。对于公共租赁住房建设，地方政府应提供无偿或低价用地，建设资金可以通过财政支持或借款解决，建成后原则上只租不售，打包资产发行REITs进行再融资，滚动发展，减轻地方财政负担。

六、以更高水平金融开放应对日益复杂严峻的国际环境，推动形成互利共赢局面

练好金融市场化改革内功。持续推进利率市场化改革，培育市场基准利率和收益率曲线，逐步形成以政策利率和利率走廊上下限为核心的市场化利率调控体系。深化人民币汇率形成机制改革。退出外汇市场常态化干预，增强人民币汇率弹性，让汇率促进国际收支平衡和提高货币政策独立性。积极推进金融机构市场化改革，金融机构要拓展多元化业务，结合自身特征推动专业化、科技化、差异化、区域化发展。

优化金融开放的体制机制。完善开放、统一、普惠的跨境投

融资体系，构建开放多元、功能健全、富有弹性、竞争力强的外汇市场体系。建立以人民币金融资产为基础的国际金融中心，加快推进高水平的在岸市场开放，提升人民币作为全球公共产品的服务功能。

构建与更高水平金融开放相适应的现代金融治理体系。推进金融监管体制机制改革。要变传统被动监管为主动监管，变传统静态监管为动态监管，变传统全环节监管为关键环节监管，将活力放回市场。建立开放经济条件下多层次跨境资本流动宏观调控体系。综合运用逆周期宏观审慎工具，及时对跨境资本流动进行预调微调，重点防范外汇市场的非理性行为和单边贬值预期，构建以负面清单为基础的微观合规管理框架。完善关键领域法律法规体系建设，提升金融体系法律的完备性。加强金融基础设施建设，积极推动金融科技赋能。

七、保持金融稳定，守住不发生系统性风险底线

加强宏观政策协调，提高宏观调控有效性。注意财政政策与货币政策的协同配合，创新和规范结构性货币政策工具，健全"双支柱"政策框架，做好宏观审慎与微观审慎的压力测试，推进功能监管、协调监管，加强对系统重要性金融机构的监管，增强金融机构抵御风险能力，完善风险处置和市场退出机制。

防范化解中小银行风险，推动转变经营理念，补充资本，改进公司治理，加强对实际控制人的监管，健全内部合规与风险控制流程，因地制宜发展数字金融，提升业务能力与效益。

走向"十四五"

防范地方政府债务风险，特别是隐性债务风险。建立规范的举债融资机制，控制举债规模，严格项目筛选，加强财务约束，提高资金使用效率。

防范输入型风险，统筹协调好人民币国际化、资本项目可兑换和人民币汇率机制改革之间的关系，密切监测跨境资本流动，建立早期预警体系，高度重视国内外资本市场的联动风险。加强金融监管能力建设，普及投资者、消费者教育。深入分析我国强大国内市场的溢出效应，研究管理政策措施。加强国际金融监管合作与协调，坚决反对并妥善应对美国的长臂管辖与金融制裁，做好极端情况下的工作预案。

02

中国储蓄率变化、决定因素及其影响研究

02
中国储蓄率变化、决定因素及其影响研究

中国的储蓄率水平、变化趋势及其决定因素一直是吸引学界和政策制定者的重要话题。这不仅是由于中国高储蓄的风格化特征，更是由于储蓄行为所蕴含的重要的经济意义。

在国民经济账户恒等式中，储蓄与投资有着紧密的联系，而后者在中国推行基于要素积累的发展方式期间，对经济增长产生了直接的推动作用。储蓄和消费是一个硬币的两面，居民消费水平不仅是人民福利的直接体现，也是经济增长动力的重要来源，因此，研究储蓄率的变化趋势也反映了硬币另一面的变化特征。

储蓄与增长的关系同样是涉及中国经济发展的重要命题：如果以往的高速经济增长依赖于高储蓄，那么，在促成中国高储蓄率的因素发生结构性变化后，如何通过深化改革实现经济增长方式的转变就显得特别重要。

此外，储蓄率还与一些发展的结构性指标紧密关联。例如，高投资率和快速的经常账户盈余曾经是中国储蓄率迅速高企的主要推动力，然而从发展的阶段性来看，这一变化终将难以成为长期的趋势；人口结构变化在未来将成为影响储蓄率最重要的因素，储蓄率的持续下行和人口老龄化社会的养老资源筹集可能会成为发展过程中面临的越来越重要的矛盾。

本章第一节将介绍国际上储蓄率变化的一般趋势，并分析中国国民储蓄率的总体变化特征及其组成部分的变化；第二节讨论私人储蓄率，主要是居民储蓄率的变化与决定因素，重点分析人

口结构变化对居民储蓄产生的影响和未来趋势；第三节将实证地检验储蓄率与经济增长、投资率、国际收支的相互关系；第四节将利用跨国数据考察储蓄率与危机时期政策反应能力的关系；第五节是总结。①

---

① 作者感谢封永刚、蒋雨彤对数据资料整理提供的支持。

中国储蓄率的构成及其变化趋势

储蓄是企业、居民和政府部门等组织的微观经济行为，然而加总的储蓄率却是一个重要的宏观结构性指标。国民储蓄反映了一个经济体中各类主体的总体储蓄水平，主要由政府部门的公共储蓄和私人部门的储蓄构成，而后者又包括居民储蓄和企业储蓄。经济中不同主体的行为的决定因素不同，而这些因素又随着经济发展和社会结构的变化而变化，因此，加总的国民储蓄率（国民储蓄占 GDP 或国民可支配收入的比重），以及政府储蓄、公司储蓄和私人储蓄的变化趋势及其特征，成为经济运行的重要结果，也对其他重要的经济指标，如投资、经济增长和国际收支产生了重要的影响。在讨论中国储蓄率的变化趋势之前，我们先考察国际上储蓄率变化的一般趋势，以期为理解中国储蓄率的构成及其变化提供背景。

一、国际上储蓄率变化的一般趋势

随着储蓄率和其他宏观经济数据日渐丰富，对储蓄率的变化趋势和特征进行跨国研究成为可能。已有的研究表明，储蓄率的变化趋势在各个国家有巨大的差异，且会随着时间的推移而不断变化（Loayza，2000；Grigoli et al.，2014）。在国际比较研究中，Grigoli 等人（2014）的研究最具有综合性。利用 153 个国家

1980—2012年的面板数据，他们的分析表明，直至20世纪90年代后期，世界各国平均的国民储蓄率水平基本保持稳定，维持在19%左右。随后，国民储蓄率开始攀升，并在2008年金融危机前（2006年）达到22.6%的高点，金融危机后，平均的国民储蓄率开始下降，到2012年下降到19.5%。

虽然世界银行的数据库[①]对储蓄率的定义与上述研究稍有差异，但也反映了大致相同的趋势。如图2.1所示，金融危机爆发前世界各国平均的国民储蓄率水平达到高点，随后开始下降。该图还展示了不同收入水平的国家储蓄率水平的明显差异：高收入国家的国民储蓄率水平较世界平均水平低3~4个百分点；中上收入国家的储蓄率水平更高，2018年高出世界平均水平6.8个百分点。尽管东亚各个经济体[②]的收入水平也存在差异，但较之其他地区的经济体普遍具有更高的储蓄率，2018年高出世界平均水平10.1个百分点。

此外，从储蓄的构成看，跨国的储蓄率数据还体现出如下的结构性特征。第一，居民和企业等私人部门的储蓄是国民储蓄最主要的组成部分，约占国民储蓄的4/5。跨国数据表明，私人部门的储蓄相对而言更加稳定，尤其是2000年以后，公共部门储蓄是总储蓄波动的主要来源。

[①] 数据来源于 https://data.worldbank.org/indicator/NY.GNS.ICTR.ZS。
[②] 世界银行的数据将东亚和太平洋经济体归为一类，如果单独列出东亚国家，其储蓄率水平更高。

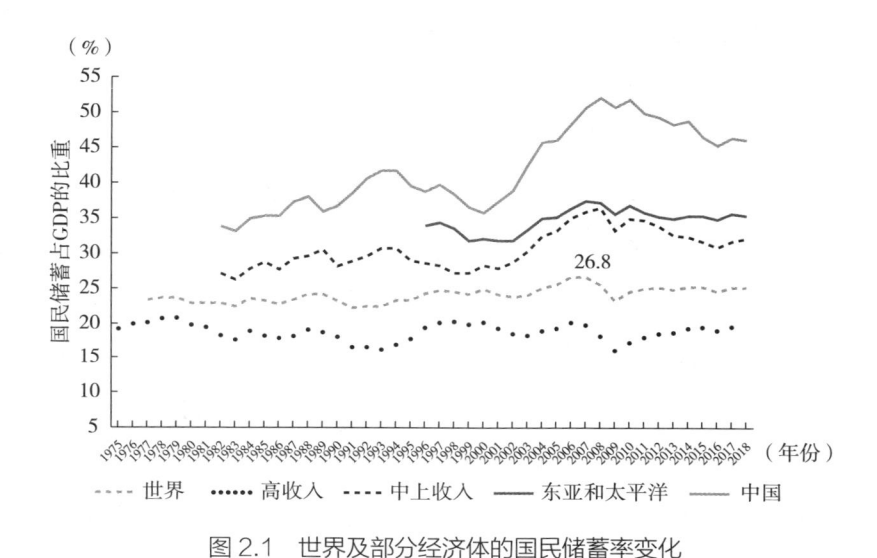

02
中国储蓄率变化、决定因素及其影响研究

图2.1 世界及部分经济体的国民储蓄率变化

资料来源：世界银行国民账户数据，经合组织国民账户数据。

第二，不同类型的经济体的储蓄行为表现出巨大的差异。例如，经济发展的阶段不同，储蓄率会有较大的差别，石油输出国等资源型国家的储蓄率有其群体性特征；东亚各经济体虽然在发展水平上有差异，但普遍具有较高的储蓄率；等等。因此，要想理解储蓄率的决定因素，只有从不同的维度理解形成这些储蓄行为异质性的结构性因素，才能更接近事实的真相。

第三，企业储蓄和居民储蓄构成了私人部门储蓄，但从私人部门储蓄的这两个组成部分看，跨国数据所显示的变化趋势并不相同。近年来，企业储蓄率上升是一个国际性趋势，而居民储蓄占私人部门储蓄的份额则相对下降。

走向"十四五"

二、中国储蓄率水平与构成的变化

对储蓄率变化的跨国数据分析表明，一些重要的结构性因素和冲击性事件（如2008—2010年的国际金融危机）会对储蓄率的长期变化产生重要的影响。目前，中国经济已经或正在面临很多关键的结构性因素的变化，讨论中国储蓄率的变化模式及其决定因素，对于理解中国储蓄率的变化特征及其与经济发展中其他指标的相互关系具有重要意义。作为一个迅速发展的经济体，中国在发展过程中伴随着快速的城市化推动的城乡结构转换、快速工业化推动的就业结构转换、劳动力市场跨越"刘易斯转折点"推动的居民收入快速增长、对外开放不断扩大推动的国际收支变化等，因此，中国储蓄率变化的特征显得尤其丰富。主要体现在以下几个方面。

第一，中国的储蓄率水平虽然很高，但总体上处于下降的趋势。对储蓄率的国际比较研究已经表明，东亚经济体较之其他经济体具有更高的储蓄率，中国也不例外。如图2.1所示，[①] 中国的国民储蓄在加入WTO后呈迅速增长的态势，尽管国民储蓄率在2008年达到52.3%的高点后开始下降，但2017年的国民储蓄率仍然高达46.2%，相较于20%左右的世界平均水平高出了一倍有余，

[①] 关于中国国民储蓄率及其构成的分析数据皆来自国家统计局公布的历年《中国统计年鉴》的资金流量表，然而，有很多年份的《中国统计年鉴》对先前年份的资金流量表进行了调整，因此，使用不同年份的资金流量表会出现数据不一致的情形。本研究在遇到这种不一致时，均依从后面年份的数据。但我们看到储蓄率在部分年份会出现跳跃性变化，这可能反映的是统计口径调整出现的变化，而不一定是经济主体的行为出现了如此剧烈的变化。

02
中国储蓄率变化、决定因素及其影响研究

也高于其他高储蓄的东亚经济体。例如，2019年日本的国民储蓄率为27%，韩国为35%，① 均显著低于中国的储蓄率水平。根据世界银行的收入水平分类标准，中国目前属于中上收入国家，而中上收入国家2018年的平均储蓄率为32.2%，较之中国低14个百分点。

图2.2中的虚线反映了考虑国际收支的国民储蓄率。我们看到，由于中国的对外开放程度在加入WTO后有明显的提升，储蓄率的国内部分（实线）与考虑了国际收支的总体储蓄率有了较大的差异。在本章的第三节，我们将进一步讨论对外开放程度的变化所引起的国际收支变动与国民储蓄之间的相互关系。

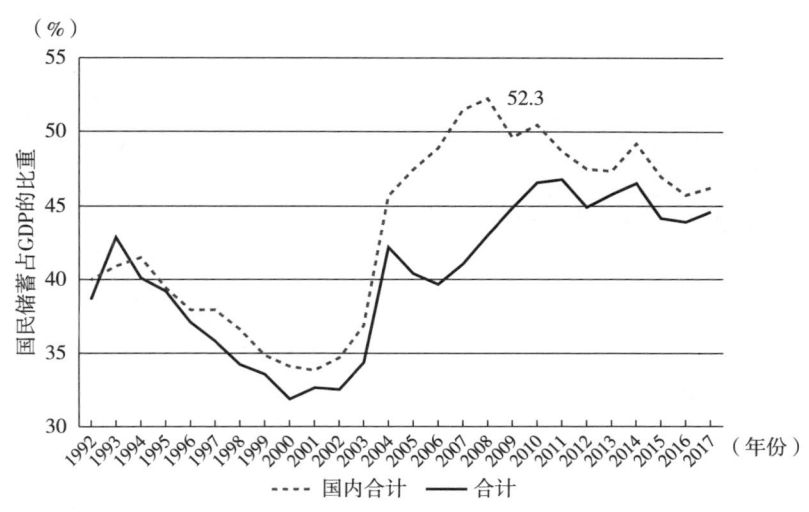

图2.2 1992—2017年中国国民储蓄率的变化趋势

资料来源：《中国统计年鉴》（历年），中国统计出版社。

---

① 日本和韩国的数据均来源于www.ceicdata.com。

过高的储蓄率容易引起宏观结构的失衡，我们在后文将对这一问题进行进一步的分析。因此，我国的国民储蓄率从2008年历史高点开始的下行趋势，也可以认为是经济结构向更加均衡的状态变化的过程，包含了积极的变化因素。表2.1对2008年历史高点以来国民储蓄率的各个组成部分进行了分解，可以看到政府储蓄率的下降是这一时期国民储蓄率下降的主要来源。私人部门储蓄在国民储蓄中的比重较之政府储蓄更大，因此，可以预期，未来国民储蓄率进一步下降的主要来源是私人储蓄率的下降，尤其是居民储蓄率的下行将成为国民储蓄率变化越来越重要的组成部分。因此，研究居民储蓄的变动及其决定因素，对于理解中国储蓄率的变化趋势，预判未来储蓄率的演化方向具有重要的意义。

表2.1 中国储蓄率自高点以来下降来源的分解

年份	下降的幅度（百分点）				下降的构成（%）			
	国民储蓄	政府储蓄	企业储蓄	居民储蓄	国民储蓄	政府储蓄	企业储蓄	居民储蓄
2009	2.67	3.36	0.81	-1.50	100	125.9	30.2	-56.2
2011	3.64	2.68	2.35	-1.39	100	73.6	64.6	-38.2
2013	4.97	3.31	2.25	-0.59	100	66.7	45.2	-11.9
2015	5.35	3.72	1.88	-0.25	100	69.6	35.2	-4.70
2017	6.08	4.83	0.60	0.65	100	79.0	10.0	10.9

资料来源：《中国统计年鉴》（历年），中国统计出版社。

图2.3是国民储蓄的各个组成部分占GDP比重的变化情况，表2.2则列示了政府储蓄、企业储蓄和居民储蓄在国民储蓄中的比重情况，将表2.2和图2.3结合起来，可以看到中国国民储蓄的

02
中国储蓄率变化、决定因素及其影响研究

各个来源在过去20多年的时间内表现出的特征。首先，与世界其他经济体一样，中国居民储蓄占国民储蓄的比重虽然处于变动之中，但在绝大多数年份，居民储蓄都是国民储蓄最重要的组成部分。图2.3表明，居民储蓄率在20世纪90年代呈波动下降的趋势，2001年下降至历史低点，占当年GDP的比重为14.1%。表2.2表明，居民储蓄占国民储蓄的历史高点出现在1996年，达到52.9%，最低点的2001年为41.6%。图2.3表明，2001年之后，中国居民储蓄率开始逐渐上升，到2010年达到了24.8%的高点，但由于同期的企业储蓄率也以较快的速度上升，2010年居民储蓄占国民储蓄的比重并没有超过1996年。

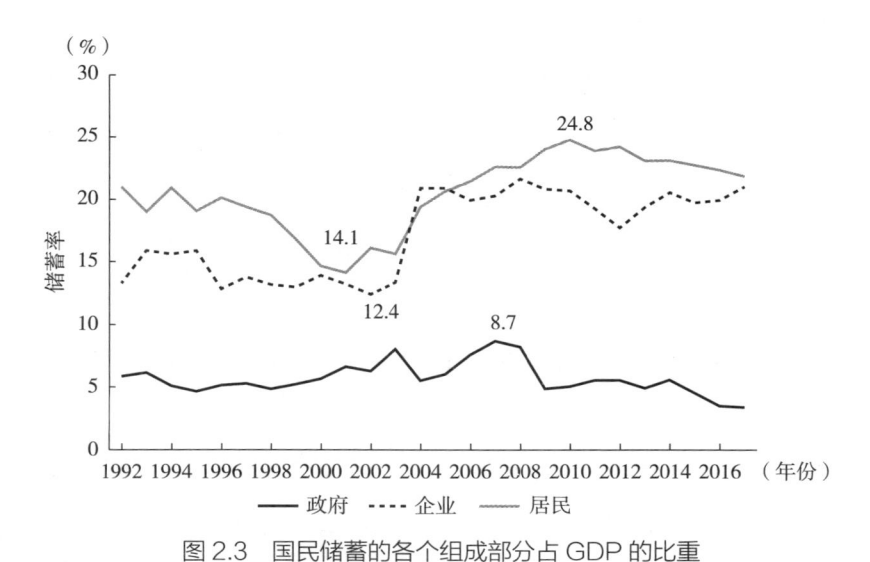

图2.3 国民储蓄的各个组成部分占GDP的比重

资料来源：《中国统计年鉴》（历年），中国统计出版社。

第二，企业储蓄的角色越来越重要。在中国加入WTO之前，

企业储蓄率大体上呈逐步下降的趋势，2002年企业储蓄率降到历史最低点12.4%，随后开始迅速上升，2004年以后基本上在20%附近小幅波动。在国民储蓄的构成中，如表2.2所示，企业储蓄占总储蓄的低点出现在1996年，为33.6%。目前，企业储蓄占总储蓄的比重仍然在上升，2017年为45.4%，也是比重最高的年份。企业储蓄在经济发展中越来越重要是一个具有一般性的趋势，Chen等人（2017）的研究指出，从全球的情况看，在20世纪80年代初期，全球的投资主要来源于居民储蓄，但目前企业储蓄发挥着越来越重要的作用，支持了全球投资的2/3的资金来源。因此，把握中国企业储蓄的变化趋势，理解其形成的决定性机理，以及企业储蓄与投资行为的关系，具有越来越重要的意义。

第三，政府部门的储蓄行为反映了公共储蓄的变化。政府储蓄是公共部门的收入减去政府消费和转移支付的结果，在既定的经济增长水平下，政府部门收入的增加，必然意味着企业和居民等私人部门的收入减少，因此，以扩大政府收入的方式增加政府储蓄，会降低私人部门的储蓄。当然，在既定的政府收入水平下，政府消费和转移支付水平的变化也会对政府储蓄的规模产生影响。不过，如果政府消费等公共支出由其职能决定，那么公共储蓄率长期内将趋向于一个稳定的水平。如图2.3所示，中国的政府储蓄率在金融危机前曾达到高点，即2007年的8.7%。从公共部门储蓄与私人部门储蓄的关系看，政府储蓄的占比在2003年达到高峰，占国民储蓄的21.7%。此后，这一比重基本处于下降趋势，加之人口老龄化带来的政府转移支付不断增加，到2017年，

02
中国储蓄率变化、决定因素及其影响研究

政府储蓄占国民储蓄的比重已经下降到了7.3%（见表2.2）。这表明政府部门的行为在中国经济活动中的直接作用逐渐减弱，而企业和居民则扮演着越来越重要的角色。

表2.2 国民储蓄的构成变化（%）

年份	国民储蓄	政府储蓄	企业储蓄	居民储蓄
1992	100	14.6	33.1	52.3
1993	100	15.0	38.7	46.3
1994	100	12.2	37.5	50.3
1995	100	11.7	40.1	48.2
1996	100	13.5	33.6	52.9
1997	100	13.8	36.1	50.9
1998	100	13.2	35.8	51.0
1999	100	14.9	37.1	48.0
2000	100	16.5	40.6	42.8
2001	100	19.5	38.9	41.6
2002	100	18.0	35.6	46.4
2003	100	21.7	36.1	42.2
2004	100	12.0	45.7	42.3
2005	100	12.7	43.9	43.4
2006	100	15.5	40.7	43.8
2007	100	16.9	39.3	43.8
2008	100	15.7	41.3	43.0
2009	100	9.8	41.9	48.3
2010	100	10.0	40.9	49.1
2011	100	11.4	39.6	49.1
2012	100	11.7	37.3	51.0
2013	100	10.3	40.9	48.8
2014	100	11.3	41.8	46.9

续表

年份	国民储蓄	政府储蓄	企业储蓄	居民储蓄
2015	100	9.6	42.0	48.4
2016	100	7.6	43.5	48.8
2017	100	7.3	45.4	47.3

注：政府储蓄、企业储蓄、居民储蓄三项数据均四舍五入后保留一位小数，故存在三项相加不等于 100 的情况。
资料来源：《中国统计年鉴》（历年），中国统计出版社。

三、"十四五"时期储蓄率变化趋势

作为一个发展中经济体，中国结构性因素的变化对储蓄率水平的变动产生了重要影响。因此，仅仅通过国际比较来判断储蓄率水平的高低，容易对问题进行简单化解读。结合中国发展的阶段性特征，分析其在不同时期对储蓄率的影响，可能会对储蓄率的变化有更恰当的理解，也有助于我们预判"十四五"时期储蓄率可能出现的变化趋势。1978—2017 年，中国储蓄率的变化经历了如下几个阶段。

1978—1992 年是储蓄率变化的第一阶段。国家统计局公布的资金流量表数据开始于 1992 年，因此，我们难以对居民储蓄、公司储蓄和政府储蓄进行全面的分析。虽然缺乏全面的统计资料，没办法对这一时期储蓄率变化趋势进行分析，但根据住户调查数据，1978—1992 年，得益于改革开放后的经济发展，人民收入水平显著提升，居民储蓄率呈上升趋势（Modigliani and Cao，2004）。鉴于居民储蓄在国民储蓄中占很大比重，我们推测第一阶段的国民储蓄率也呈上升趋势。

02
中国储蓄率变化、决定因素及其影响研究

1993—2001年是储蓄率变化的第二阶段。这一时期,中国经济还具有明显的二元经济结构特征,在劳动力无限供给的情况下,虽然非农就业不断增长、经济快速发展,但工资增长仍然缓慢。例如,1992—2001年居民收入的年均复合增长率为7.6%,GDP的年均复合增长率为11.0%,居民收入的增长率赶不上同期GDP的增长率,并导致居民储蓄率在这一时期呈逐步下降的趋势,并成为国民储蓄率下行的重要原因。

2002—2007年,中国的储蓄率出现了剧烈变化,是储蓄率变动的第三阶段。中国加入WTO后,经济的开放程度加速提升,经常账户的盈余大幅度增加。同时,中国在这一时期仍然处于人口红利期,劳动年龄人口的数量仍然不断增加,并使得资本报酬由于劳动投入的不断增加而保持在较高水平。经验研究表明,2002—2007年也是资本回报率上升的时期(白重恩、张琼,2014)。经常账户的盈余以及高回报引起的投资增长,共同推动了国内储蓄率的飙升。

2008年以后,储蓄率变化进入第四阶段。从总体上看,国际金融危机后,经常账户的盈余开始缩减,私人部门的储蓄率基本保持稳定,居民收入增长和GDP增长基本同步,2007—2018年,居民实际收入年均复合增长率为10.8%,GDP为10.7%。由于政府储蓄率的下降,国内储蓄率总体呈下降趋势,反映了储蓄率水平由高位的正常回归。

综合上述阶段性变化,我们预期"十四五"时期储蓄率变化在总体上将仍然延续第四阶段的特征,国民储蓄率继续下降,向

与经济发展阶段相一致的储蓄率水平回归。具体来说，将体现出如下几个特点。

第一，居民储蓄率将继续保持下行趋势。居民储蓄是国民储蓄最重要的组成部分，2017年居民储蓄占国民储蓄的比重达47.3%，因此，其变化趋势对国民储蓄的总体变动有决定性影响。居民收入的增长速度是影响居民储蓄的重要因素，由于工资性收入在过去10年已经经历快速增长，且增长速度快于劳动生产率的增速，我们预期"十四五"期间居民收入增长速度将有所放缓，并引起储蓄率的下降。此外，如果新冠肺炎疫情延续或出现反复，我们将在"十四五"初期对疫情的冲击产生消费平滑的效应，从而导致降低储蓄率。

第二，"十四五"期间企业储蓄率将保持小幅上升势头。企业储蓄率不断上升是近年来很多经济体出现的一般性趋势，前文已经展现了中国企业储蓄率也在近年来不断上扬。企业储蓄率上升的一个重要原因是行业集中度提升，大企业的储蓄行为推动了企业总体的储蓄水平，由于这些趋势在"十四五"期间仍在延续，企业储蓄率上升成为必然的趋势。此外，中美贸易摩擦、新冠肺炎疫情等事件产生的不确定性，也将增强企业的储蓄动机，以应对可能面临的经营风险。

第三，"十四五"期间的公共储蓄率将继续下降。公共储蓄率的下降是中国近年来国民储蓄率下降的主要来源（见表2.1）。在"十四五"期间，一些确定性的因素预示着公共储蓄率将持续下降。首先，人口老龄化所推动的养老、医疗等社会保障支出将持续增加，与人口老龄化相关的民生支出的增长，将使得公共储蓄率继续下降；其次，减税降费和扩张性的财政政策，将使得公共部门的储蓄率持续下降；最后，新冠肺炎疫情产生的冲击目前尚未结束，疫情的影响将持续多长时间，仍然存在很大的不确定性，新冠肺炎疫情后的经济复苏必然伴随着大量的公共支出，并使得公共储蓄率降低。但随着公共储蓄在国民储蓄中比重的下降，公共储蓄率下降对国民储蓄变化的边际贡献会越来越小。

走向"十四五"

中国居民储蓄率的决定因素及其影响

　　私人部门的储蓄是国民储蓄的主要组成部分，国民经济核算的资金流量表数据显示，中国 2017 年私人部门储蓄占国民储蓄的 92.7%，其中 45.4% 为企业储蓄，47.3% 为居民储蓄。因此，理解私人部门的储蓄行为及其与经济发展之间的关系，应该是储蓄率研究关注的主要问题。从资金流量表等加总数据观察到的趋势看，在私人部门的储蓄率中，企业储蓄和居民储蓄的贡献相当。有学者甚至认为，相较于其他国家，中国企业储蓄率的不断高企是推动中国总储蓄居高不下的主要原因，而中国企业储蓄率过高的原因是大量国有企业分红率低（Kuijs，2006）。不过，Bayoumi 等人（2012）对这一看法进行了质疑，主要基于以下几点理由。其一，有关中国企业储蓄率高的判断是基于国家统计局国民经济核算中的资金流量表数据，而这一数据缺乏独立的第三方检验，也难以解释一些年度的突然变化；其二，对中国上市公司数据和其他国家企业数据进行的对比分析表明，中国的企业储蓄率并没有明显高出其他国家，而且国企和非国企在储蓄行为和分红上也没有显著差异。

　　既然企业的储蓄行为没有表现出和其他国家的明显差异，那么，理解中国目前的高储蓄率及其未来的变化趋势，居民储蓄的变化方向就显得更加重要。尤其是居民储蓄行为与急剧变化的人

02
中国储蓄率变化、决定因素及其影响研究

口结构之间明显的关系,可能是理解中国储蓄率变化的关键因素。正因如此,我们在本章将分析的重点聚焦于居民储蓄行为,以研判中国不断出现的结构性因素对居民储蓄变化趋势产生的影响,以及未来居民储蓄变动的可能方向。

一、永久收入假说与生命周期假说

居民储蓄是收入减去消费的剩余部分,因此,消费的决定因素同时决定了储蓄的水平。在标准的凯恩斯模型中,消费取决于当期收入,而且,由于边际消费倾向递减,储蓄率(此处定义为储蓄和居民收入的比率)是随着收入增长而递增的函数。因此,国民储蓄率会随着人均 GDP 水平的增长而提升。一般来说,低收入群体有很大一部分支出用于基本消费,而且储蓄中用于跨期消费的部分很小,他们很少用储蓄行为在生命周期内平滑消费,因此,凯恩斯模型更适合用来解释低收入国家的储蓄变化模式。

当经济发展跨越贫困陷阱后,解释居民消费(储蓄)行为的最基本理论是永久收入假说和生命周期假说。永久收入假说假定所有的消费者具有同样的消费行为,这显然有悖于人们对现实世界的观察。相反,很多个人特征会对消费(储蓄)行为产生影响,如年龄、教育水平、个人获得信贷的难度等。因此,Modigliani 和 Brumberg(1954)提出了著名的生命周期假说,即特定个体的消费行为与其年龄有关。生命周期假说为我们理解加总的居民储蓄行为提供了重要的微观基础,对于某一个特定时点而言,一个经济体中处于不同生命周期的不同个体的消费行为的加总,决定

了总体的居民消费（储蓄）水平。

尽管生命周期假说最初被应用于发达国家，但中国改革开放以后的快速发展和市场化改革，使得生命周期假说在中国的应用也颇有价值，而且对这一理论在更大范围内对储蓄行为产生解释力也有重要意义。生命周期模型是否适用于解释中国的居民储蓄乃至国民储蓄行为，主要取决于劳动者是否有能力获取跨期转移的收入，而只要有此能力的家庭在中国形成了足够大的群体，生命周期假说就可以被用来解释中国的储蓄率决定（Modigliani and Cao，2004）。他们认为，中国养老保障体系的不充分和家庭养老的传统，使得生命周期假说可以很好地解释中国的储蓄率决定。

不难理解，如果一个经济体中处于生命周期不同阶段的人口处于一个稳定的结构，那么加总的储蓄率水平也将保持稳定，而不会随着时间的变化而变化。然而，随着时间的推移，人口结构的变化是越来越明显的现象，因此，即便个体的生命周期特征对储蓄率有着稳定的影响，加总的储蓄率也必然会随着人口结构的变化而变化。因此，Modigliani（1970）认为，长期来看，真正影响储蓄率变化的是人口结构，尤其是劳动年龄人口和赡养人口的关系，因为后者只消费，不会对总产出的增长有贡献。Modigliani（1970）指出，老年人口（65岁及以上人口）和进入劳动力市场之前的抚养人口（20岁以前的人口）与劳动年龄人口（20~64岁人口）之比应该与储蓄率有很强的负相关关系。

二、中国的人口结构变化

如果中国的人口结构变化具有 Modigliani（1970）所言的特征性指标的剧烈变化，那么，人口结构已经或即将出现的变化，将对储蓄率产生明显负面影响。因此，讨论中国人口转变的独特过程及其引起的人口结构变化对理解未来储蓄率的变动趋势具有直接的针对性意义。决定人口抚养比的三个因子是：老年人口规模、劳动年龄人口规模和进入劳动力市场前的人口规模。任何一个因子发生明显变化，都会对抚养比产生影响，并最终决定储蓄率的变化。

中国人口转变的独特性恰恰是人口结构变化非常迅速。这也使得中国人口抚养比的变化速度要快于很多国家。在过去40多年的时间里，严格的生育政策和快速的经济发展相继推动了中国总和生育率的下降，使得中国较之很多经济体在更短的时期内实现了低生育率水平。由此，中国在很短的时间内实现了有利于经济增长的人口结构，这一人口结构成为推动经济发展的积极因素，然而中国的人口红利期也较之其他很多国家更短。对于储蓄率而言，老年人口的迅速增加和劳动年龄人口的快速减少，成为推动抚养比上升的主要因素，也是造成储蓄率下行的重要推手。

作为一个中等收入国家，中国已经面临人口老龄化带来的严峻挑战。第五次人口普查数据显示，2000年，中国65岁及以上人口在总人口中所占的比例已经为7%，达到了联合国提出的老龄化社会的标准。2019年，中国65岁及以上人口在总人口中所占的比例已经达到12.6%，60岁及以上人口在总人口中所占的比例为18.1%。而且，未来中国的人口老龄化进程还将加速。正是由于人口转变进程的独特性，中国人口老龄化的速度比很多国家更快。图2.4展示了目前世界上最大的10个经济体2015—2050年65岁及以上人口占总人口的比重的变化情况，虽然除印度外，这10个经济体都已经步入了老龄化社会，但在随后的30多年时间里，它们老龄化进一步发展的进程却有差别。其中，中国是这10个经济体中老龄化进程最迅速的国家：65岁及以上人口的比重在这段时期将提高15.8个百分点，[1]变动的幅度最大；中国人口老龄化程度将由2015年的第八位上升至2050年的第五位。

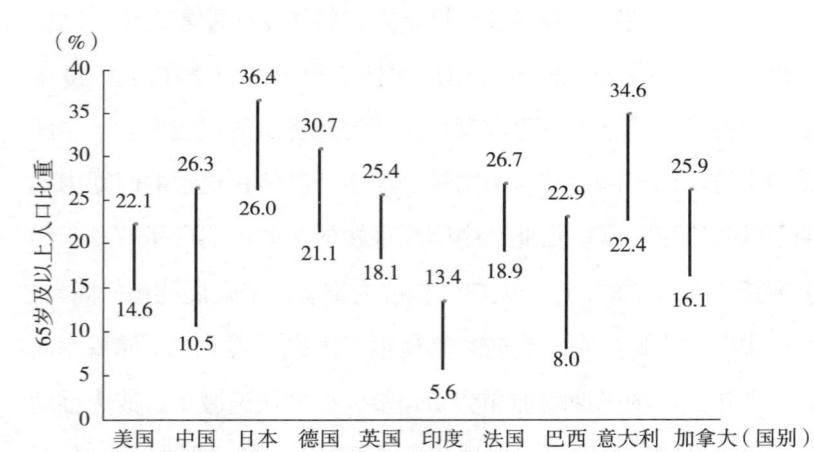

图2.4　2015—2050年当前经济总量最大的10个经济体老龄化程度变化

资料来源：联合国《世界人口展望2019》数据库。其中中国2015年的数据来自中国国家统计局（2016）。

---

[1] 更严重的是，联合国的数据可能高估了中国当下的生育率水平。显然，以更高的生育率为估算基础，可能会低估未来中国的老龄化程度，也就是说，未来的老龄化速度可能比上述预测更快。

02
中国储蓄率变化、决定因素及其影响研究

推动抚养比上升的另一个重要因素是劳动年龄人口的迅速减少。2013年以后,中国16~59岁[①]的劳动年龄人口开始持续减少,2013—2019年的六年间累计减少了2 314万人。由于1959年和1960年的出生率很低,在2020年退出劳动力市场的人口较之前几年有所减少并造成16~59岁人口在2020年略有增加,2021年增加约200万人。此后,中国16~59岁的人口数量将继续大幅度减少,并推动中国的人口抚养比以更快的速度上升。根据目前的人口预测结果,在"十四五"期间,该年龄段人口总量将减少2 500万~3 000万人,其速度远远快于"十三五"时期。

正是由于人口老龄化和劳动年龄人口减少的速度都将加快,未来人口抚养比也将快速提高。如图2.5所示,如果按照现行的退休制度,我们将20~59岁的人口定义为劳动年龄人口,人口抚养比将从2020年的0.68上升到2030年的0.88;如果采用国际上较为通用的定义,将20~64岁定义为劳动年龄人口,则人口抚养比将从2020年的0.54上升到2030年的0.63。可见,通过延长退休年龄等改革举措,可以在"十四五"期间在一定程度上抵消人口迅速老龄化带来的抚养比压力,然而无论哪一种定义,人口抚养比快速上升将是不可逆转的趋势,也必将对储蓄行为产生越来越大的影响。

[①] 由于中国退休年龄和退休制度的设计,在16岁以上的劳动年龄人口中,60岁以下的人口劳动参与率最高,60岁以上的人口劳动参与率明显下降。因此,虽然国际上一般以16~64岁来定义劳动年龄人口,但基于中国劳动力市场的实际情况,我们的人口总量以16~59岁定义劳动年龄人口。

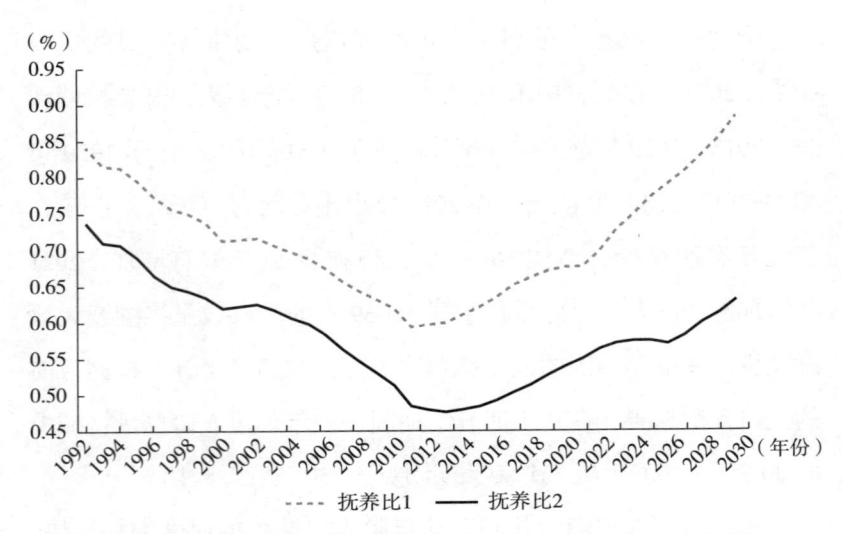

注："抚养比1"意为0~19岁人口与60岁及以上人口数量之和除以20~59岁人口数量；"抚养比2"意为0~19岁人口与65岁及以上人口数量之和除以20~64岁人口数量。

图2.5　2020—2030年中国人口抚养比的变化

资料来源：作者根据《中国常用人口数据集》、郭志刚"分年龄人口数据预测数据库"（以2010年人口数为基础，假设2012年以后的几年内TFR上升至1.6并延续）计算。

为了进一步观察人口抚养比对储蓄率的影响，我们对储蓄率与人口抚养比的关系进行了回归分析,结果如表2.3所示。在表2.3的第二列，我们只放入人口抚养比，其结果表明，人口抚养比对国民储蓄率有显著的负面影响。考虑到人口抚养比的变化有明显的时间趋势特征，第二列的回归可能反映的是两个时间序列共同变化的趋势，而非抚养比对储蓄率的影响，因此，在第三列的回归中，我们用人口抚养比的一阶差分代替当期人口抚养比，这样，我们可以观察到人口抚养比的变化对储蓄率的影响。而且，考虑到中国经济快速增长的事实，收入增长可能是储蓄率上升的重要因素，此外，其他一些随时间变化的因素也会影响储蓄率，因此，我们在第三列的回归方程中还放入了时间趋势变量。我们看到，以一阶差分表示的人口抚养比的变化仍然表现出对国民储蓄率显著的负面影响。第四列和第五列分别列出了人口抚养比变化对私人部门储蓄率和政府储蓄率的影响。虽然回归系数的符号都为负，但公共储蓄的系数没有处于统计显著水平，这说明人口结构变化对储蓄行为的影响主要是通过影响私人部门的储蓄行为实现的。上述回归结果说明，生命周期假说很好地解释了中国目前的储蓄率变化路径，人口结构变化也将成为未来储蓄率变动的最重要的决定因素。

表2.3 人口抚养比对储蓄率的影响

	国民储蓄率	政府储蓄率	私人部门储蓄率	公共储蓄率
人口抚养比	−0.56***	—	—	—
	（0.118）	—	—	—
人口抚养比的一阶差分	—	−1.64**	−1.27*	−0.36
	—	（0.75）	（0.74）	（0.23）
时间趋势	—	0.0074***	0.0074***	0.00
	—	（0.0014）	（0.0014）	0.00
F 统计值	22.94***	14.59***	15.58***	0.21
Adj-R2	0.47	0.53	0.55	0.05
观察值数	26	25	25	25

注：人口抚养比的定义为0~19岁人口与60岁及以上人口数量之和除以20~59岁人口数量；括号中的数据为标准差，***、**、*分别表示在1%、5%和10%的水平上具有统计显著性。

三、国民账户转移与居民储蓄

国民账户转移是基于人口年龄结构的变化，观察收入和消费的生命周期效应（United Nations, 2013）。一般来说，劳动年龄人口在经济中既是生产者也是消费者，但少儿和老年抚养人口是经济中的消费者，不提供收入。因此，在经济系统中，劳动年龄人口的劳动收入减去消费形成的储蓄，赡养了少儿和老年抚养人口。劳动力人口形成的储蓄，在经济系统中通过各种制度安排，如税收、养老金制度等被转移至被赡养的人口。根据居民调查微观资料，我们计算了各年龄段的劳动收入和消费，见图2.6。需要指出的是，国民账户转移的特征在各个经济体中均表现出较大的差异性（United Nations, 2013）。从中国的情况看，劳动收入集中于劳动年龄人口，这与其他国家的情形相似，但消费曲线基本与横轴平行——各年龄段消费水平的差异不显著，是中国有别于很多国家的特征。这一特点也将影响未来中国储蓄率的变化。

未来，在国民账户转移特征保持不变的情况下，人口结构变化本身就足以对"收入—消费—储蓄"变化模式产生巨大影响。如图2.5所示，人口抚养比随时间推移的U形变化，意味着产生净储蓄的人口占比越来越小，因此，人口结构变化将会对总储蓄率产生越来越明显的影响。

图 2.6 分年龄的劳动收入和消费

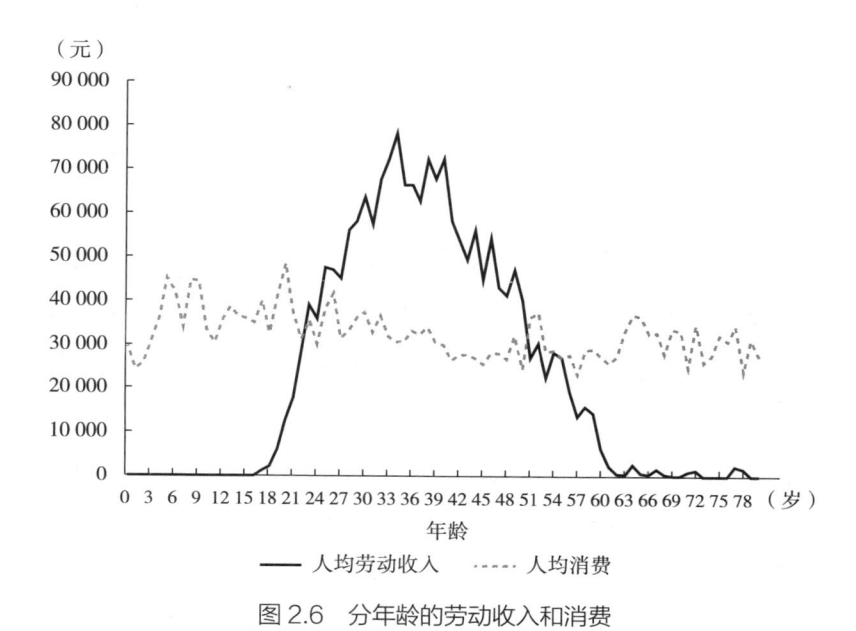

资料来源：根据"2016年中国城市劳动力调查（第四轮）"数据计算。

四、影响居民储蓄率的其他因素

除了人口结构，还有很多其他因素会对居民储蓄率产生影响，Grigoli 等人（2014）对影响私人部门储蓄率的因素进行了综述，总结了每一种因素对私人部门储蓄率的影响方向（正向、负向、不明确）。基于该文献的综述，一些体现中国经济转型和发展阶段的制度和政策因素，也会对居民储蓄率产生影响。这些因素既包含了具有中国特征的储蓄决定模式，也体现了进一步深化改革和政策调整的主要领域。表 2.4 对这些因素对储蓄率影响的理论预期、跨国实证分析的经验结果、"十四五"时期可能的变化趋势以及对中国储蓄率变化的可能方向进行了归纳。

（一）居民收入

居民收入增长是居民储蓄乃至国民储蓄的重要来源。对中国的情形来说，居民收入增长的阶段性特征对于理解储蓄行为十分重要。在二元经济时代，劳动力无限供给不仅压低了工资水平，工资的增长速度也很缓慢。因此，大多数群体的储蓄行为适合用标准的凯恩斯模型来解释，即当期收入决定了储蓄。跨越"刘易斯转折点"后，中国劳动力市场经历了一段工资快速增长的时期，随后，叠加人口抚养比开始出现的转折性变化，生命周期假说对中国储蓄率行为的解释力增强。然而，由于缺乏劳动生产率增长的支撑，未来工资性收入的增长速度有可能放缓。收入增速下降的预期，有可能成为储蓄率下行越来越重要的推动因素。

（二）收入分配与减贫

当经济中存在大量的贫困人口时，决定储蓄的是当期收入，而贫困人口收入低、边际消费倾向高，因此，储蓄率处于低水平。对发展中国家而言，通过更合理的收入分配和推进大规模减贫，以缩小收入差距、扩大中等收入群体，可以使边际消费倾向高的群体减少，并提高总体的储蓄率。

中国跨越"刘易斯转折点"后，普通劳动者的工资经历了快速的增长，是收入分配改善最明显的时期。这一时期，居民储蓄率处于历史高位，收入分配结构的改善是推动因素之一。未来依靠工资增长推动收入分配持续改善的难度加大，仅从收入分配和储蓄的关系看，支撑高储蓄的可能性也会降低。

（三）城市化

城市化是二元经济体在发展过程中必须经历的结构性转折。跨国数据的实证结果表明，关于城市化对储蓄率的影响方向并没有一致性的结论。从中国的具体情况看，由于户籍制度改革尚不彻底，社会保护体系和公共服务体系的一体化改革还没有完成，城市化的主导力量仍然是劳动力流动，而非完整的人口流动。

一方面，中国的城市化进程是扩大就业、促进居民收入增长的重要动力，而收入的增长无疑是提高储蓄率的重要基础；另一方面，城市化也会刺激和扩大消费，尤其是社会保护体系和公共服务一体化改革完成后，覆盖更多外来人口的社会保护体系和公共服务体系，将会稳定他们对未来的预期，增加当期的消费。在中国，城市化对储蓄率的影响可能与改革的进程紧密相关，但很难判断其对储蓄率变化的影响方向。

（四）社会保障体系

跨国研究表明，养老保险制度的设计对储蓄率有显著的影响（Samwick，2000），这也是生命周期假说所阐述的重点所在。如果养老保障制度的设计，使人们未来的预期收入明显减少，那么它必然会在当前增加储蓄。我们利用居民调查数据，对中国养老保障制度改革及其对储蓄率的影响进行了实证分析，结果发现，从总体上看，历次养老金制度改革对居民的储蓄率产生了负面影响，对企业职工的影响尤其明显。中国的社会保障体系仍然处于不断完善的过程中，由于人口老龄化的压力越来越明显，降低或至少不提高养老金的替代率是必然的趋势，这必然对人们当期储蓄行为产生影响，对储蓄率具体的影响方向和程度，将取决于改革的内容和力度。

表2.4 其他影响"十四五"储蓄率变化的重要因素

	跨国研究	"十四五"的趋势	可能影响
居民收入	当期收入水平：理论预期方向不明，实证结果为正或不显著；收入增长：理论预期方向不明，实证结果多为正	收入水平将继续保持增长，但收入增长的速度有可能放缓	考虑到收入增长在大多数实证结果中对储蓄率的正面影响，收入增速下降可能会使居民储蓄率下降
收入分配	理论预期的影响方向不明确，实证结果为负或统计上不显著	工资增长速度下降，导致收入差距可能扩大	高收入者储蓄率增加，中低收入者储蓄率则可能下降，具体效应取决于收入分布的具体情况
城市化	理论预期的影响方向不明确，实证结果均对储蓄率产生负面影响	城市化水平继续提高	城市化会促进消费，降低储蓄率，但不完整的城市化会提升预防性储蓄
养老金体制	现收现付制的理论预期方向不明，实证结果为负；完全积累制预期为正，实证结果为正	养老金制度的改革将主要体现于不同制度的并轨，逐渐从实际的现收现付制转向完全积累制	对储蓄率的影响取决于每一种制度覆盖的人群和所占的比例，因此其方向具有不确定性

资料来源：跨国研究的综述参见 Grigoli 等人（2014）。

储蓄率变化对宏观经济的影响

加总储蓄率作为国民经济账户恒等式的组成部分，必然与其他宏观经济指标产生相互作用。储蓄来源于经济增长的成果，而不同部门的储蓄又是投资的主要来源。在开放经济中，国内储蓄和国际收支有密切联系。研究储蓄率和这些加总指标之间关系的主要目的是，了解它们之间以什么样的方式，在多大程度上与什么方向上相互影响。

一、经济增长

如前所述，生命周期理论表明储蓄和经济增长之间存在关联，即过去的增长绩效和当前的储蓄水平以及未来预期的经济产出和当前的储蓄水平之间存在着长期的关系。在生命周期模型中，个人储蓄是明确地反映其对未来预期的指标，如果一个人预期未来的收入下降，那么他将增加当期的储蓄。基于此假说推演，当前储蓄和未来经济增长之间的 Granger Causality 检验应该存在负向关系。储蓄和经济增长之间联系的另一个机制较为间接，即储蓄引起投资，而投资又对经济增长产生影响。不过，Attanasio 等人（2000）基于大量跨国数据的实证结果表明，投资对经济增长的 Granger Causality 检验表现出了令人费解但非常稳健的负向关系。

在较早的研究中，Carroll 和 Weil（1994）利用 Granger Causality 检验分析了加总水平的经济增长和储蓄率的关系，他们发现，经济增长对储蓄率有正向影响，但储蓄率对经济增长没有影响。不过在后来的研究中，Attanasio 等人（2000）利用更丰富的数据（150 个国家的面板数据）、更多样的估计方法、更具弹性的设定，详细检验了经济增长、储蓄率和投资之间的相互关系。他们的分析结果表明，在不同的数据库和不同的设定下，经济增长对储蓄率的 Granger Causality 检验都表明了前者对后者的正向影响，但效应比较微小。而且，在加入一些重要的控制变量，如劳动年龄人口的比重后，滞后的经济增长对储蓄率的影响就由正转负了。

尽管关于经济增长和储蓄率之间关系的跨国研究对于我们理解这两个重要的加总宏观指标的相互联系和变动规律有重要意义，但不同国家之间的异质性，例如收入分配结构、人口年龄结构，会对跨国数据的分析结果产生重要影响。因此，即便存在诸如 Attanasio 等人（2000）基于丰富的跨国数据的分析，考察中国的经验分析结果仍然会因基于特定经济体的特征而具有重要意义。因此，我们对中国经济增长与国民储蓄率及其各个组成部分进行了 Granger Causality 检验，结果见表 2.5。储蓄率与经济增长的每一组检验都包含了两种相反方向的关系。Granger Causality 检验结果表明，滞后的国民储蓄率对经济增长有显著的影响，但经济增长对国民储蓄率的影响在统计上不显著（F 统计值）；政府储蓄行为对经济增长没有产生积极影响，但经济增长显著地影响了政府储蓄的水平；滞后的居民储蓄和企业储蓄对经济增长都有正面影响；经济增长对企业储蓄的影响在统计上不显著（F统计值）。经济增长与储蓄率的 Granger Causality 检验结果表明，由于私人部门储蓄对经济增长的积极作用，中国公共储蓄率的下降，具有一定的积极意义。

表2.5 经济增长与储蓄率的 Granger Causality 检验

零假设	滞后阶数	F统计值	χ^2统计值	结果
国民储蓄				
国民储蓄不影响增长	4	7.34***	49.7***	拒绝零假设
增长不影响国民储蓄	4	1.49	10.09**	不能拒绝零假设
政府储蓄				
政府储蓄不影响增长	2	0.86	2.17	不能拒绝零假设
增长不影响政府储蓄	2	6.73***	16.99***	拒绝零假设
居民储蓄				
居民储蓄不影响增长	4	3.79**	25.65***	拒绝零假设
增长不影响居民储蓄	4	0.54	3.67	不能拒绝零假设
企业储蓄				
企业储蓄不影响增长	4	5.07***	34.32***	拒绝零假设
增长不影响企业储蓄	4	1.59	10.78**	不能拒绝零假设

注：各组检验的滞后阶数根据 Akaike's Information Criterion（AIC）确定。***、**、*分别表示在1%、5%和10%的水平上具有统计显著性。

综合上述分析，我们可以看到储蓄率与经济增长之间的关系在中国表现出了一定的个性特征。首先，储蓄率是经济增长的促进因素，因此，中国长期以来保持的高增长与高储蓄率有着必然的关联；其次，实证分析结果表明，私人部门储蓄率对经济增长具有更明显的促进作用，政府储蓄率则不对经济增长产生影响，这意味着，近年来政府储蓄水平的下降，以及国民储蓄的构成中私人部门储蓄率的上升，对经济增长都有积极的意义；最后，经济增长似乎只对政府储蓄产生影响，而对私人部门的储蓄率没有影响。中国的政府部门收入与经济增长之间有密切联系，而政府支出则越来越具有刚性，因此，更高的经济增长水平容易产生更高的政府储蓄率。相较而言，私人部门的储蓄行为取决于更长期的结构性因素，如前面讨论的人口抚养比的变化，而对短期的经济增长并不敏感。

二、投资

国内储蓄和投资之间存在密切联系，人们在理论上往往假定储蓄即投资。快速的增长可能会提升未来的增长预期和投资回报预期，从而引起储蓄增加。在较早的研究中，Feldstein 和 Horioka（1980）对跨国数据进行了分析，发现了储蓄率和投资之间的高相关性，并将其作为资本跨国流动程度低的重要证据。后来的分析仍然支持储蓄和投资之间稳健的相关性，而且越大的经济体，投资和储蓄的相关性越高（Baxter and Crucini，1993），依据不同的数据库计算的二者的相关系数都在 0.6 以上。

根据国民经济核算的资金流量表数据，我们也计算了中国的储蓄率和投资率（以固定资本形成占 GDP 的比重表示）的相关性。结果与跨国数据的分析具有一致性，中国的投资率与国民储蓄率的相关系数为 0.804，与私人部门储蓄率的相关系数为 0.825，与居民储蓄率的相关系数为 0.715，与企业储蓄率的相关系数为

0.825。公共部门储蓄取决于政府消费水平，而后者受短期的宏观经济政策影响较大，因此，投资与政府储蓄的相关系数较低，且方向为负，数值为 –0.117。

储蓄与投资的关系不仅表现为在具有不同特征的经济体中都存在稳健的相关关系，还体现在二者之间存在动态的关联性，即滞后的储蓄率对当前投资的影响（Attanasio, et al., 2000）。与表 2.5 类似，我们也对投资率（资金流量表中固定资本形成与 GDP 的比率）与国民储蓄率及其各个组成部分进行了 Granger Causality 检验，结果如表 2.6 所示。

表 2.6 投资率与储蓄率的 Granger Causality 检验

零假设	滞后阶数	F 统计值	χ^2 统计值	结果
国民储蓄				
国民储蓄不影响总投资	2	0.07	0.18	不能拒绝零假设
总投资不影响国民储蓄	2	3.08*	7.79**	拒绝零假设
政府储蓄				
政府储蓄不影响总投资	1	4.67**	5.30**	拒绝零假设
总投资不影响政府储蓄	1	0.99	1.12	不能拒绝零假设
政府储蓄不影响政府投资	1	0.99	1.12	不能拒绝零假设
政府投资不影响政府储蓄	1	0.98	1.11	不能拒绝零假设
居民储蓄				
居民储蓄不影响总投资	1	0.05	0.06	不能拒绝零假设
总投资不影响居民储蓄	1	9.43***	10.72***	拒绝零假设
居民储蓄不影响居民投资	1	1.37	1.55	不能拒绝零假设
居民投资不影响居民储蓄	1	5.60**	6.36**	拒绝零假设
居民储蓄不影响企业投资	4	2.98**	20.16***	拒绝零假设

续表

零假设	滞后阶数	F统计值	χ^2统计值	结果
企业投资不影响居民储蓄	4	0.71	4.78	不能拒绝零假设
企业储蓄				
企业储蓄不影响总投资	1	0.04	0.05	不能拒绝零假设
总投资不影响企业储蓄	1	4.08*	4.63**	拒绝零假设
企业储蓄不影响企业投资	2	7.75***	19.59***	拒绝零假设
企业投资不影响企业储蓄	2	0.45	1.15	不能拒绝零假设

注：各组检验的滞后阶数根据赤池信息量准则（AIC）确定。***、**、*分别表示在1%、5%和10%的水平上具有统计显著性。

综合表中的检验结果，我们可以看到，投资对储蓄行为产生了明显的影响，可能是通过投资回报率（利率的变化）拉升了对资本品的需求，从而刺激了储蓄。不过，与Attanasio等人（2000）基于跨国数据的研究结果不同，我们的研究表明，滞后的国民储蓄率并没有对当前投资率产生很大的影响，在表2.6中，国民储蓄率、居民储蓄率和企业储蓄率的滞后项对当前投资的影响都无法拒绝零假设，只有滞后一期的政府储蓄对当期的投资有显著影响，这体现了中国政府在投资行为决定中的主动作用。

表2.6还展示了居民储蓄率和居民投资率、企业储蓄率和企业投资率之间关系的检验结果，我们由此得到一个重要的发现，即滞后的企业储蓄率影响了企业投资。这一结果表明，中国企业储蓄与企业投资之间的关系与国际上的一般趋势趋同，即企业储蓄在企业投资行为中发挥着越来越重要的作用（Chen et al.，2017）。而且，滞后的居民储蓄率对企业投资也产生了影响，但

有着4年的较长滞后期。这意味着，未来仍然要通过深化金融体制改革，使居民储蓄更有效、迅速地转化成企业投资。

三、国际收支

储蓄率对国际收支的影响体现于国民收入账户恒等式，即经常账户盈余等于国民储蓄减去投资。以往的研究对中国国民储蓄与国际收支的关注，大多集中于过高的国内储蓄率引起的中国经济的内部和外部不平衡，而且它们指出，高储蓄可能是扭曲经济结构、对经济增长的持续性产生不利影响并导致外部不平衡的主要原因（Yang，2012；Zhang，et al.，2018）。关于国际收支、储蓄和外部不平衡的研究，都是集中于21世纪初至2008年金融危机前经常账户余额快速增加的时期，如图2.7中的方框部分所示。这可能是这一时期经常账户的戏剧性变化，产生了极具风格化的特征。如果我们拉长观察的时段，可以发现经常账户占GDP比重的提升实际上具有一定的阶段性，而且，从其变化的机制看，对经济结构的扭曲效果也会越来越不明显。经常账户盈余占GDP比重随时间变化的关系如下：

$$\frac{d}{dt}\left[\frac{A(t)}{Y(t)}\right]=\frac{Y(t)A'(t)-A(t)Y'(t)}{Y^2(t)}=\frac{A'(t)}{Y(t)}-\frac{Y'(t)}{Y^2(t)}A(t)$$

如果经济增长率 $g=Y'/Y$，那么当经济规模很大时 g 趋向于零。所以有：

$$\frac{d}{dt}\left[\frac{A(t)}{Y(t)}\right]=\frac{A'(t)}{Y(t)}-\frac{Y'(t)}{Y^2(t)}A(t)=\frac{A'(t)}{Y(t)}-\frac{g}{Y(t)}A(t)\approx\frac{A'(t)}{Y(t)}$$

走向"十四五"

因此，经常账户盈余占 GDP 的比重取决于经常账户的变化和 GDP 规模。很显然，上面的公式表明，中国经济总量扩大本身，就足以消化经常账户盈余产生的影响。目前，中国的 GDP 规模已经是 2007 年经常账户盈余占 GDP 的比重处于历史高点时的近 4 倍，相应地，经常账户的盈余对经济结构的影响也变得不再突出。

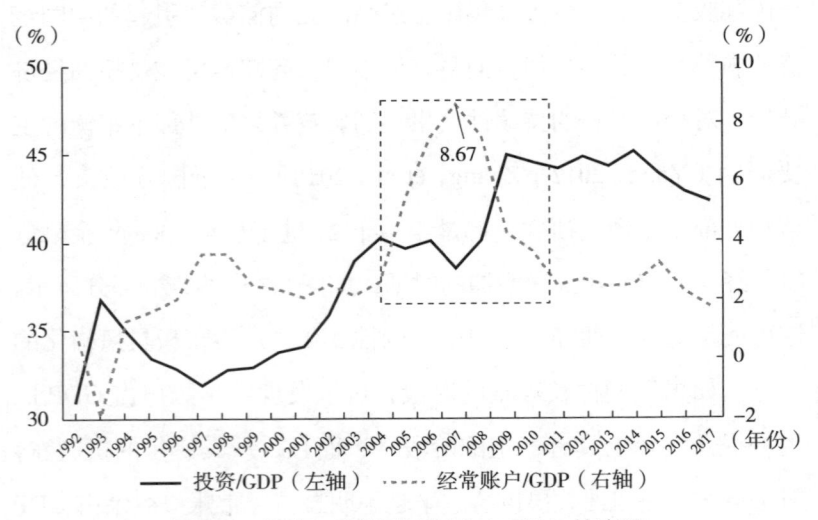

图 2.7 投资、经常账户盈余占 GDP 的比重

资料来源：《中国统计年鉴》（历年），中国统计出版社。

另一个与储蓄率和国际收支相关的问题是，中国的外部结构失衡是否由高储蓄率引起。我们对储蓄率与经常账户盈余的相互关系也做了 Granger Causality 检验，结果见表 2.7。如果我们将样本限制在 2008 年以前，那么我们的确会观察到储蓄率对经常账户盈余产生了显著的影响，而且，经常账户余额并不影响储蓄率。

但如果纳入 2007 年以后的样本，二者之间的关系都不能拒绝零假设，这意味着储蓄率和国际收支之间的关系已不再明显。

为了进一步观察国民经济恒等式中储蓄、投资与经常账户的关系，我们对储蓄减去投资后的余额与经常账户净值（净出口）也进行了 Granger Causality 检验，结果如表 2.7 所示。我们同样以 2008 年为界，观察国际金融危机前的影响。结果表明，在国际金融危机以前，储蓄与投资的差显著影响了经常账户的平衡，但反过来经常账户并没有对储蓄与投资的差产生影响。如果加上 2008 年以后的样本，虽然检验结果大致相同，但统计值的显著性明显下降。这意味着，2008 年以后储蓄减去投资的差额与国际收支的关系也已经减弱。对 2008 年以后样本的单独检验结果也说明这一点，但 2008 年以后由于观察值较少，受自由度的限制，我们没有报告检验结果。

表 2.7　国际收支投资与储蓄率的 Granger Causality 检验

零假设	滞后阶数	F 统计值	χ^2 统计值	结果
1992—2007 年				
国民储蓄不影响经常账户	1	5.35**	6.69***	拒绝零假设
经常账户不影响国民储蓄	1	0.10	0.12	不能拒绝零假设
储蓄投资差不影响经常账户	4	75.06***	1200.94***	拒绝零假设
经常账户不影响储蓄投资差	4	0.62	9.85**	不能拒绝零假设
1992—2017 年				
国民储蓄不影响经常账户	1	0.08	0.09	不能拒绝零假设
经常账户不影响国民储蓄	1	0.19	0.21	不能拒绝零假设

续表

零假设	滞后阶数	F 统计值	χ^2 统计值	结果
储蓄投资差不影响经常账户	4	2.45*	16.60***	拒绝零假设
经常账户不影响储蓄投资差	4	1.01	6.83	不能拒绝零假设

注：各组检验的滞后阶数根据赤池信息量准则（AIC）确定。***、**、* 分别表示在 1%、5% 和 10% 的水平上具有统计显著性。

因此，无论我们观察储蓄率和国际收支的关系，还是储蓄与投资的差与国际收支的关系，我们都发现，它们所引起的不平衡只是阶段性的，而且，经常账户的盈余没有对储蓄率或者储蓄与投资的缺口产生影响。

储蓄率与危机时期的政策反应

预防未来的不确定性本来就是储蓄行为产生的重要原因，人们通过平滑消费，为未来的不确定性储蓄，也是生命周期假说所隐含的重要前提。个体的预防性储蓄会加总成为宏观储蓄行为，并对社会经济的运行产生影响。无论是从微观层面还是宏观层面看，储蓄率的高低都会在经济危机、自然灾害等负向冲击发生时对受冲击主体的行为产生影响（Campbell，1987）。例如，家庭储蓄的高低不仅影响受冲击者当期的生活水平，也会对劳动力市场行为产生影响。

2020年，新冠肺炎疫情暴发并迅速发展成全球"大流行"的疫情，对中国和世界经济产生了严重的负面冲击。各国也已经纷纷对疫情的冲击做出相应的政策反应，根据各自的疫情、经济发展状况等推出了规模不同的刺激计划（国际货币基金组织，2020）。由于此次疫情在写作本书时仍然处于发展过程中，各国推出的应对计划也处于不断更新中，目前收集的数据不仅不全面，且具有一定的阶段性。本节的分析，我们将着重于储蓄率对危机反应的影响。为了更好地反映这一目标，除了使用已经出台的应对新冠肺炎疫情的计划，我们还将结合2008年金融危机后部分国家的财政计划，以观察储蓄率及其各个组成部分对危机的政策应对程度、应对方式产生的影响。

　　首先，对世界上绝大多数国家而言，在给定经济发展水平的情况下，储蓄率的高低决定了一个国家应对危机的能力。2008年金融危机爆发后，OECD国家迅速做出了政策反应，推出了财政刺激计划。如图2.8所示，图中的每一个点代表一个OECD国家，横轴为国民储蓄率，反映了一个国家应对危机的总体资源储备，纵轴为财政刺激计划占GDP的比重，反映了各国应对危机的政策强度。散点分布的规律表明，国民储蓄率更高的国家，财政刺激计划占GDP的比重也越高，因此，图中的散点总体上呈向右上方倾斜的趋势。①

　　在图2.9中，基于同样的数据来源，我们分别展示了公共储蓄率和私人部门储蓄率与危机反应程度的相关性。从对危机反应政策的影响看，分项的储蓄构成也表现出和总储蓄率一致的方向，公共储蓄率和私人部门储蓄率与财政刺激计划的散点图都呈现出向上倾斜的分布趋势，而且图2.9a和图2.9b中两条趋势线的上扬斜率，较之图2.8中总储蓄率的趋势线更陡峭。

　　上述应对2008年金融危机时的财政政策反应的趋势，在此次应对新冠肺炎疫情时同样有所体现。图2.10是根据目前已经公布的财政刺激计划和2018年各国的储蓄率情况绘制的，包括了

---

① 当然，各个国家对危机的政策反应程度还受到很多其他因素的影响，尤其是在危机中受到冲击的程度、是否可以利用国际储备货币地位等，对于疫情期间的应对政策方向与力度有很大的影响。鉴于OECD国家之间经济的紧密联系和经济结构、经济发展水平的异质性较低，我们假定其受到的初始冲击也具有较高的均质性。

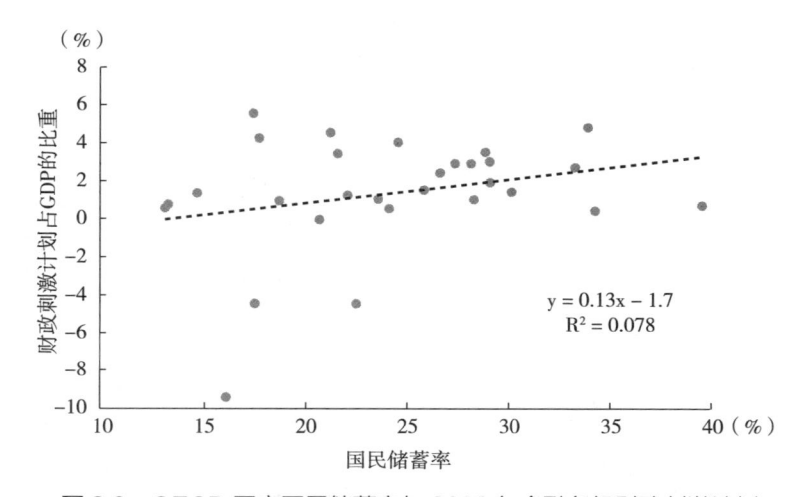

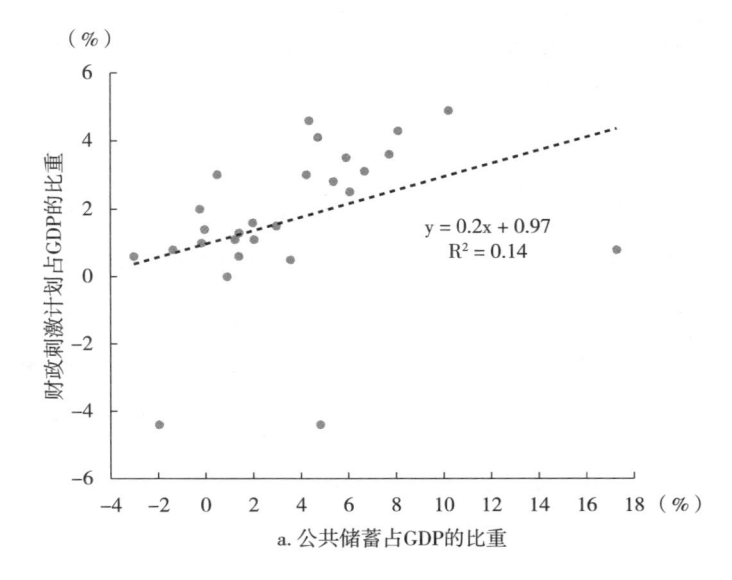

02
中国储蓄率变化、决定因素及其影响研究

图2.8 OECD国家国民储蓄率与2008年金融危机财政刺激计划

资料来源：储蓄率数据来源于世界银行数据库，https://data.worldbank.org/indicator/NY.GNS.ICTR.ZS；2008年金融危机的财政刺激计划数据来源于OECD（2010）。

a. 公共储蓄占GDP的比重

(图: 纵轴"财政刺激计划占GDP的比重"(%),横轴"b. 私人部门储蓄占GDP的比重"(%);散点图,拟合线 $y = 0.2x - 2.3$,$R^2 = 0.13$)

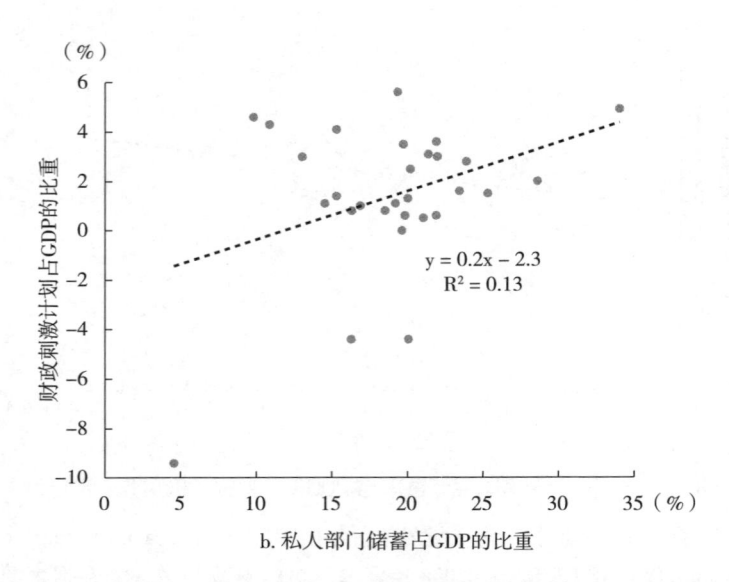

图 2.9　OECD 国家储蓄率与 2008 年金融危机财政刺激计划

资料来源：储蓄率数据来源于世界银行数据库，https：//data.worldbank.org/indicator/NY.GNS.ICTR.ZS；2008 年金融危机的财政刺激计划数据来源于 OECD（2010）。

OECD 国家和虽然不是 OECD 成员国但属于 G20 成员的一些规模较大的经济体。图 2.10 中的每一个点代表一个国家，横轴为 2018 年国民储蓄占 GDP 的比重，纵轴是已经宣布的财政刺激计划（包括减税和政府消费）占 GDP 的比重。

我们将收集到的样本国家按国民储蓄率的高低平均分为两组：高储蓄率组和低储蓄率组，图 2.10a 显示了高储蓄率组国家的情形，图 2.10b 显示了低储蓄率组国家的情形。虽然从总体上看，高储蓄率组国家和低储蓄率组国家都表现出了储蓄率与财政刺激计划反应程度的正向关系，即每个图中的散点都呈现出随着

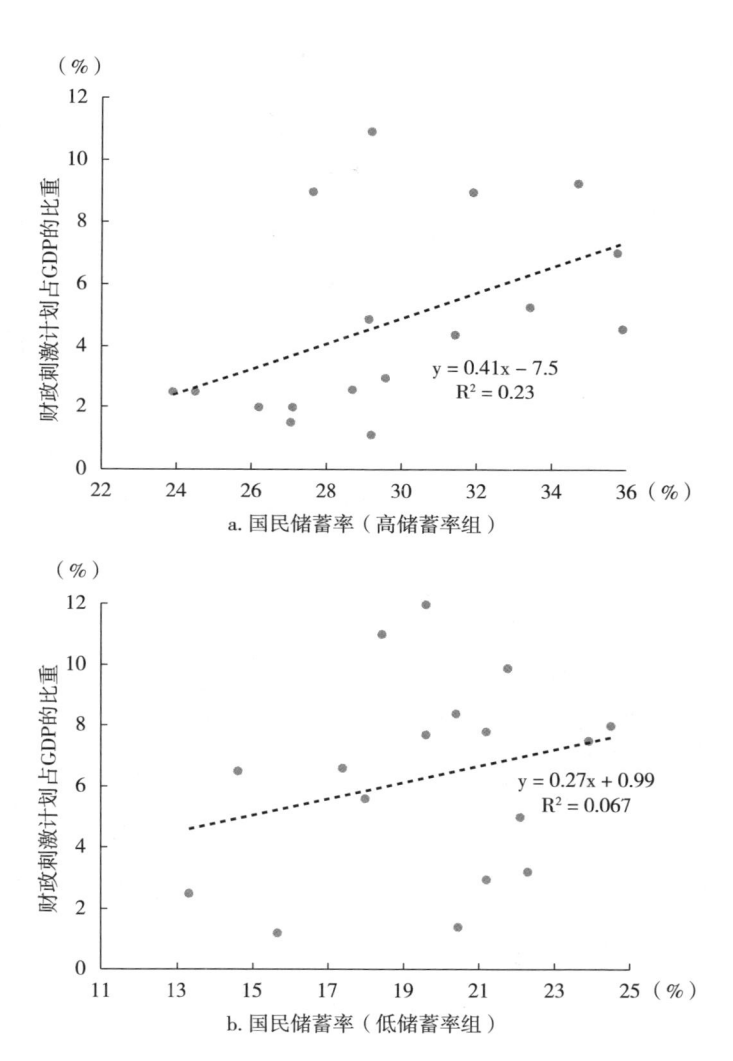

02
中国储蓄率变化、决定因素及其影响研究

（图：散点图 a，纵轴"财政刺激计划占GDP的比重（%）"，横轴"a. 国民储蓄率（高储蓄率组）（%）"，拟合方程 $y = 0.41x - 7.5$，$R^2 = 0.23$）

（图：散点图 b，纵轴"财政刺激计划占GDP的比重（%）"，横轴"b. 国民储蓄率（低储蓄率组）（%）"，拟合方程 $y = 0.27x + 0.99$，$R^2 = 0.067$）

图 2.10 国民储蓄率与新冠肺炎财政应对计划

资料来源：国民储蓄率数据来源于世界银行数据库，https：//data.worldbank.org/indicator/NY.GNS.ICTR.ZS；新冠肺炎财政应对计划数据来源于国际货币基金组织，https：//www.imf.org/en/Topics/imf-and-covid19/Policy-Responses-to-COVID-19。

储蓄率提高向右上方分布的趋势，但高储蓄率组国家向上倾斜的趋势更加明显，这表明国民储蓄更加丰裕的国家有更强的能力对新冠肺炎疫情提出更大规模的财政刺激计划。

不仅储蓄率的水平影响应对负面冲击时的反应能力，储蓄率来源所决定的储蓄率结构也会对应对危机的政策反应方向产生影响。在遭遇负面冲击时，财政刺激计划的作用方向包括针对基础设施等的公共投资、针对受损企业的税收减免或直接援助、针对家庭的转移支付计划等。当然，危机的类型和负面冲击的性质，决定了政策作用的主要对象。例如，此次新冠肺炎疫情使得很多中小微企业面临直接的损失，低收入家庭的生计也遭遇困境，因此，很多国家推出了针对小企业和居民的收入转移计划。除了上述特征对政策反应方向的影响外，国民储蓄率的结构也会对政策反应的方向产生影响。图 2.11 所示的是 OECD 国家在 2008 年金融危机时财政刺激计划结构与储蓄率结构的关系，横轴为私人部门储蓄占 GDP 的比重，纵轴为财政刺激计划中直接的家庭转移支付占财政刺激计划的比重。我们看到，随着私人部门储蓄率的提升，散点分布有明显的向右下方倾斜的趋势。这意味着，私人部门储蓄丰裕，可能会使决策者制定向家庭直接转移收入的计划时更加保守。

如果说疫情冲击的特点、经济受冲击的程度、储蓄率水平等因素决定了政策反应的程度和方向，那么上述关于其他国家对 2008 年金融危机和对新冠肺炎疫情的反应，可以为中国的相关计划提供参考。根据我们整理的资料和本文对中国储蓄率特点的分析，我们可以得到以下几点认识。

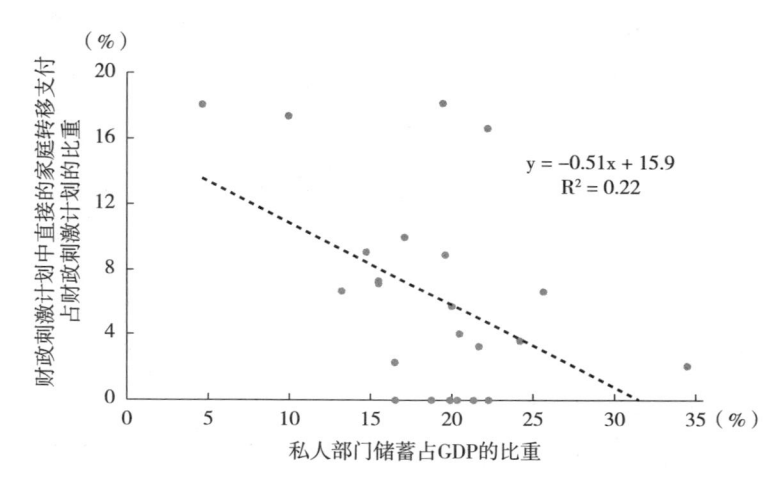

图 2.11　私人部门储蓄率与财政刺激计划中家庭转移支付的比例

资料来源：国民储蓄率数据来源于世界银行数据库，https：//data.worldbank.org/indicator/NY.GNS.ICTR.ZS；2008 年金融危机的财政刺激计划数据来源于 OECD（2010）。

第一，中国的高储蓄率具有非常典型的特征，也为对新冠肺炎疫情做出更积极的财政政策反应打下了基础。一方面，我们从前面的分析中可以看到，无论以什么维度比较，中国目前超过 45% 的国民储蓄率都是非常高的。另一方面，作为受疫情影响较早的国家，中国不仅受疫情冲击的力度很大，截至目前持续的时间也最久。由于相继受到国内疫情冲击和国际疫情"倒灌影响"，中国受冲击的方式也更复杂。因此，有必要采取更加积极的财政计划，以恢复经济。从我们已经收集的资料看，中国已经推出的财政计划，与中国高储蓄率的条件和受疫情冲击的影响程度都不相符。截至目前，以财政恢复和刺激计划占GDP的比重衡量，37个G20成员和OECD成员推出的财政刺激计划平均规模为5.7%，而根据国际货币基金组织（2020）的数据，中国目前推出的计划占GDP的比重为2.5%。除中国外，36个国家的国民储蓄率平均水平为27.8%，远远低于中国45%的水平。因此，采取更加积极的财政计划以应对新冠肺炎疫情是必要而且可能的。

  第二，从此次疫情对劳动力市场冲击的特点看，此次疫情对第三产业和部分制造业企业的冲击最大。据测算，几个受疫情冲击严重的行业的就业总规模已经超过了3亿人，显然，他们占据了中国大部分的非农就业。其中，住宿和餐饮业、交通运输业中个体经营户的就业比重甚至超过了3/4。即便是法人单位就业，也主要以小微企业为主（都阳，2020）。个体经营户和小微企业风险抵抗能力弱，这使得疫情的冲击会很快传递到个人，因此，针对居民的政策支持是非常必要的，也应该成为政策反应的重要组成部分。在小微企业中就业的从业人员和从事个体经营的劳动者，往往是中低收入群体，他们抵御风险的能力较之高收入群体更弱，如果较长时间处于失业状态，他们的生计必将受到影响。根据中国社会科学院人口与劳动经济研究所2016年实施的"中国城市劳动力市场调查"的数据，城市低收入家庭的储蓄率极低，甚至为负。如图2.12所示，在城市本地人口中，按收入十等分分组，其中收入水平最低的10%的家庭大多没有任何储蓄，而在城市外来人口中，收入水平最低的20%的家庭没有任何储蓄。因此，应对新冠肺炎疫情大流行的冲击，不仅需要对受冲击严重的行业的小微企业进行救助,还要尽可能安排收入转移支付计划,维持低收入家庭的生计。

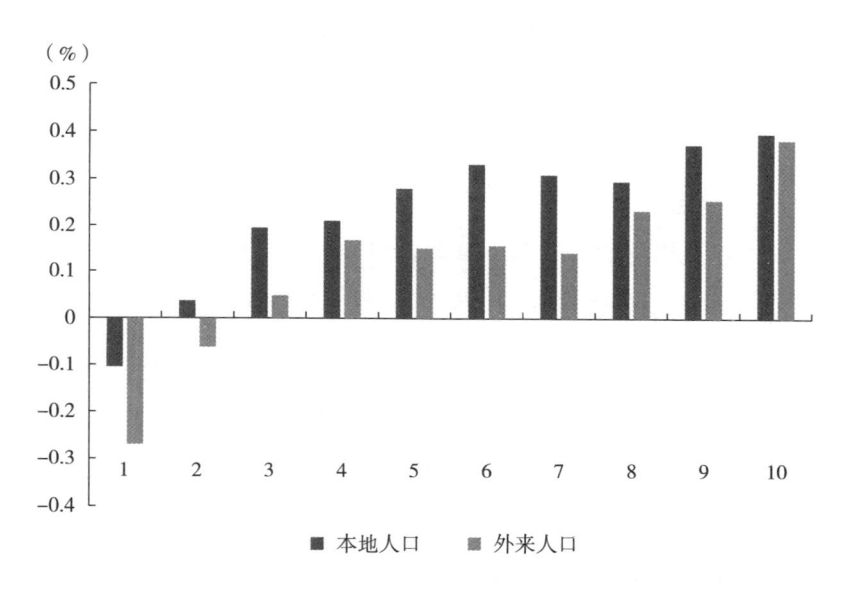

图 2.12 城市家庭按收入分组的储蓄率

资料来源:根据"2016 年中国城市劳动力调查(第四轮)"数据计算。

第三,疫情的冲击将对居民和企业的储蓄行为产生影响,有可能使预防性储蓄的动机增强。此次疫情对居民收入和企业经营产生了前所未有的影响,从居民层面看,收入的下降必然在未来增强储蓄动机以平滑消费。在疫情冲击下难以正常经营的企业,很容易出现资金链中断。对生存下来的企业而言,未来可能更注重预防性储蓄,以避免经济中各种不确定性带来的挑战。鉴于居民储蓄和企业储蓄占据了国民储蓄的主体,私人部门储蓄行为的这种变化可能在一定程度上抵消储蓄率下降的趋势。

主要结论与政策建议

一、主要结论

中国风格化的高储蓄率具有典型特征。无论是与经济发展水平相当的国家相比，还是与高储蓄的东亚经济体相比，中国的国民储蓄率都更高。然而，从不同的发展阶段看，国民储蓄率的变动体现出与阶段性特征相吻合的变化趋势。在人口红利消失之前，中国的发展依赖高投资的要素积累的增长模式，劳动年龄人口的不断增加，抵御了投资回报的边际下降，从而使得较高的投资回报诱发出私人部门更高的储蓄率；加入WTO后，中国对外开放力度的加大，使得经常账户的盈余出现阶段性增长。这两个因素的叠加是中国高储蓄率的主要原因。显然，这两个因素都具有一定的阶段性，一旦支撑高投资回报的人口红利逐渐消失以及经常账户的盈余能力达到顶峰，储蓄率将趋于下降。近年来，国民储蓄率的下行在很大程度上反映了正常的回归过程。

从储蓄率的构成看，政府行为所主导的公共储蓄已经处于逐步下降的趋势；居民储蓄和企业储蓄在国民储蓄中的地位越来越重要，也是未来决定中国储蓄率水平和变化方向的最主要的因素。中国储蓄率构成的这一变化趋势也和国际上国民储蓄率构成的变化趋势相吻合。国际比较分析表明，政府储蓄行为的变化是储

02
中国储蓄率变化、决定因素及其影响研究

率波动的主要来源,因此,中国政府储蓄在总储蓄中的比例逐渐下降,有利于总储蓄率保持稳定。

私人部门储蓄率的影响因素的变化,也体现出发展的阶段性特征。本章的分析表明,人口结构变化成为居民储蓄率变动最具确定性的影响因素。中国独特的人口转变过程正推动着人口快速老龄化、劳动年龄人口迅速减少、人口抚养比迅速上升。人口抚养比的不断上升将是未来居民储蓄率下行的最重要的决定因素。

人口结构变化同样影响着企业储蓄行为。人口红利丰裕的时期也是中国投资回报率高的时期。随着劳动年龄人口总量的逐渐减少,要素报酬递减规律对投资回报的作用开始显现,投资回报率也开始下降。本章的实证结果表明,总投资率对企业储蓄和居民储蓄都有显著的影响,反映了投资回报对储蓄的激励作用。未来,随着人口结构由人口红利转向人口负债,我们预期投资回报所激发的储蓄也将下降,并构成储蓄率下行的另一个推动因素。

我们的实证结果表明,中国的私人部门储蓄率是经济增长的影响因素:滞后的居民储蓄率和企业储蓄率都对经济增长产生了正向影响。不过,无论是居民储蓄还是企业储蓄,都在4年后才对经济增长发生作用,这表明私人部门的储蓄要经过较长时间的转换,才能对经济增长发生作用。这意味着金融体系将私人部门的储蓄转化成投资的效率需要提高。

虽然很多研究聚焦于中国储蓄率和国际收支的关系,并将其

解释为宏观经济结构扭曲的原因，但我们发现二者的关系具有一定的阶段性。实证结果表明，国际金融危机后，中国的高储蓄率并没有对经常账户的盈余产生影响，而且，随着中国经济规模的不断扩大，经常账户盈余占 GDP 的比重逐步缩小，其产生的不平衡也越来越有限。

储蓄率在一定程度上反映了一个国家在面临负向冲击时的经济动员能力。从国际上应对金融危机和新冠肺炎疫情的政策看，高储蓄率与更积极的政策反应之间存在一定的联系。基于目前高储蓄率和疫情冲击严重的事实，中国对新冠肺炎疫情的政策反应还可以加强。

二、政策建议

宏观储蓄率是各个经济主体行为的综合反映，体现了经济运行的结果。本章的分析已经表明，储蓄率的高低及其组成部分的变化取决于诸多因素，储蓄率本身也并不必然要成为政策干预的直接目标。但由于储蓄率与诸多结构性指标相互关联，可以通过储蓄率的变化趋势与决定管窥相关领域政策的改革方向。

第一，要形成与储蓄率变化趋势相吻合的经济增长方式。中国以往的高储蓄率与特定发展阶段的经济增长方式密切相关，人口红利丰裕、投资回报率相对较高，必然诱导出以要素积累为主导的经济增长模式，而高投资回报率又会引发储蓄的动机。这一机制为前文的实证结果所支持。然而，在人口红利消失、要素积累推动的增长模式难以为继的情况下，高储蓄率与经济增长的联系将不再紧密。相反,高储蓄率可能通过挤压消费,给经济增长动力带来不利影响。

第二,中国的高储蓄率在很大程度上反映了社会支持政策的不足。尽管中国的社会保护体系在过去几十年中有了长足发展,但伴随着经济发展水平的提高和人民对美好生活的向往,对社会保护水平的要求也越来越高。中国行将跨入高收入经济体的行列,但相较于高收入国家,中国社会保护的水平还远远不够。较低的社会保护水平,必然需要居民通过提高个人储蓄,以应对随时可能出现的不确定性。加大向低收入群体和贫困人口的转移支付力度,提高社会保障的一体化水平,加大对公共卫生、教育、养老等公共服务的支持力度,将有助于形成与经济发展水平相适应的储蓄-消费关系。

第三,中国独特的人口政策已经成为影响储蓄率的重要因素,人口的快速老龄化将成为导致储蓄率下降的重要因素。虽然人口结构引起的储蓄率变化本身并不能成为储蓄率高低价值判断的依据,但急剧的人口结构变化会导致储蓄率迅速变化,也必然容易引起相关联的其他宏观经济指标的波动。从近期和中期看,中国人口老龄化的趋势已经难以改变,但及时改变人口政策,实现家庭对生育政策的自主决策,有助于在未来形成更均衡的人口结构,减少储蓄率波动。

第四,给中小企业与民营企业提供正规的金融服务。企业储蓄率的上升在一定程度上与中小企业和民营企业难以享受到正规的金融服务有关,因为这些企业的投资行为必须更多地依赖企业内部积累。国有企业的信贷冗余也可能造成储蓄率上升。消除信贷等金融服务对不同类型企业的差别对待，有助于提高企业资金配置效率。

03

全球"宽货币、低利率"对我国金融业的影响

03
全球"宽货币、低利率"对我国金融业的影响

21世纪以来的全球"宽货币、低利率"现象是150年货币金融史上罕见的现象。它既是历史的产物,也反过来创造了历史,从正反两个方面塑造着21世纪的全球经济体系。经济失衡、政策失衡和金融失衡越来越成为全球"宽货币、低利率"背景下令人担忧的难题。

作为全球经济的重要组成部分,中国也是全球货币宽松的重要组成部分,同时面临着"三元悖论"的约束。但中国的货币环境呈现出与发达国家不同的特征,体现了我国在改革开放进程中,运用货币政策、汇率政策和外汇管理政策统筹经济发展诉求的独特安排。

基于国际与国内、政府与市场、短期与长期等多维视角,本章重点分析了全球"宽货币、低利率"现象及其对我国金融业的影响。从历史经验看,全球"宽货币、低利率"现象对我国是把"双刃剑",既是机遇也是挑战。在我国从金融大国向金融强国转型、由国内市场走向国际舞台的关键时期,未来我国金融业在全球"宽货币、低利率"环境下面临着息差收窄、竞争加剧等挑战,要以深化改革开放为根本,积极抓住外资流入和金融开放带来的机遇,同时防范宏观杠杆率风险和跨境跨市场金融风险传染,并警惕地缘政治和大国博弈所引发的金融全球化逆潮所带来的挑战。

走向"十四五"

全球"宽货币、低利率"是近150年来罕见的货币现象

全球"宽货币、低利率"现象是货币史上罕见的货币现象。它体现了政府与市场的共同意志，表现为数量型与价格型货币政策的非常规组合，目的是避免经济重蹈20世纪30年代大萧条的覆辙。虽然超宽松货币政策起到了托底经济的作用，但也带来了巨大挑战。

一、全球"宽货币、低利率"现象的内涵是货币环境高度宽松

全球"宽货币、低利率"是宽松型货币政策的升级版，这是其最重要的政策属性。从大萧条以来到20世纪末期，传统货币政策主要是运用公开市场操作、再贴现率、准备金率等工具，改变银行体系准备金的数量和资金价格，调控货币供给。21世纪以来导致"宽货币、低利率"的非常规货币政策，主要是通过量化宽松政策、前瞻性指引和负利率等方式实现的（见表3.1），目的是引导利率中枢下行（Bernanke，2020）。

名义利率处于历史低位是全球"宽货币、低利率"现象最本质的特征，也是非常规货币政策的结果。当前，美国的政策利率已处于零利率区间（联邦基金利率目标区间为0%~0.25%），日本、欧元区政策利率已经处于负值区间（日本央行的政策目标利率

03
全球"宽货币、低利率"对我国金融业的影响

表3.1 海外主要央行货币政策操作工具对比

类型	主要央行	具体工具
历史上的价格型工具	美联储	联邦基金目标利率,超额存款准备金率,隔夜回购利率,再贴现率,收益率曲线控制
	日本央行	隔夜拆借利率,收益率曲线控制,贴现率
	欧洲央行	再融资利率,隔夜存款利率,隔夜贷款利率
	英国央行	官方银行利率
21世纪以来的数量型工具	美联储	量化宽松(QE),固定期限贴现窗口计划,期限拍卖工具,短期证券借贷工具,一级交易商信贷工具,资产支持商业票据货币市场基金流动性工具,货币市场投资者融资工具,商业票据融资工具,定期资产支持证券贷款工具,货币互换
	日本央行	量化宽松,买入国债、购买ETFs和J-REITs,与美联储签订货币互换,在提供担保的民间企业债务价格范围内无上限购买企业债务
	欧洲央行	量化宽松,购买一级和二级市场的担保类债券,直接货币交易等
	英国央行	量化宽松,购买国债、公司债券、定期融资计划

资料来源:根据各经济体央行公告和公开资料整理。

为 –0.1%,欧元区的隔夜存款利率为 –0.5%),瑞士、瑞典央行的政策利率也处于负值区间。从市场层面看,彭博数据显示,当前全球负利率政府的债券规模已超过15万亿美元。从长周期历史回顾看,这种"宽货币、低利率"现象是过去150年货币史上前所未有的现象。当前17个主要经济体[①]名义利率水平均处于1870年以来的历史最低水平,不仅低于信用货币时代以来的任何时期,也远低于20世纪30年代大萧条时期和19世纪70年代金本

---

① 包括美国、日本、德国、法国、意大利、西班牙、葡萄牙、英国、澳大利亚、加拿大、瑞士、瑞典、丹麦、荷兰、芬兰、比利时、挪威。

位时代（见图 3.1）。

二、全球"宽货币、低利率"现象经历了三个不断深化的发展阶段

全球"宽货币、低利率"现象是一种信用货币现象。1973 年"布雷顿森林体系"瓦解以来，全球信用货币发展先后经历了 20 世纪 70 年代的"大滞胀"、80 年代的"大缓和"、90 年代的"大泡沫"三个阶段。21 世纪以来，信用货币发展史进入了第四个阶段——全球"宽货币、低利率"时期。历史证据表明，全球"宽货币、低利率"的起源并非 2008 年国际金融危机，而是日本"泡沫经济"破灭，至今大致经历了三个不断深化的发展阶段（见表 3.2）。

第一个阶段是 20 世纪 90 年代末。为了对抗"泡沫经济"破灭后的通货紧缩，日本央行率先采用非常规货币政策，直接购买国债和长期债券，在全球范围内首次实施量化宽松政策，拉开了"宽货币、低利率"的序幕。

第二个阶段是 2008 年国际金融危机时期。"宽货币、低利率"扩展到美欧等主要经济体。2008 年国际金融危机时期和 2011 年欧债危机时期，美欧两大经济体先是大幅调降政策利率[①]，在政策利率空间被极度压缩后，又通过量化宽松，以直接购买金融资产的方式向金融市场注入流动性。

[①] 美联储将政策利率降低至 0%~0.25% 的零利率区间，欧洲央行政策利率也由 4% 快速下行至 1%。

03

全球"宽货币、低利率"对我国金融业的影响

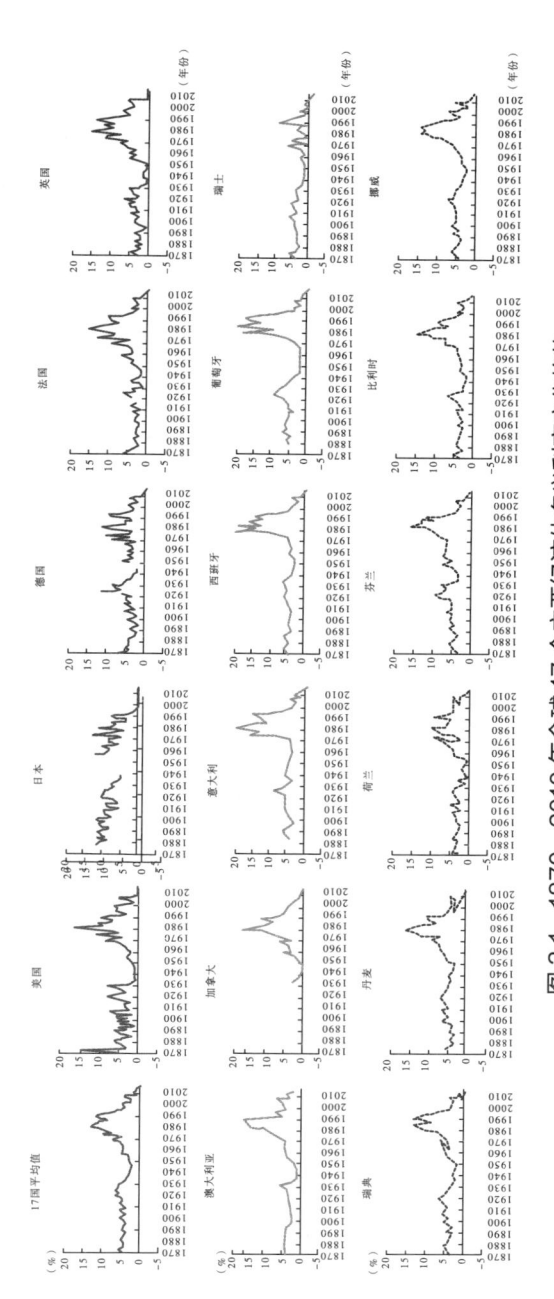

图 3.1 1870—2010 年全球 17 个主要经济体名义利率变化趋势

资料来源：美国国家经济研究局，万得资讯，环亚经济数据，彭博数据库。

走向"十四五"

表 3.2 21 世纪以来三个"宽货币、低利率"进程中主要央行政策汇总

阶段	国家	时间	典型事件	规模	政策要点	购买资产	目的
第一阶段	日本	1999.2—2000.8	零利率	—	零利率	—	对抗通胀紧缩，刺激经济
		2001.3—2006.3	零利率、首次量化宽松	63万亿日元	零利率、量化宽松、政策承诺	长期国债，以外汇计价外资产	对抗通胀紧缩，刺激经济
第二阶段	美国	2008.11—2010.3	首次量化宽松	17 250亿美元		抵押贷款支持证券，长期国债，机构债券	应对金融危机，稳定金融市场
		2010.11—2011.6	第二轮量化宽松	6 000亿美元	零利率、资产购买	长期国债，机构债券	刺激经济
		2012.9—2014.10	第三轮量化宽松	16 000亿美元		住房抵押贷款债券	实现通胀目标，降低失业率
		2012.12—2014.10	第四轮量化宽松	3万亿美元			
	日本	2008.9—2010.4	第一轮量化宽松	101万亿日元	零利率、资产购买	长期国债，公司债，股票，ETFs等	应对金融危机，稳定金融市场
		2010.10—2012.12	第二轮量化宽松	—		长期国债，国库券，商业票据，公司债	刺激经济
		2013.4至今	质化量化宽松（QQE）		负利率、资产购买、政策承诺	ETFs和J-REITs	刺激经济

104

03
全球"宽货币、低利率"对我国金融业的影响

续表

阶段	国家	时间	典型事件	规模	政策要点	购买资产	目的
第二阶段	欧元区	2009.5—2010.6	第一轮资产担保债券（ABS）购买计划	600亿欧元	资产购买	资产担保债券	应对金融危机
		2010.5—2012.5	证券市场计划	2 100亿欧元	资产购买	欧元区政府债券	应对欧债危机
		2011.12—2012.9	第二轮资产担保债券购买计划	10 585亿欧元	资产购买、长期再融资计划	资产担保债券	刺激经济
		2014.6至今	实施负利率	—	负利率	—	刺激经济
		2014.9—2021.3	三期定向长期再融资操作	1.23万亿欧元	定向长期再融资	—	刺激经济
		2015.1—2018.12（多次延期）	首次量化宽松	2.6万亿欧元	资产购买	担保债券，资产支持证券、国债、市政债、特殊机构债、企业债	刺激经济复苏
	英国	2009.5—2011.1	第一轮量化宽松	2 000亿英镑	资产购买	政府债券	应对金融危机
		2011.10—2012.5	第二轮量化宽松	1 250亿英镑	资产购买	政府债券	刺激经济
		2012.7—2012.11	第三轮量化宽松	500亿英镑	资产购买	政府债券	刺激经济
		2016.8至今	第四轮量化宽松	700亿英镑		政府债，企业债	稳定经济，减轻"脱欧"冲击

续表

阶段	国家	时间	典型事件	规模	政策要点	购买资产	目的
第三阶段	欧元区	2019.9至今	量化宽松	—	资产购买、定向长期再融资操作	担保债券、资产支持证券、国债、市政债、特殊机构债、企业债	刺激经济
	美国	2020.3—2020年年底	紧急资产购买计划	7500亿欧元	资产购买	国债、资产支持证券、投资级公司债	应对疫情冲击
	美国	2020.3至今	无限量量化宽松	无限量	开放式资产购买	国债、资产支持证券、投资级公司债	应对疫情冲击
	英国	2020.3至今	量化宽松规模扩大	2000亿英镑	降息、资产购买	国债、公司债	应对疫情冲击
	日本	2020.3至今	量化宽松规模扩大	—	负利率、资产购买	ETFs、商业票据、企业债等	应对疫情冲击

韩国、加拿大、澳大利亚、新西兰、瑞典、南非、菲律宾等国央行也跟进实施货币宽松。

资料来源：根据各国央行公开资料整理。

03
全球"宽货币、低利率"对我国金融业的影响

第三个阶段是 2020 年新冠肺炎疫情冲击时期。"宽货币、低利率"正在演变为全球性现象。2020 年新冠肺炎疫情在全球扩散以来，美联储在不到一个月内两次紧急降息，将政策利率再次压低至 0%~0.25% 的零利率区间，同时启动无上限量化宽松；欧洲央行、日本央行政策利率水平前期已经处于负值区间，只能不断加码量化宽松；韩国、加拿大、澳大利亚、新西兰、瑞典、南非、菲律宾等国央行也跟进实施货币宽松。

三、全球"宽货币、低利率"现象反映全球经济的三个内生性矛盾

全球"宽货币、低利率"背后，实际利率与名义利率走势出现分化，这说明货币政策应对经济危机的效力逐渐减弱。20 世纪 30 年代大萧条给人类社会带来的教训和启示是：当经济金融运行面临严峻危机时，人们不再迷信市场神话，以牺牲充分就业和物价稳定为代价实现经济自我修复，而是以（政策）空间换（复苏）时间，运用逆周期的货币政策最大限度熨平经济周期和结构调整对宏观稳定的冲击。21 世纪以来"宽货币、低利率"是这一思想的延伸，但"宽货币、低利率"的政策药方并非总是有效，日本、欧元区等经济体至今没有完全走出 2008 年国际金融危机的阴影，宽松的货币政策（名义变量）不是总能解决实体经济（实际变量）的困难，具体表现为实际利率没有随名义利率同步下行。对 17 个主要经济体 150 年长周期利率数据的分析表明，21 世纪

走向"十四五"

以来全球实际利率①并没有与名义利率同步下行。虽然当前名义利率处于历史最低水平,但实际利率明显高于两次世界大战时期(一战期间,美、日、德、法、英等主要经济体实际利率下行到低于 –10% 的水平;二战期间,美、日、德、法、英等主要经济体实际利率常年低于 –5%,见图 3.2)。这与"布雷顿森林体系"瓦解后的最初 20 年(20 世纪 70 年代到 90 年代)有很大不同(米什金,2016)。②

---

① 根据费雪方程,实际利率等于名义利率减去通货膨胀率。曼昆区分了预期通货膨胀率和实际通货膨胀率两个概念,由此得到了事前的实际利率和事后的实际利率。由于预期通货膨胀的数据不易获得,本文将事后实际利率作为衡量指标。

② 实际利率与名义利率背离是当前全球"宽货币、低利率"的困局,与二战前以及 20 世纪 70 年代的滞胀时期明显不同。二战前纸币过度发行导致的通货膨胀,推动了名义利率上升和实际利率下降。在"布雷顿森林体系"下,实行的是美元兑黄金的金汇兑本位制,美国主要以国内目标为主,长期实行"宽货币"导致 20 世纪 70 年代出现了经济滞胀的恶果,虽然名义利率很高,但是实际利率非常低。21 世纪以来"宽货币"的货币政策总体取向没有改变,尤其是在 2008 年国际金融危机后,这种货币政策倾向进一步强化,但却没有带来大幅通货膨胀,由此导致名义利率低、实际利率高。这种现象是与现有经济学常识相悖的。米什金(2016)指出,货币供给的增加短期内会导致市场名义利率下行,但从中长期来看,货币供给增加带来的收入效应、价格效应和通胀预期效应都会推高市场名义利率。这个长期影响可以很好地拟合1950 年以来美国利率(3 个月期国库券利率)和货币供给(M2 月度同比)之间的关系——在 20 世纪 60 年代和 80 年代,美国都出现过货币供给增长率提高、利率上升的现象。此外,还有两个原因值得关注。低利率、高通胀与货币政策体制的变化密不可分。最近 40 年里,许多发达国家的中央银行都遵循泰勒规则,实行通胀目标制。从利率水平的角度看,这与 20 世纪 60 年代相机抉择的货币政策有所不同,泰勒规则削弱了政策不确定性,无风险利率水平也因为风险溢价降低而明显下降,这充分显示了货币制度对利率水平的重要影响。另外一个值得关注的因素是技术进步、人口、风险偏好等实体层面的原因,它们被认为是导致自然利率进而推动名义利率走低的重要变量。

03
全球"宽货币、低利率"对我国金融业的影响

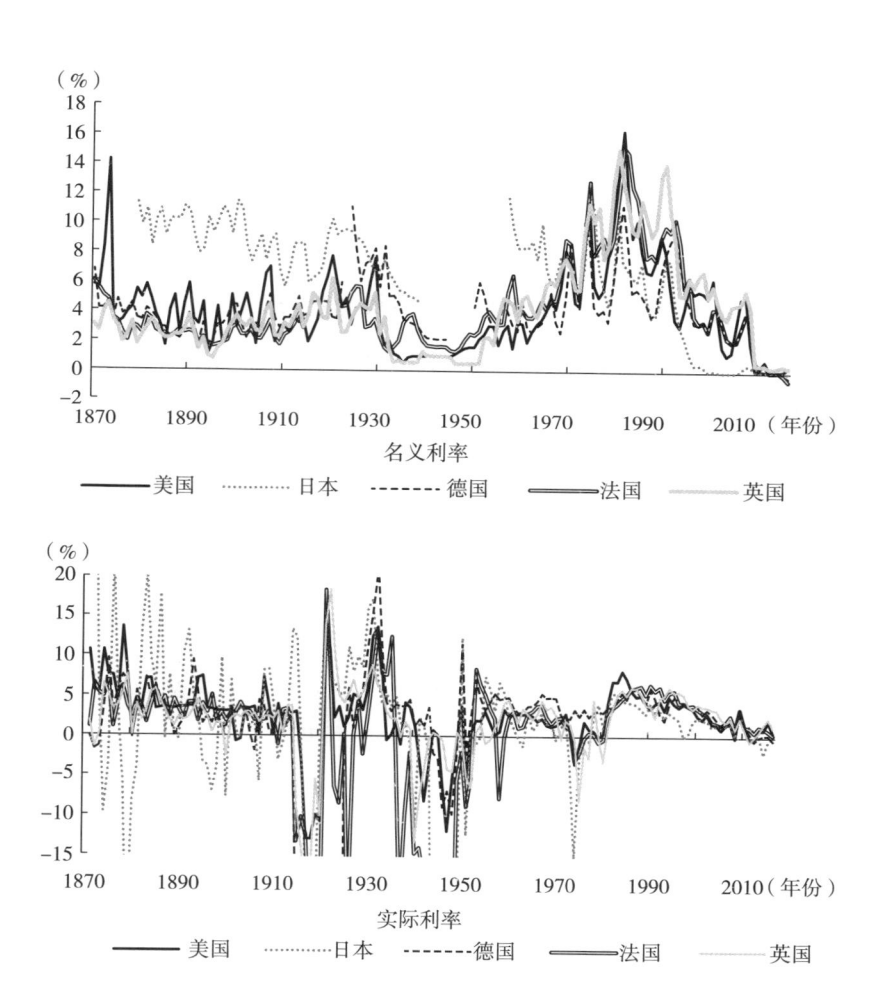

图3.2 名义利率处于150年以来的最低水平但实际利率并不低
资料来源：美国国家经济研究局，万得资讯，环亚经济数据，彭博数据库。

全球"宽货币、低利率"现象反映了全球经济的三个内生性矛盾。21世纪以来全球"宽货币、低利率"现象对应的是一个低通货膨胀叠加增长乏力的时代，反映了全球经济不平衡、不合理、

走向"十四五"

不可持续的矛盾持续积累，内在失衡已从发达国家扩散成为全球性现象。具体表现在以下三个方面。

一是全球"宽货币、低利率"现象背后的菲利普斯曲线扁平化，对应于经济失衡，反映非常规货币政策并不能有效实现宏观稳定目标。菲利普斯曲线表明经济增长（或失业率）与通胀率之间存在稳定的替代关系，[1]打破了古典"二分法"思想——真实经济由真实变量决定，名义变量由货币因素决定，成为货币政策有效的重要基石。这一思想逐渐被融合到泰勒规则中，形成了发达国家普遍采用的通胀目标制（Haldane，1995；Bernanke and Mishkin，1997；Svensson，1997；Mishkin，1999；Rose，2007）。但自20世纪90年代以来，菲利普斯曲线扁平化特征日趋明显（见图3.3），通货膨胀作为一种全球性现象近似消失。虽然层层加码的"宽货币"政策确实可以避免大萧条重现（Bernanke，2020），但货币政策对全球经济增长的提振作用也越来越乏力。宽松的货币政策伴随着低增长、低通胀、高债务的现象充分说明，不能再简单从需求侧出发，通过把菲利普斯曲线扁平化的问题放在总需求不足的框架下去理解"宽货币、低利率"政策，而是要从供给侧和需求侧交互的视角来认识发达国家政策背后的困境。货币政策的变化不仅会影响需求，还会通过阻碍"僵尸企

---

[1] 原始菲利普斯曲线反映的是失业率与通胀率的替代关系，根据奥肯定律，经济增长与失业率之间有稳健的替代关系，因此菲利普斯曲线反映的也是经济增长和通胀率的替代关系。

03
全球"宽货币、低利率"对我国金融业的影响

业"出清等方式来对经济的供给结构产生影响。特别是 21 世纪以来,宽松的货币政策对实体经济的逆周期调节功能明显边际衰减。宽松的货币政策虽然可以刺激有效需求,但也会导致"僵

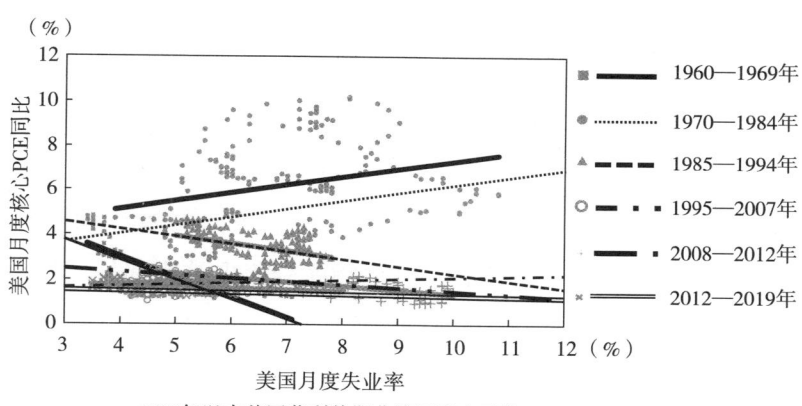

1980年以来美国菲利普斯曲线逐渐扁平化

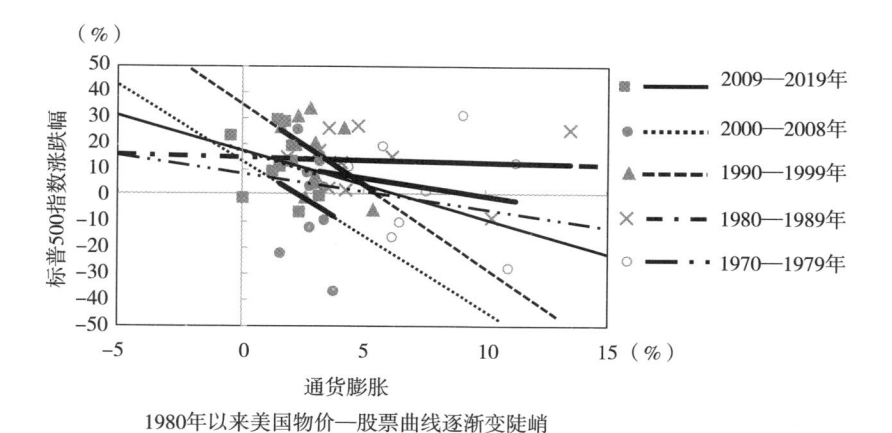

1980年以来美国物价—股票曲线逐渐变陡峭

图 3.3 菲利普斯曲线扁平化与物价和金融资产价格曲线陡峭化
资料来源:万得资讯,环亚经济数据。

走向"十四五"

尸企业"难以出清、无效的债务扩张和全要素生产率下降等供给侧问题。导致 2008 年国际金融危机的"高消费、低储蓄、高负债"问题不可能因"宽货币、低利率"得到根本解决。2020 年，新冠肺炎疫情暴发对全球供应链的深层次影响，也不可能依靠"宽货币、低利率"进行完全对冲。可以预见，"十四五"时期，全球"宽货币、低利率"与实体经济结构性失衡将继续并存。

二是全球"宽货币、低利率"背后金融资产价格泡沫化，对应于政策失衡，反映非常规货币政策难以同时兼顾经济稳定和金融稳定目标。弗里德曼曾指出，通货膨胀归根结底都是货币现象。这意味着宽松的货币环境必然和通货膨胀发生联系。但全球"宽货币、低利率"现象对这个逻辑提出了挑战。20 世纪 80 年代以来，"宽货币、低利率"所对应的充裕流动性，更多地从商品市场流向了金融市场，出现了商品价格和金融资产价格"跷跷板"现象（见图 3.3）。金融是快变量，实体经济是慢变量，实际变量改善和经济结构修复比名义变量改善和金融部门扩张需要更长的时间，金融市场比商品市场更容易成为吸收流动性的蓄水池。20 世纪 80 年代以来，美国股市指数和上市公司总市值快速扩张，自 2008 年美国实施量化宽松以来上涨尤其明显，远快于实体经济增速（见图 3.4）。货币当局因此面临两难选择：一边是平庸的实体经济离不开"宽货币、低利率"续命，另一边是"宽货币、低利率"催生出资产价格泡沫。摆在中央银行面前的难题是货币政策如何兼顾经济周期和金融周期，如何平衡经济稳定和金融稳定（IMF，2006；Yellen，2011；Lim et al.，2011；Angelini et al.，

03

全球"宽货币、低利率"对我国金融业的影响

2012；Bruno et al.，2017）。

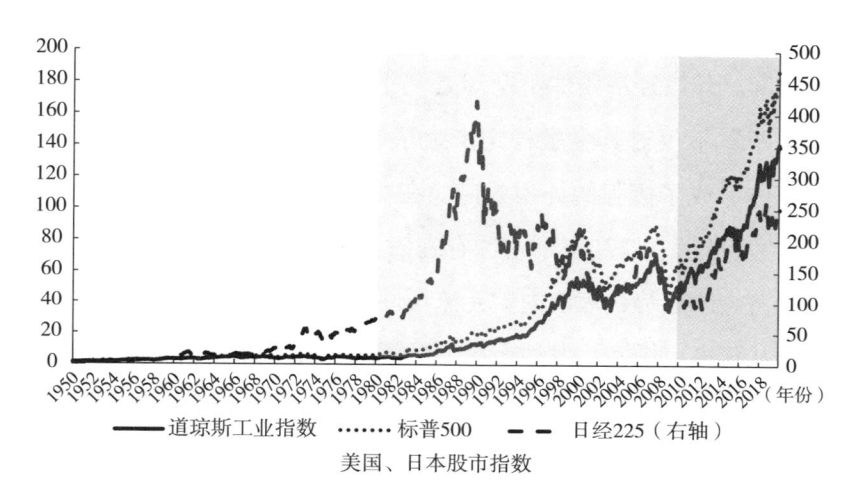

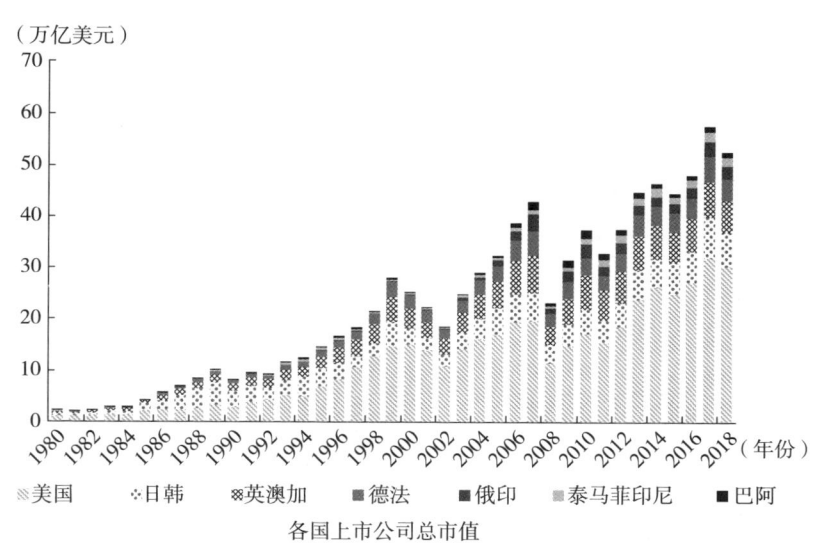

图 3.4　美国、日本股市指数和上市公司总市值的快速扩张

资料来源：万得资讯，环亚经济数据。

走向"十四五"

三是全球"宽货币、低利率"环境下发展中国家屡次受到中心国家溢出效应的负面影响，反映中心国家和外围国家之间的政策博弈。开放经济条件下全球是"平"的。发达国家"宽货币、低利率"不仅对其金融稳定产生了明显的溢出效应，也对新兴经济体形成了极强的外溢效应。在2008年国际金融危机爆发阶段，"宽货币、低利率"对冲存在时滞，无法有效对冲急速恶化的经济金融形势，短期内美元流动性枯竭和避险情绪上升，导致资本从新兴市场回流发达市场，对新兴经济体形成了高强度跨境传染，导致新兴经济体资本外流、汇率贬值甚至陷入持续的经济衰退，新兴经济体在危机中遭遇第一波负面溢出效应（见图3.5）。

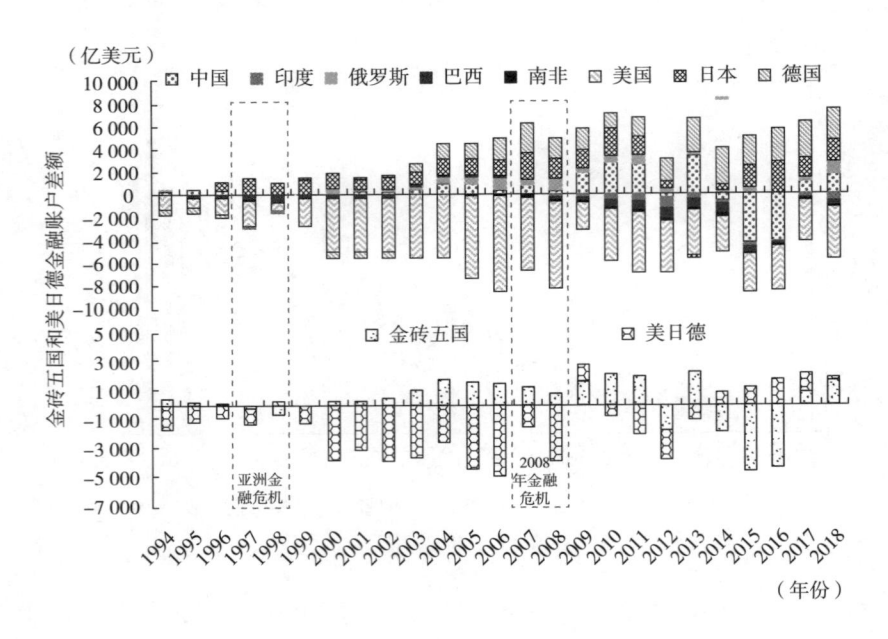

图3.5　危机前期和后期资本流出新兴经济体

资料来源：万得资讯，环亚经济数据。

03
全球"宽货币、低利率"对我国金融业的影响

在2008年国际金融危机修复阶段,"宽货币、低利率"起到了托底经济的作用,充裕的流动性持续从美国等发达国家流入新兴经济体,分享新兴经济体高增长的"红利",新兴经济体在金融危机后遭遇第二波负面溢出(见图3.6)。在"后危机"时期的宽松货币政策退出阶段,美国货币政策回归常态化,资本从新兴市场回流以美国为代表的发达市场,再次对新兴经济体形成短期高强度冲击,新兴经济体又遭遇第三波负面溢出(见图3.5)。

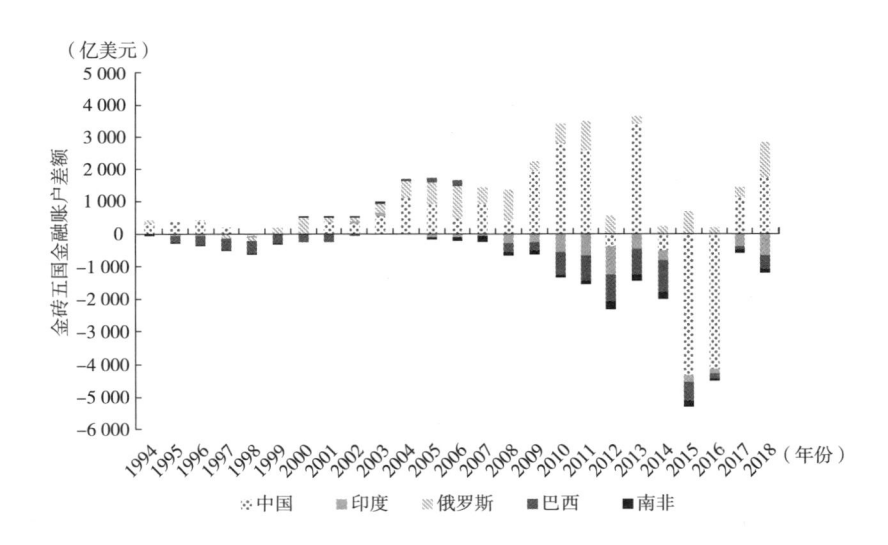

图 3.6 危机修复阶段资本流入金砖五国
资料来源:万得资讯,环亚经济数据。

上述特征在国际收支统计上表现得尤为明显,体现为美国从以中国为代表的新兴经济体获取了多重收益。从货物贸易看,美国以成本近乎为零的美元从以中国为代表的新兴经济体获取商

品。21世纪之前，美国货物贸易逆差不断扩大，德国、日本是主要顺差国。21世纪以来，德国、日本对美国的货物贸易顺差有所上升，中国、俄罗斯等新兴经济体对美国的货物顺差大幅上升。2000—2008年，德国、日本对美国货物贸易顺差从1 769亿美元扩大到3 271亿美元，扩大不足1倍；中国、俄罗斯对美国货物贸易顺差从870亿美元扩大到5 221亿美元，扩大了约5倍（见图3.7）。从经常项目转移看，美国的资本能够比新兴经济体资本获取更高的收益回报。新兴经济体积累的美元外汇储备主要投向美国国债等低收益美元资产，其收益率要低于美国资本投资于新兴经济体资本市场（金融投资）和实体经济（直接投资）所能获取的收益率。21世纪以来，美国经常项目转移反映的投资收益持续保持大幅顺差，2000—2018年，美国国际收支平衡表（BOP）中投资收益项常年持续顺差且规模不断扩大，从2000年的181亿美元扩大到2018年的2 540亿美元，扩大超13倍；在此期间累计产生投资收益顺差2.46万亿美元（见图3.8）。在全球"宽货币、低利率"环境下，大规模的跨境资本流动是把"双刃剑"——既是新兴经济体推动经济增长的资本来源（Kim et al., 2005），又是输入性风险的重要来源和具有顺周期特征的金融放大器（Kaminsky, 2006；Blanchard and Tesar, 2010）。若不能有效平衡好对内和对外平衡，新兴经济体将难逃屡次遭遇发达国家负面溢出的命运。

03

全球"宽货币、低利率"对我国金融业的影响

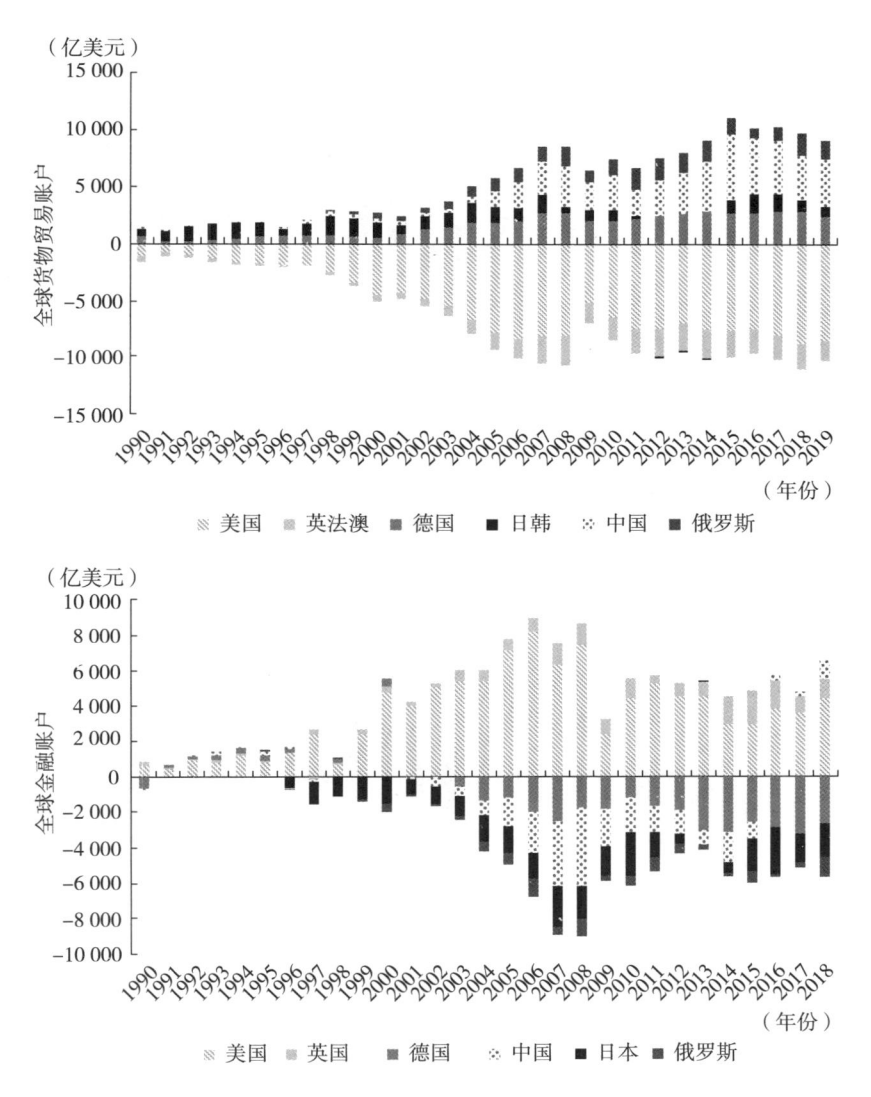

图 3.7 全球主要经济体国际收支平衡表失衡加大

资料来源：万得资讯，环亚经济数据。

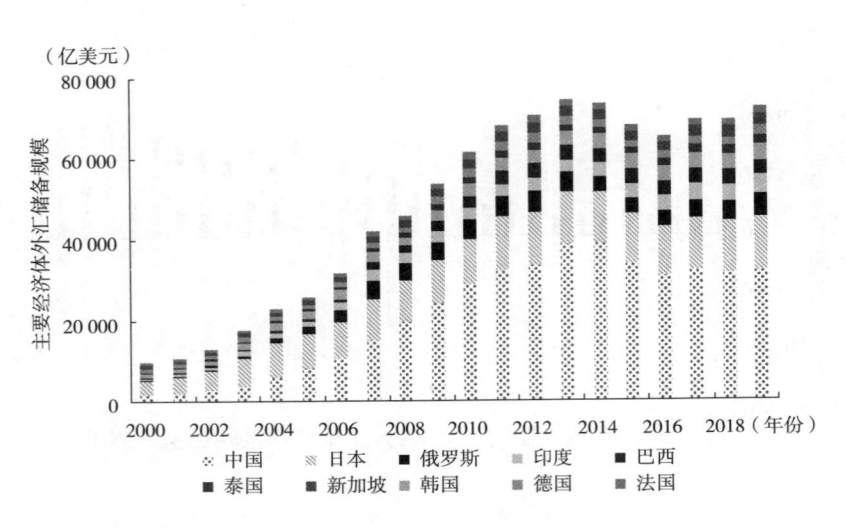

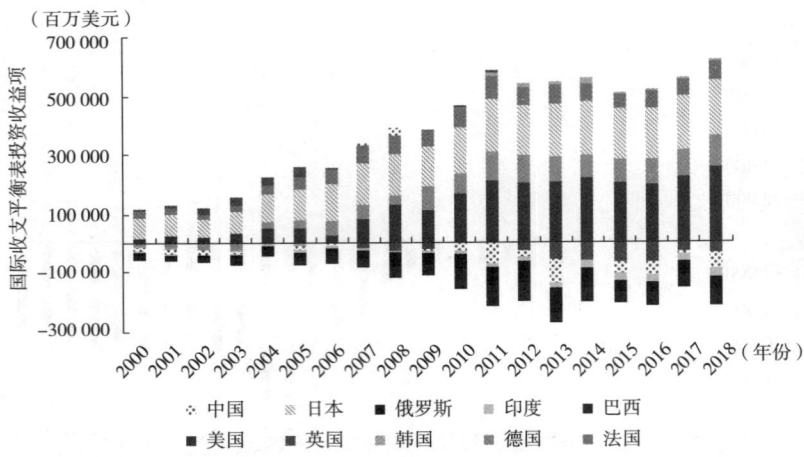

图3.8 外汇储备高企、资本项目净流出的新兴经济体并没有获得投资收益

资料来源：万得资讯，环亚经济数据。

03

全球"宽货币、低利率"对我国金融业的影响

我国"三元悖论"框架下的政策选择

21世纪以来,在全球"宽货币、低利率"大环境下,我国也是全球货币宽松的重要组成部分,但我国的货币宽松在数量和价格搭配上与美国、欧洲、日本的"宽货币、低利率"有着明显不同。在研判2020年全球疫情冲击引发的第三轮全球性"宽货币、低利率"对我国金融业的影响时,理解我国货币宽松的量价逻辑对未来的政策选择意义重大。

一、我国货币环境的量价关系反映与发达国家"宽货币、低利率"不同

21世纪以来我国存在两个版本的"宽货币"现象。21世纪以来,我国"宽货币"有两种不同来源:一种是本国货币当局主动投放货币,这与发达国家类似;另一种是跨境资本输入导致本国货币当局被动投放货币,这是发达国家"宽货币、低利率"的外溢效应。虽然这两种形式的货币供给增加都表现为"宽货币",但所对应的利率表现存在明显差异,形成了两个版本的"宽货币"现象。

一是"宽货币"搭配利率上行的阶段(2000—2014年)。2000年,随着我国逐步走出亚洲金融危机的阴影,叠加加入世界贸易组织产生的巨大开放红利,我国国际收支形势发生了变

走向"十四五"

化。从 2002 年起，我国出现经常项目、资本和金融项目双顺差的局面。在实行有管理的浮动汇率制度下，中国人民银行为避免人民币汇率大幅升值，对外汇市场进行干预，导致外汇储备和基础货币增加，同时采取提高法定存款准备金率、发行央行票据[①]等方式对冲锁定流动性，客观上造成市场名义利率水平随着输入型"宽货币"而上升（见图 3.9）。2002 年前后，中国人民银行资产总规模约为 5 万亿元，到 2014 年年底资产总规模约为 34 万亿元，扩张了 6 倍左右。在此期间，政策利率（1 年期定期存款基准利率）中枢由 2% 左右上升到 3.5%，市场利率（银行间 7 天期回购加权利率）中枢由 2% 上升到 4% 左右。这期间虽然经历了 2008 年国际金融危机的冲击，外汇市场短暂面临资本流出压力，但没有改变这一阶段我国"宽货币、高利率"的基本特征（见图 3.10）。

二是"宽货币"搭配利率下行的阶段（2015 年至今）。2014 年下半年，随着美联储退出量化宽松货币政策，美国货币政策回归正常化，对包括我国在内的新兴经济体形成了挑战。2014 年下半年起，我国出现经常项目顺差、资本和金融项目逆差的新格局，人民币汇率由面临升值压力转向面临贬值压力。这一阶段，我国告别了被动输入型"宽货币"时期，进入到主动"宽货币"阶段。随着法定存款准备金率逐步下降，我国市场利率中枢也逐渐走低。2015—2019 年，市场利率由超过 5% 的水平下行到中枢约为 2.5%。

[①] 2005—2008 年中国人民银行累计发行票据 484 期，金额合计 14.79 万亿元。资料来源：中国人民银行《货币政策执行报告》《中国货币政策大事记》（2005—2008 年）。

03
全球"宽货币、低利率"对我国金融业的影响

2020年以来,在新冠肺炎疫情冲击下,货币政策积极对冲,市场利率中枢进一步下行至约2%的水平(见图3.10)。

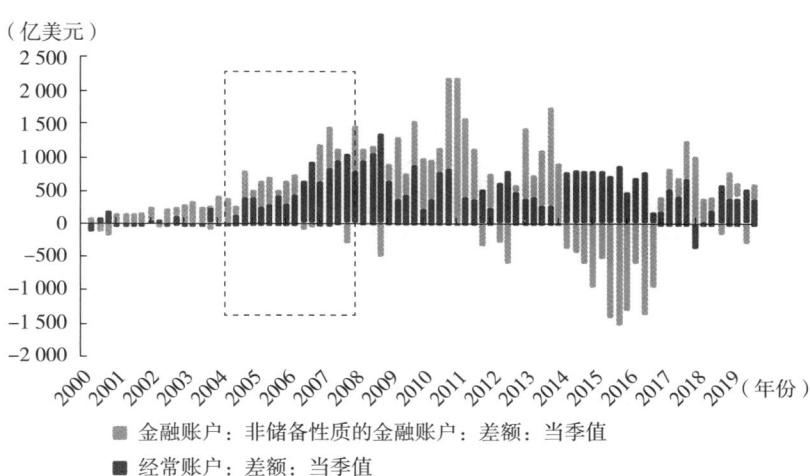

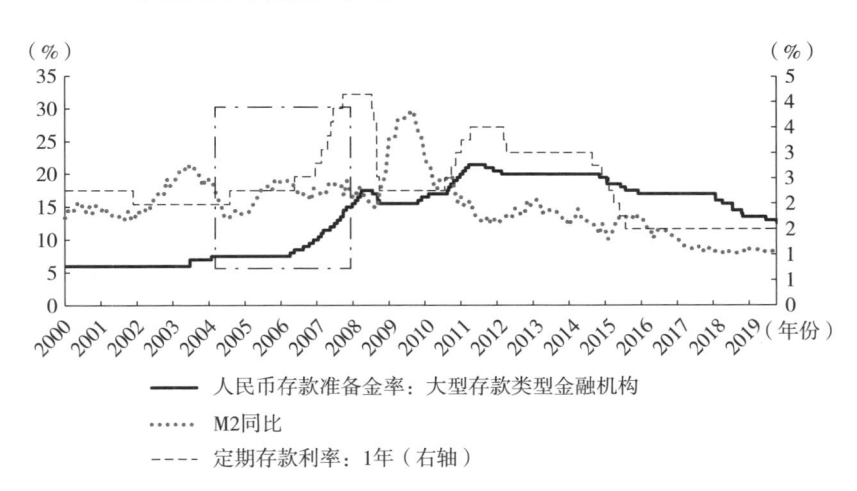

图3.9 2000—2019年外资大幅流入中国时期货币供给增加、利率上升
资料来源:万得资讯,环亚经济数据。

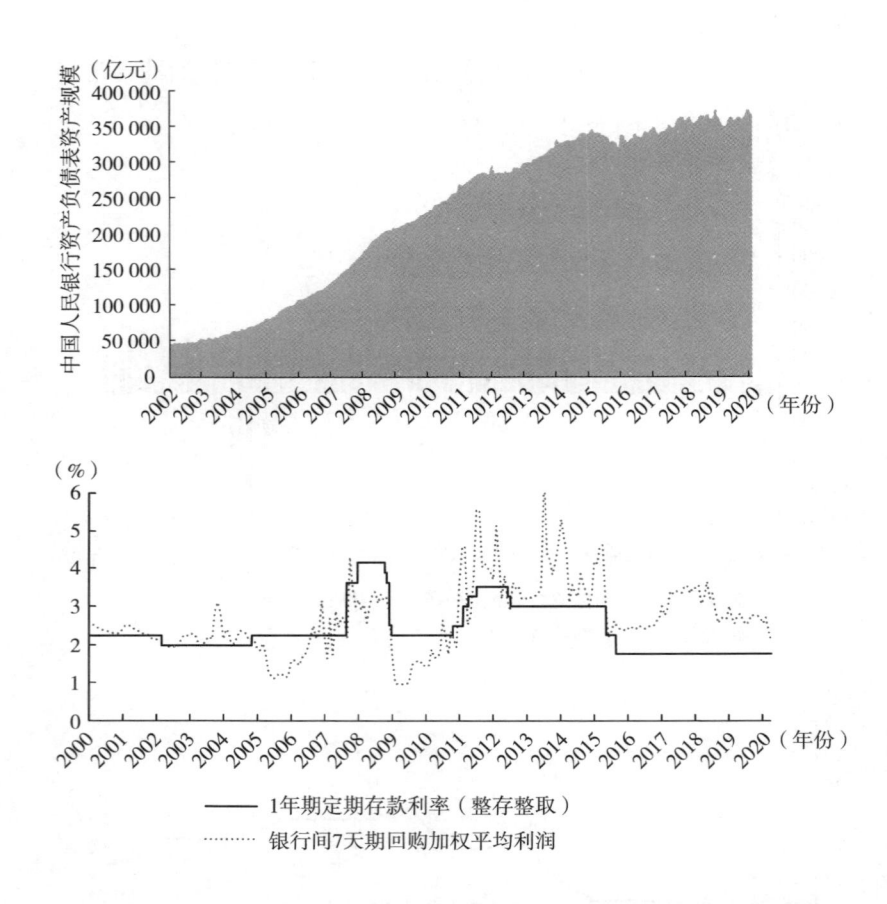

图 3.10　21 世纪以来中国宽松的货币政策有两种不同的量价反映
资料来源：万得资讯，环亚经济数据。

二、我国两个版本"宽货币"现象与"三元悖论"框架下的政策选择

在开放经济条件下，依据"三元悖论"逻辑，一国只能在三个目标（汇率稳定、货币政策独立和资本自由流动）中选择实现两个目标的"角点解"组合。但我国的实践提供了不同的思路：

03
全球"宽货币、低利率"对我国金融业的影响

三个目标都不放弃——同时保留"部分的汇率稳定、部分的货币政策独立和部分的资本自由流动"的目标组合;三个工具也都不放弃——人民币汇率有管理的浮动、货币政策兼顾国际收支平衡和资本项目不完全可兑换。这种"中间解"的组合最适合我国渐进式金融开放的现实,也探索出一条相机抉择、帕累托改进的中国金融改革路径(见图3.11)。①

一是以循序渐进改革取代一步到位改革。汇率市场化、人民币可兑换等金融改革都不可能一步到位,而是作为国家整体改革开放的重要环节循序渐进地推进。这个大前提决定了人民币汇率形成机制改革、人民币资本项目可兑换都必须从边际入手不断推进增量改革,用帕累托改进代替帕累托最优。

二是以相机抉择方式取代开放最优顺序。我国金融开放没有刻板地照搬转轨经济学的经济金融自由化顺序(麦金农,1991),而是根据约束条件,更加灵活地兼顾改革开放和宏观调控的需要。在输入型"宽货币"阶段(2000—2014年),我国于2005年实施了人民币汇率形成机制改革,加快推进人民币资本项目可兑换,发挥了市场在促进国际收支平衡中的作用。但由于全球"宽货币、低利率"来势凶猛,我国不得不在货币政策目标函数上赋予国际收支平衡更大权重,这导致我国"三元悖论"框架下的政策组合

---

① 关于最优的汇率制度选择问题,理论上存在"角点解"(汇率完全固定或者完全浮动)与"中间解"(有管理的浮动)。中国自1994年年初汇率并轨以后,即确立了现行以市场供求为基础的、有管理的浮动汇率制度,选择了汇率制度的"中间解"(管涛,2017)。

从 A 点转向 B 点（见图 3.11）。2015 年，美国在"后危机"时期首次加息，开启了货币政策回归正常化进程，我国进入主动"宽货币"阶段，货币政策独立性空间增加（见图 3.11）。2015 年"8·11"汇改是人民币汇率形成机制从有管理浮动转向清洁浮动的重要举措，但 2015 年年底外汇市场面临"汇率贬值预期—跨境资本流出—外汇储备下降"恶性循环的高强度冲击（潘功胜，2017），为打破外汇市场的恶性循环，必须保持人民币汇率在合理均衡水平上的基本稳定，稳定市场预期和外汇市场供求平衡，由此我国"三元悖论"框架下的政策组合从 B 点转向 C 点（见图 3.11）。

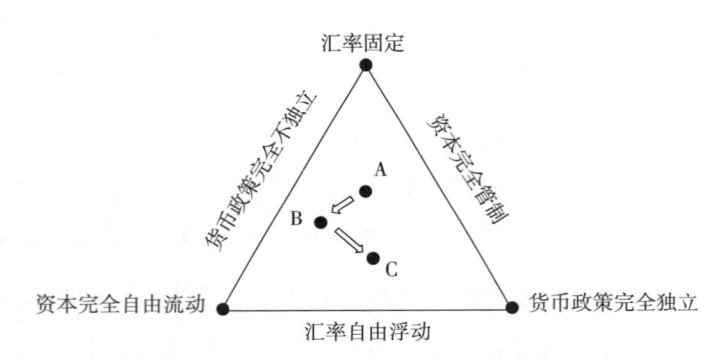

图 3.11 "三元悖论"框架下的中国政策方案

资料来源：课题组根据实际情况绘制。

三、全球"宽货币、低利率"环境下我国深化金融改革开放的契机

"十四五"时期，我国将再次面临与 2008 年国际金融危机时期类似的情景。发达国家为应对全球疫情冲击而采取的非常规货币政策开启了新一轮全球"宽货币、低利率"，对新兴经济体形

03
全球"宽货币、低利率"对我国金融业的影响

成了溢出效应。"三元悖论"框架下的政策选择将再次成为影响"十四五"时期我国金融环境、货币政策、金融市场、金融机构和国际收支的重要政策变量,选择"中间解"还是"角点解"的政策组合将对我国深化金融改革开放有着十分重要的意义。

一是"十四五"时期全球"宽货币、低利率"不会改变外部平衡的基本格局,为内部市场化改革提供了更大的政策自由度。国际收支是一国对外经济金融活动的综合反映,但其本质上是由国内经济增长、储蓄投资、人口结构等实际变量所决定的。我国经济内外部平衡以及国际收支格局的变化有着深刻的全球化背景,但主要取决于中国经济内生力量(郭树清,2007)。与"十五"和"十一五"时期相比,虽然我国"十四五"时期仍面临全球"宽货币、低利率"环境,但国际收支的基本面存在很大不同。2000—2010年,我国长期处于国际收支"双顺差"状态,人民币汇率升值压力较大。2005年人民币汇率形成机制改革前,国内外普遍认为人民币汇率被低估(林伯强,2002;施建淮和余海丰,2005)。2019年,我国国际收支经常项目顺差与GDP之比为1.3%,较2008年历史高峰回落近9个百分点;国际货币基金组织表示,中国的实际有效汇率与基本面和外汇政策所对应的管理水平一致。这说明"十四五"时期我国国际收支总体平衡是内生性的长期趋势(见图3.12),不太可能重现2005年前后国际收支持续双顺差局面。在"三元悖论"框架下,这一特征具有高度的政策内涵,外部平衡的长期趋势有利于降低政策工具兼顾国际收支平衡的压力,货币政策独立性会明显高于"十五"和"十一五"时期,政策天平

走向"十四五"

可以更大程度向服务国内大循环而非服务国际大循环方向倾斜，为利率市场化、汇率市场化和资本项目可兑换等改革提供了更大的空间。

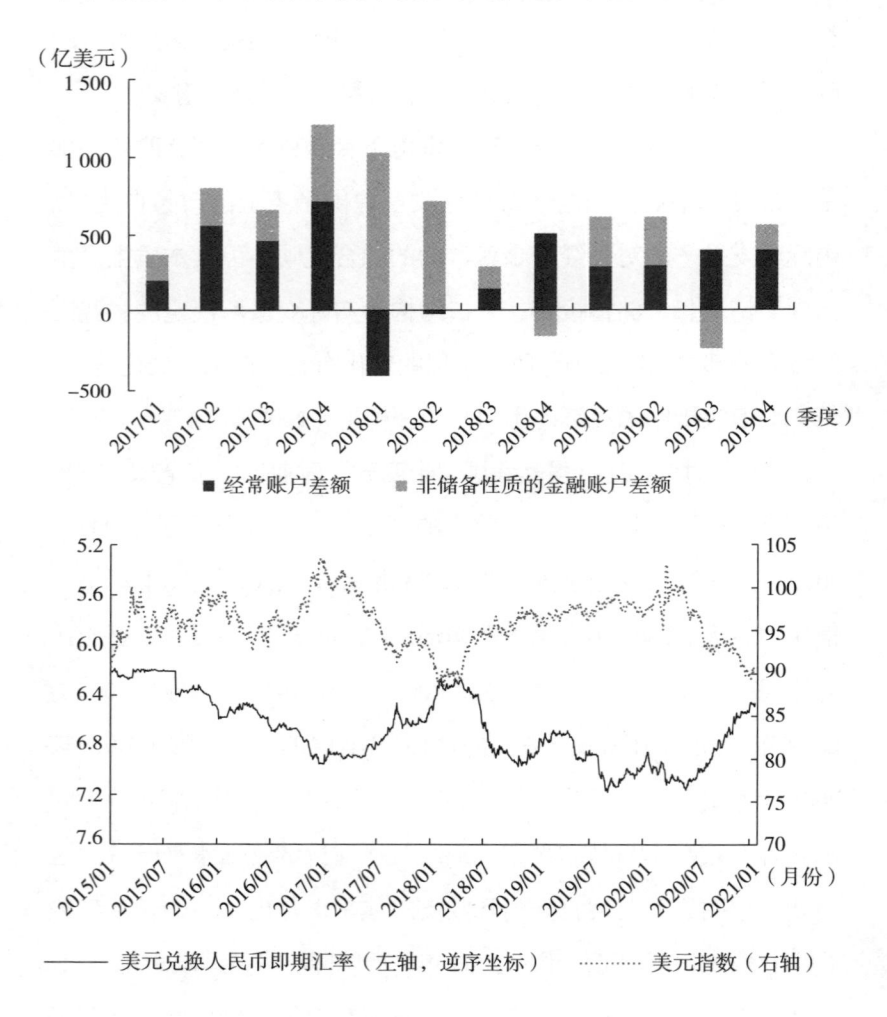

图3.12　我国国际收支基本面稳定、汇率在合理均衡水平上双向波动
资料来源：中国国家外汇管理局。

03
全球"宽货币、低利率"对我国金融业的影响

二是"十四五"时期全球"宽货币、低利率"会加剧我国跨境资本流动的短期波动,为深化外部市场化改革提供了内生动力。全球"宽货币、低利率"不会改变国际收支总体平衡的长期趋势,但会改变境内外货币力量和名义变量的对比关系以及市场预期,推动国际收支和外汇市场名义变量围绕长期趋势宽幅震荡。一方面,人民币汇率在合理均衡水平上随着市场情绪和流动性松紧不断变化,呈现出短期波动;另一方面,在国际收支保持基本平衡的基础上,非储备性质的短期跨境资本流动呈现出偏流入或偏流出方向的波动。从时机上看,在外汇市场偏流入时期深化金融开放要比在偏流出时期更加有利。新兴经济体普遍存在贬值恐惧症,汇率调整往往会出现大幅超调。2015年"8·11"汇改出现波折,一定程度上就与当时外汇市场面临较强的贬值预期有关。"十四五"时期的政策选择要把握"中间解"和"角点解"的平衡,既要坚持原则性,又要强调灵活性。在价格机制上,要突出汇率的决定性作用,在数量机制上,要坚持跨境资本流动"宏观审慎+微观监管"两位一体管理框架,实现与"货币政策+宏观审慎"双支柱的有效配合。在短期流入压力较大时期,可以适时推进汇率市场化和人民币资本项目可兑换,增加人民币汇率弹性,培育外汇市场发展,加强投资者教育(见图3.13)。在短期流出压力较大时期,采取多种方式防止市场预期过度发散,要保持汇率在合理均衡水平上的基本稳定,用好跨境资本流动宏观审慎措施,平抑外汇市场短期波动。

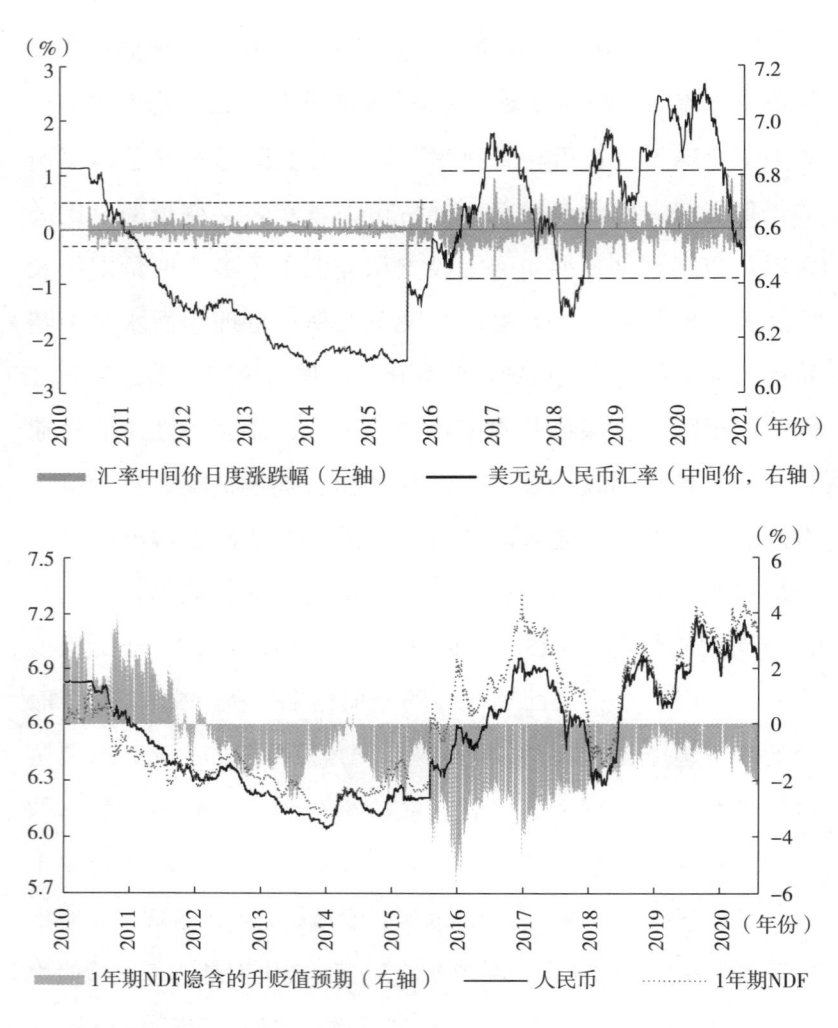

NDF= 无本金交割远期外汇交易

图 3.13　当前外汇市场汇率弹性增强、保持基本稳定

资料来源：万得资讯，环亚经济数据。

03

全球"宽货币、低利率"对我国金融业的影响

新环境下银行业面临的挑战与转型

改革开放以来,我国逐步构建了具有发达市场经济基本特征的多层次金融体系,但银行业的主导地位不可动摇。截至2020年6月底,我国银行业总资产为301.5万亿元,占我国金融机构(银行机构、证券机构、保险机构)资产的91%。即使是在资产管理、证券发行、债券投资等直接融资领域,银行同样以其在资金、客户和信息等方面的巨大优势发挥着主导作用。然而,"宽货币、低利率"环境将催生新的金融业态并对银行业产生更强的替代效应,影子银行、金融市场、互联网金融等金融业态对传统银行存贷业务形成了显著的替代,在宏观环境从"去杠杆"转向"稳杠杆"的情况下,非银行金融体系将更多地承担将储蓄转换为有效投资的功能。未来我国金融业的发展离不开银行业在"宽货币、低利率"新环境挑战下的成功转型。

一、我国银行业的特征:利率双轨制、高度依赖息差、影子银行发展迅速

一是利率市场化改革尚未完全到位,利率双轨制依旧存在。长期以来,我国存贷款利率都受到政策限制,目前处于渐进式放松的进程中。中国人民银行分别于2013年和2015年放开贷款利率和存款利率管制,但之后存贷款利率还是主要参照政策利率执

行。2019年以来，随着LPR（贷款市场报价利率）改革深入推进，贷款利率已经基本实现了与市场利率并轨。但存款利率仍受到自律规定等方面较严格的限制，利率双轨制依旧存在。

二是存贷息差是银行业主要的盈利支撑。我国利率市场化改革尚未完成，在隐性或显性利率双轨制环境下，我国贷款利率常年高于存款利率超过3个百分点。但从横向对比来看，我国存贷款息差水平在全球范围内并不高，2019年世界银行数据显示，中国内地的息差水平在全球主要国家/地区中处于较低水平（见图3.14）。长期以来，间接融资是我国各类经济主体的主要融资渠道。在21世纪初期我国社会融资规模中，新增人民币贷款占比高达90%以上（2002年为91.9%）；此后随着金融市场不断的发展，企业债券和股权融资在社会融资规模中占比上升，新增人民币贷款在社会融资规模中占比在2013年最低下降到51.35%，但在2019年又升至66.01%。在贷款融资常年占据社会融资半壁江山的情况下，虽然我国存贷款息差在全球范围内横向比较并不高，但息差收入是维持银行利润的主要支撑。近年来，随着贷款利率市场化改革尤其是LPR改革的推进，存贷款息差逐渐收窄，但当前依旧高于2%。

三是影子银行发展迅速，银行理财产品规模快速扩张。2008年国际金融危机后，宽松货币政策的实施使得利率整体处于下行趋势。从资金供给端看，利率下行背景下，居民对资产增值的需求强烈；从资金需求端看，民营企业和中小企业常年面临融资难融资贵问题，对非贷款类融资需求强烈；从银行业务端看，面临强监管的银行也有拓展中介渠道的动力；从技术端看，金融创新也促

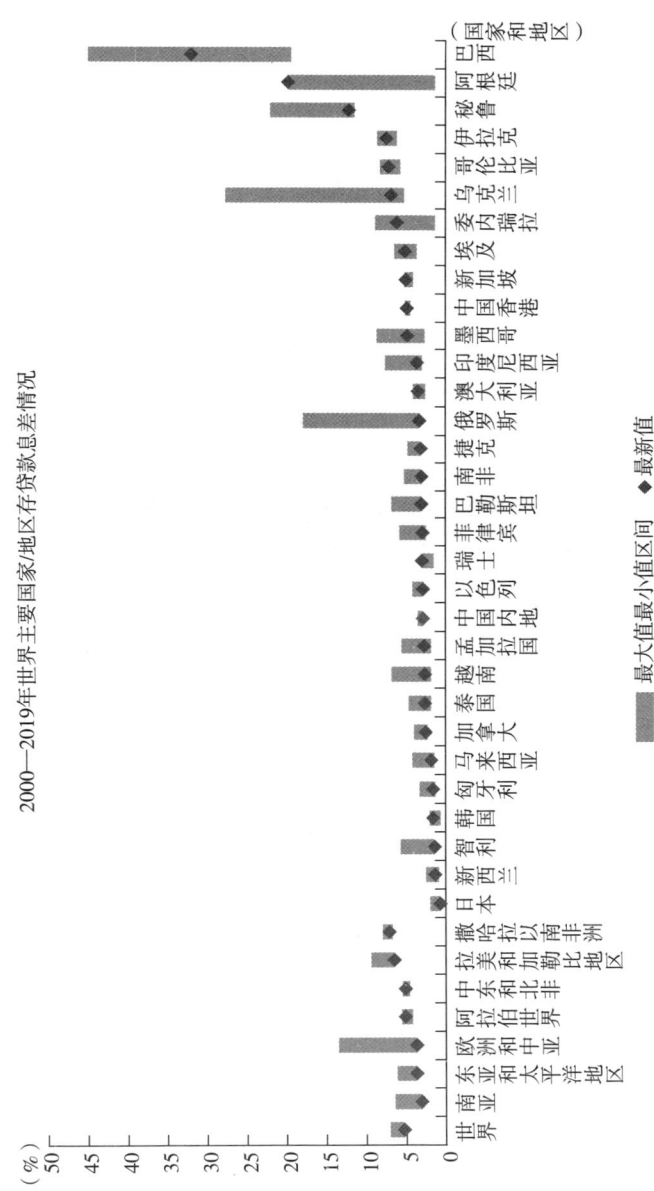

03

全球"宽货币、低利率"对我国金融业的影响

2000—2019年世界主要国家/地区存贷款息差情况

图3.14 我国存贷款息差在世界范围内并不高

注：各国家/地区息差最新值为2019年数据，但部分国家2019年数据暂无，使用的是能够获取的最新年份数据。其中，中国香港为2018年数据，世界、日本、新西兰、加拿大、委内瑞拉、秘鲁为2017年数据，阿拉伯世界、中东和北非、伊拉克为2016年数据。数据来源为世界银行。

使传统银行投融资渠道有所变革。在此背景下，我国影子银行体系快速发展，银行理财产品规模快速扩张，从 2010 年年初的不足 2 万亿元，到 2018 年年底已经超过 32 万亿元（见图 3.15）。

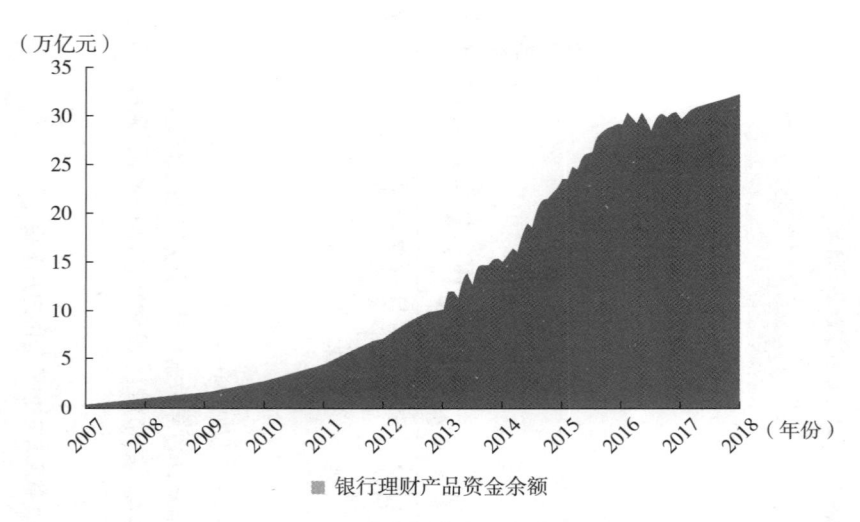

图 3.15　银行理财产品规模快速扩张

资料来源：万得资讯。

二、全球"宽货币、低利率"对我国银行业传统经营模式形成挑战

全球"宽货币、低利率"催生出金融新业态，银行业面临"渠道替换"竞争格局。在"宽货币、低利率"环境下，银行面临盈利能力下降和资产负债表结构矛盾加剧的挑战。在影子银行、金融市场、互联网金融等金融新业态显现更强活力的情况下，传统银行存贷业务面临"渠道替换"的挑战，非银金融体系可能会更多地承担将储蓄转换为有效投资的"渠道"功能。传统银行业务

03
全球"宽货币、低利率"对我国金融业的影响

可能受到规模和利润率的双重挤压。我国银行业长期以来高度依赖传统存款业务,即所谓"存款立行";历史上我国存款增速与存款利率的长期趋势基本一致,"宽货币、低利率"趋势将降低储户存款意愿。

一是银行业存贷款息差趋于收窄。我国利率市场化尚不完全,贷款利率的市场化程度高于存款利率。在国内外利率中枢均处于长期下行通道的环境中,贷款利率的向下调整更加灵活,而存款利率的调整则具有一定的黏性。这会使银行存贷款息差缩小,施压银行盈利。[①]2020年以来,为应对新冠肺炎疫情冲击,全球新一轮"宽货币、低利率"继续深化,在此过程中,我国贷款参考利率LPR受外部带动灵活下行,存款利率一直保持稳定,2020年年初至今,1年期存贷款息差从2.65%收窄到2.35%,收窄了30基点(见图3.16)。

二是利率下行会施压银行业存款规模。在全球"宽货币、低利率"背景下,利率下行对银行存款的影响涉及两种不同的机制。一方面,银行息差收窄所导致的盈利压力会促使银行调整存款利率、降低负债端成本。存款利率的下行趋势将降低储户存款意愿,导致负债规模增速下降。另一方面,金融市场利率水平的下行使得银行存款的替代资产(如货币市场基金、理财产品等)利率也下行。

[①] 对一些中小银行来说,其业务风险属性高,资产端收益率相对也高。在全球"宽货币、低利率"压低其资产端收益率背景下,这些中小银行可能会选择提升其风险承受能力和风险管理能力,以避免资产端收益率被压低,因此,对这些银行来说,息差可能不一定收窄。

走向"十四五"

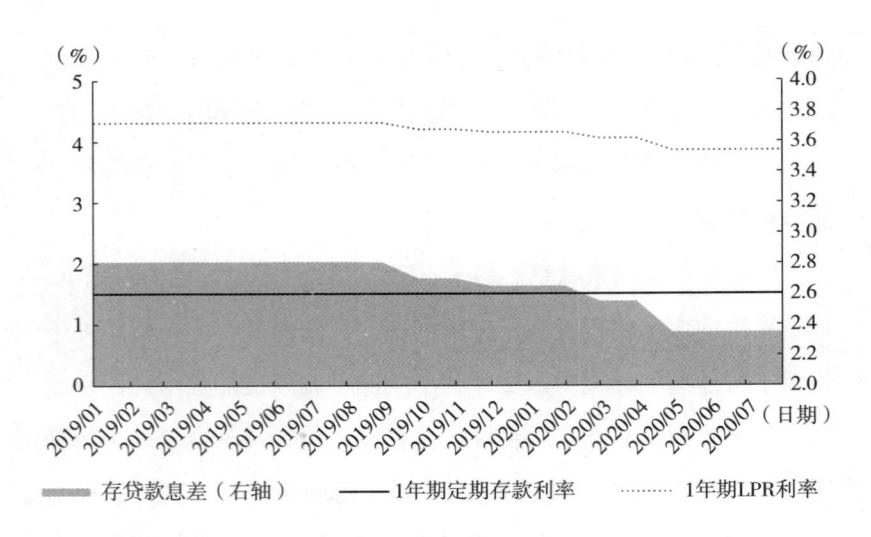

图 3.16 2020 年以来存贷款息差加速收窄

资料来源：万得资讯。

考虑到我国金融市场利率的市场化水平较高，因此，在利率下行过程中，银行存款替代资产的利率下行幅度可能更大、更灵活。金融市场上一部分风险偏好较弱的资金可能会从其他资产中退出，进入银行存款，对银行存款形成正向带动。整体来看，第一种机制是普遍效应，会对银行存款收缩产生较大压力；第二种机制是结构效应，会对银行存款收缩有一定对冲，但可能并不会完全对冲银行存款下行的压力。从现实数据看，2000 年以来，我国金融机构存款余额与存款利率的变动在趋势上一致性较强（见图 3.17）。

三是银行资产负债结构矛盾加剧。从银行资产端来看，贷款利率和金融市场利率的市场化程度均比较高，全球"宽货币、低利率"环境会使银行资产端整体面临盈利下降压力。而从银行负

全球"宽货币、低利率"对我国金融业的影响

债端来看，银行扩张存款规模的难度将比以往更大。这导致银行资产端收益的下行压力很难通过扩大银行资产负债表的规模来缓解，资产负债结构矛盾加剧。

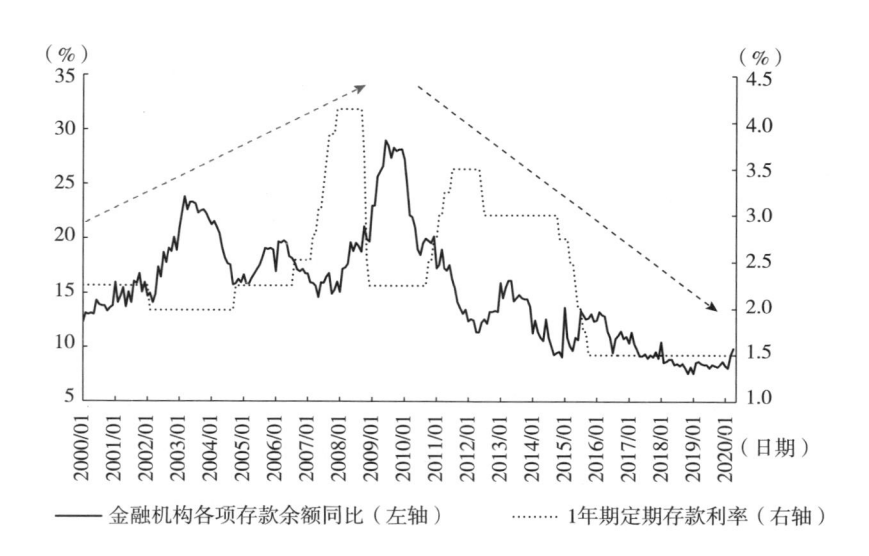

图3.17　存款增速与存款利率长期趋势一致
资料来源：万得资讯。

三、下一阶段银行业转型发展方向

一是推动存款利率调整、落实《关于规范金融机构资产管理业务的指导意见》(以下简称"资管新规")，打破负债端刚性制约。为应对息差收窄所带来的盈利挑战，银行需要使存款利率能够更加灵活地适应市场环境的变化，推动存款利率与市场利率"两轨合一轨"。稳健有序推动"资管新规"的落实，将资金的收益定价和风险承担交给市场主体，打破存款利率刚性和理财产品刚性

兑付对银行负债端的压力和制约。

二是推动数字化转型，积极拓展中间业务，丰富银行盈利渠道。在全球"宽货币、低利率"施压银行业息差背景下，银行业更有积极性改变过度依靠息差以保障盈利的传统资金中介业务模式，进而更积极地拓展中间业务，推动数字化转型，探索用金融科技手段为金融服务赋能，提高金融服务的效率和质量。拓展多元化金融服务模式，推动业务模式从资金中介向金融服务中介拓展转变，以高质量高效率地服务实体经济。

三是结合自身区域优势和业务特征，积极向差异化、特色化方向发展。在更加激烈的竞争和更狭窄的息差空间下，银行业倾向于更加注重差异化竞争，形成多层次、有差异、大中小合理分工的银行体系。结合自身区域优势和业务特征，不同类型的银行可以探索的发展方向有以下几种。第一种是提供全种类、跨地域服务的金融控股公司。现有大银行向业务模式多元、收入来源多样、利润弹性较大的金融控股公司转变，这类银行是未来银行业的领军企业。第二种是区域性银行。这类银行业务类型相对简单，以传统存贷款业务为主，服务对象集中在某一地区。收入来源以利息收入为主，利润随净息差变动，一些区域性特色银行可以着重巩固强化区域金融服务能力，成为具有区域特色和优势的银行。第三种是专项业务突出的特色银行。这些当下有突出的中间业务服务能力的中小银行，可以在传统业务盈利压力增大的环境下，转而集中力量拓展自己的专项业务，提高非利息收入，转型成特色银行。这类银行业务多样，盈利能力与其专业水平挂钩，是银行体系的重要补充。

03
全球"宽货币、低利率"对我国金融业的影响

我国金融市场迎来新的发展机遇期

金融市场作为区别于金融中介（银行）的另一种金融资源配置形式，在增强金融体系价格发现功能、提升资源配置能力和服务实体经济效率方面具有独特作用。尤其是在实体经济已经发展至主要依靠创新和效率驱动的阶段，金融市场所提供的直接融资功能显得尤为重要。在全球"宽货币、低利率"时代，我国金融市场开放提供了以人民币为基础的"全球公共产品"选择方案，我国金融市场将可能迎来新的发展机遇期。

一、我国金融市场特征：规模庞大，但直接融资比重不高、外资较少

当前我国金融市场虽然规模较大，但直接融资比重不高、外资参与度低、国际影响力弱。截至 2020 年 6 月底，我国股票市场总市值约 65 万亿元，债券市场规模约 108 万亿元，均位居全球第二，仅次于美国。但我国金融市场规模占 GDP 的比重明显不及美国、日本等发达国家，直接融资仍有较大发展空间。截至 2019 年年底，我国股票市场总市值占 GDP 比例约为 60%，而美国和日本这一比例均超过 100%。此外，虽然随着近年来金融开放加速，我国金融市场外资占比稳步上升，但绝对水平仍然较低。2018 年年底，我国股票市场外资占比约为 2%，债券市场外资占比约为

4%，均低于美国、日本等发达国家股市和债市外资占比，也低于巴西、韩国等新兴经济体股市和债市的外资占比（见图3.18）。

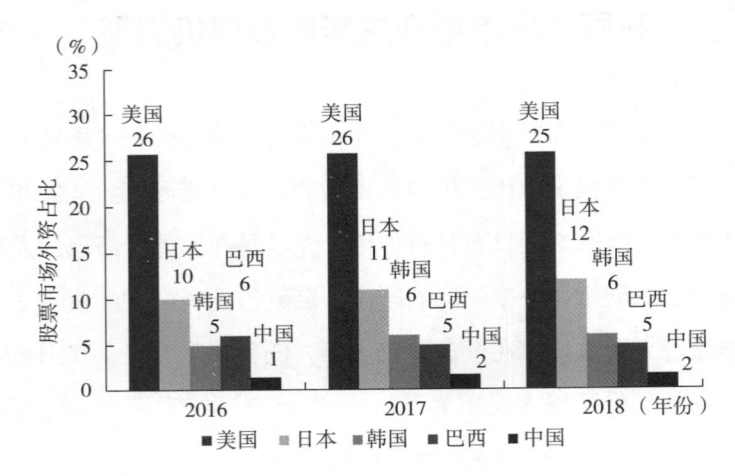

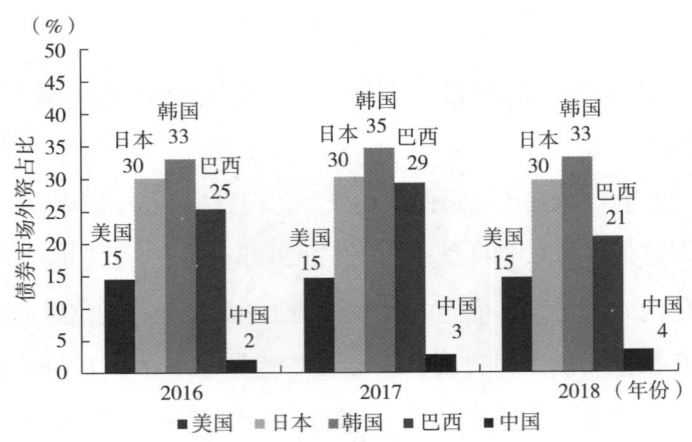

图 3.18 各国股票市场和债券市场外资占比

资料来源：世界银行，国际货币基金组织，国际金融协会，彭博数据库，万得资讯。

二、全球"宽货币、低利率"环境下我国金融市场开放发展迎来机遇

在全球"宽货币、低利率"环境下,我国金融市场开放具有重大的宏观意义。在以美元为中心的国际货币体系中,全球"宽货币、低利率"意味着非美经济体频繁遭受美元流动性冲击,美元金融周期外溢效应明显,需要寻找美元以外的替代性选择方案。我国金融市场将面向全球投资者高水平开放,为全球提供以人民币资产为基础的非美元公共产品,为我国经济高质量发展和直接融资体系的完善提供开放红利和制度保障。

一是全球低利率环境凸显我国利率处于正常水平的优势,我国债券市场吸引力上升。在全球"宽货币、低利率"进一步深化背景下,美国、欧洲、日本当前均处于零利率或负利率区间,而我国利率水平保持正常,与主要发达经济体的利差呈上升趋势,中国债券市场对国际投资者的吸引力加大(见图3.19、图3.20)。

二是在流动性充裕的国际环境下,我国股票市场或将面临外资流入。在全球"宽货币、低利率"进入新常态背景下,外部流动性或将持续处于充裕状态,国际资金将在全球范围内寻找能够提供可观的回报率同时能保障安全性的资产。中国作为全球最大的发展中经济体,当前经济发展处于从高速增长向高质量发展的转变期,虽然经济增速在缓慢下台阶,但在全球主要经济体中依旧位于前列(见图3.21)。据国际货币基金组织预测,2020年中国将成为疫情冲击下唯一实现正增长的主要经济体。同时中国社

走向"十四五"

会体制稳健，能够为资产提供安全的社会环境。在全球"宽货币、低利率"新常态下，中国资产对国际投资者的吸引力上升，中国股市或将迎来资金流入。从历史趋势看，2008年之后，全球货币宽松，资金流入新兴经济体，流入中国的外资也是增加的，非储备性质金融账户下资金持续净流入（见图3.22）。此一轮全球货币再宽松，力度较2008年更大。中国是优质的新兴经济体，加之近期政策层面也聚焦资本市场改革开放，我国股市或将迎来新一轮外资流入机遇期。

三是我国金融市场定价效率将明显改善。我国以股票和信用债为代表的风险资产发展历史较短，定价效率不高。外资机构参与我国信用债市场后，会推动市场进一步走向法制化，强化各类市场参与者的规则意识。伴随着外国投资者进入，外资评级

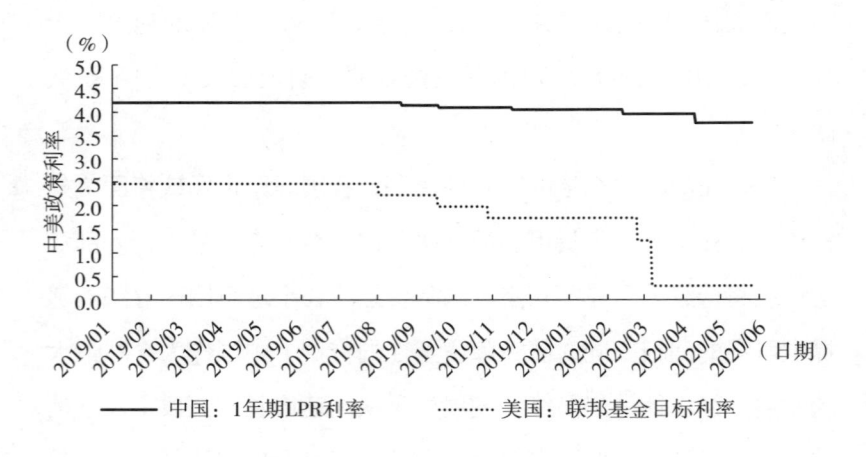

图 3.19 当前中国货币政策空间正常

资料来源：万得资讯，彭博数据库。

03
全球"宽货币、低利率"对我国金融业的影响

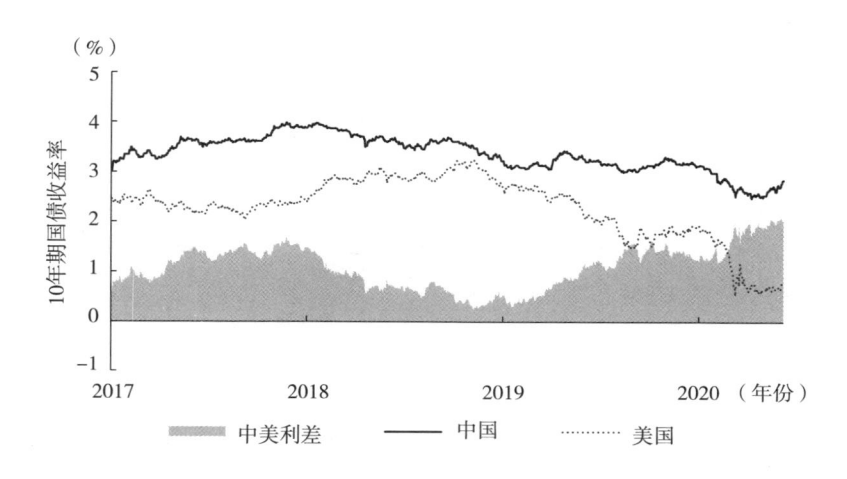

图 3.20 2020 年以来中美利差走阔

资料来源：万得资讯，彭博数据库。

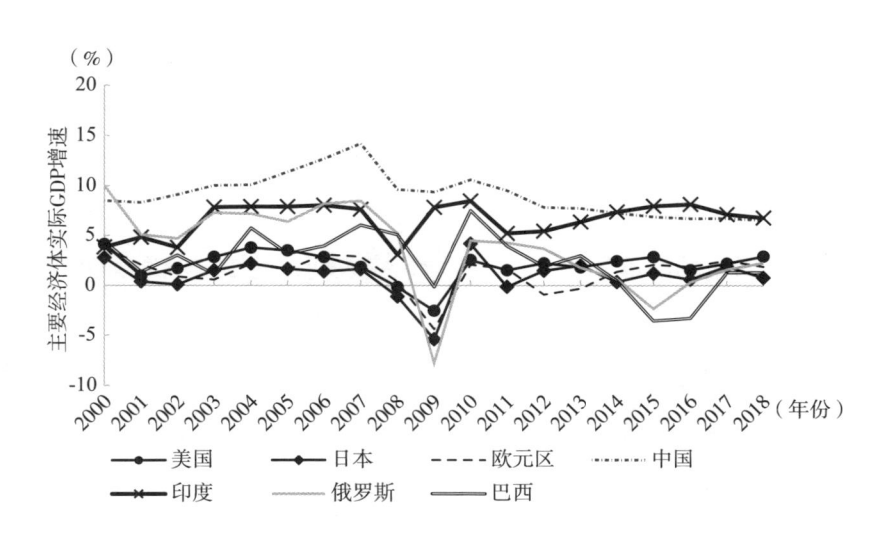

图 3.21 中国经济增速高于全球主要经济体

资料来源：世界银行。

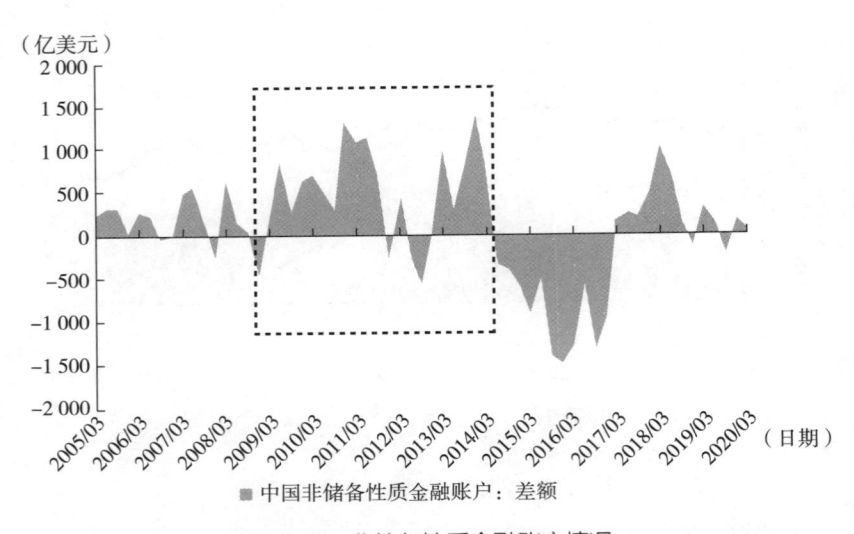

图3.22 非储备性质金融账户情况

资料来源：中国国家外汇管理局。

机构也会配合进入中国信用债市场提供服务，有助于推动中国信用评级业发展。股票市场方面，外资股权投资机构整体上有较强基本面投资倾向和价值投资理念，同时外资的进入也会限制非市场因素对市场的不合理干预。经验研究表明，包括陆股通、QFII在内的外资改善了我国股票市场的定价效率。

四是直接融资重要性的提升将优化我国金融体系的融资结构。在全球"宽货币、低利率"环境下，我国金融业结构变化将表现为直接融资的重要性不断提升（见图3.23）。一方面，在"宽货币、低利率"环境下，银行业发展的主线是竞争、让利和转型，金融市场发展的主线是开放、扩容和增效。当前新冠肺炎疫情冲击更是强化了这一趋势，根据2020年6月1日中国人民银行

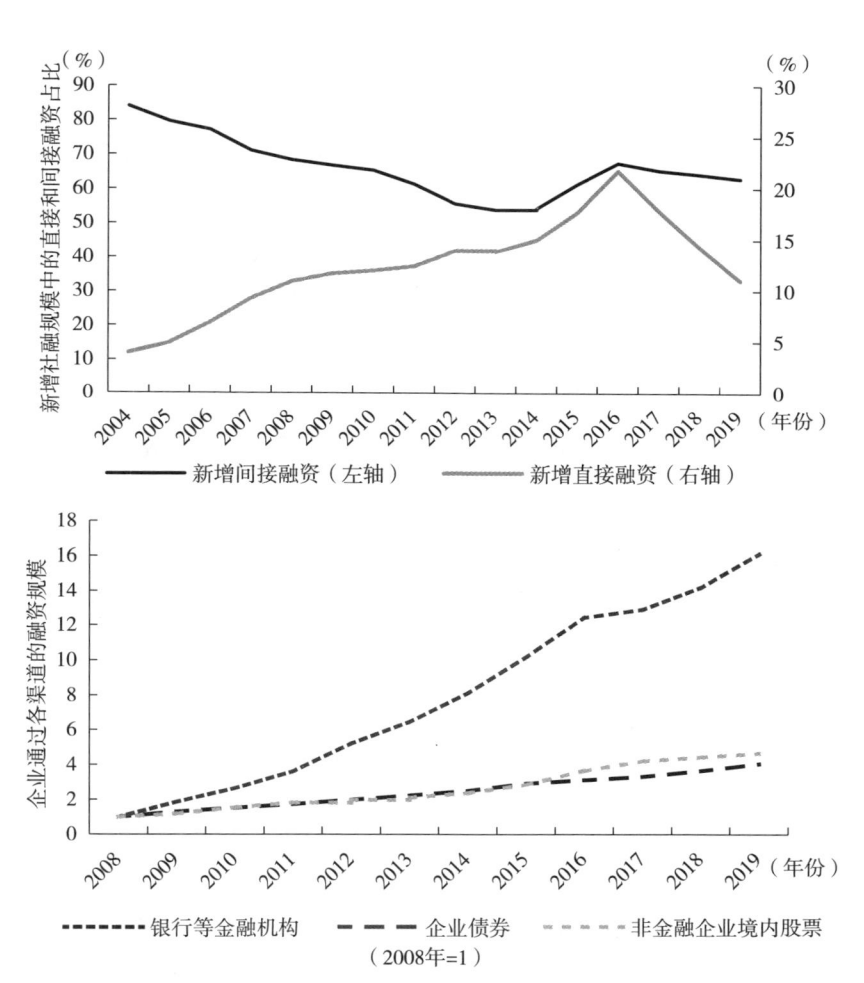

03
全球"宽货币、低利率"对我国金融业的影响

注：上图中"新增间接融资"为新增人民币贷款，"新增直接融资"为企业债券融资与非金融企业境内股票融资之和；各指标为平滑年度波动取3年均值。下图中的企业通过"银行等金融机构"融资为其他存款性公司（包括商业银行、政策性银行、信用社及财务公司等存款类金融机构）对非金融性公司发放的贷款、票据融资和对非金融性公司的投资等。企业通过"企业债券"和"非金融企业境内股票"融资分别来自社融存量的相关分项指标。

图3.23 我国金融业的结构性变化

资料来源：万得资讯。

等部门的指导意见，银行要强化小微企业业务并合理让利，而债券和股票市场则要继续扩大规模；尤其是债券市场被赋予了支持大企业融资，为银行业释放信贷资源的任务。另一方面，金融业结构的变迁归根结底需要顺应经济发展阶段变化的大趋势。我国经济已从远离技术前沿的模仿阶段逐步进入创新阶段。间接融资在经济模仿阶段具有根据政府规划将金融资源集中导向战略行业的优势，而在经济创新阶段则需要发挥直接融资的市场化、灵活配置资源的优势。如在二战前日本的直接融资已经是其企业融资的主要方式，但为了将金融资源在二战时期集中于军需产业以及在战后恢复时期集中于基础产业，受政府管理的间接融资成为日本金融体系的主导。20世纪90年代后，随着经济日趋复杂，日本金融市场的作用再次显著增强（野口悠纪雄，2018）。

03
全球"宽货币、低利率"对我国金融业的影响

"宽货币、低利率"环境下的潜在金融风险

2008年国际金融危机后,莱因哈特和罗格夫两位经济学家提出了一个值得深思的观点:历史总是重演,每一次危机的本质从来都没有改变。在2020年新冠肺炎疫情冲击下,全球性"宽货币、低利率"不过是前两轮"宽货币、低利率"的升级版,虽然可以防止经济严重衰退,但其代价是金融体系不断积累的潜在风险。从资产负债表的视角审视国家金融风险,金融风险主要来自负债端的债务过度积累和资产端的资产价格波动。同时,这些风险在开放经济环境下与货币错配、跨境传染等因素紧密联系在一起,强化了金融风险的系统性、复杂性和严重性。[①] 此外,需要强调的是,"宽货币、低利率"环境也无法掩盖当前日益严峻的地缘风险。在中美大国博弈从经贸博弈阶段转向金融博弈阶段的过程中,"逆全球化"威胁下的金融风险正在逐步积累,限制金融交易、切断融资渠道、实施资产冻结、切断美元清算支付等金融制裁风险正在上升。这为全球"宽货币、低利率"环境下的风险爆发增添了变数。

---

① 明斯基(2010)称之为"金融不稳定",辜朝明(2016)称之为"资产负债表衰退"。

走向"十四五"

一、宏观杠杆率上升风险与非国际化货币国的外债风险

在"宽货币、低利率"环境下，宏观杠杆率上升可能导致债务风险不断积累，尤其是外债层面还会引发货币错配等其他风险。在全球"宽货币、低利率"环境下，融资成本的降低和风险偏好的提升同时增加了资金供求双方不审慎的投融资行为，可能会导致宏观杠杆率的显著提高。债务风险的过度积累经常扮演金融危机的导火索和促使"火势"蔓延的角色，如20世纪30年代的大萧条、20世纪80年代后期日本"泡沫经济"破灭和2008年国际金融危机等。

截至2019年年底，我国宏观杠杆率虽然尚不及美国、日本、欧洲等发达国家，但已经超过世界平均水平，也高于多数新兴市场国家（见图3.24）。我国对宏观杠杆率过快上升的风险早有防范。在2015年12月的中央经济工作会议中，"去杠杆"首次被作为年度经济工作的任务之一。2017年12月，中央经济工作会议明确提出防范和化解重大金融风险三年攻坚战，把"去杠杆"作为金融稳定的一项重要任务。在政策推动下，我国宏观杠杆率在2017—2018年企稳，2019年在中美贸易战冲击下仅小幅上升。2020年受新冠肺炎疫情冲击影响，我国财政、货币政策积极发力以对冲疫情带来的不利冲击，2020年第一季度末，我国宏观杠杆率从245.4%跃升至259.3%，创历史新高。特殊时期宏观杠杆率短期攀升具有合理性，但疫情冲击可能在中长期内持续存在，债务风险如管理不善也会导致风险积累。

03
全球"宽货币、低利率"对我国金融业的影响

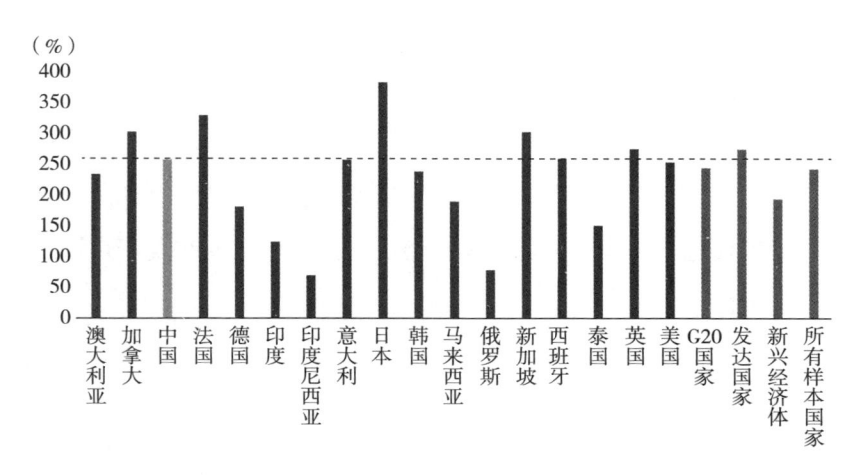

图 3.24 非金融部门杠杆率

资料来源：国际清算银行。

外债风险需要特别关注。本币债务占比高的国家（如日本）在面临外部冲击时的风险抵御能力明显强于严重依赖外币融资的国家（如阿根廷）（Bolton and Huang，2018）。2008 年国际金融危机时，我国的外债规模达到 3 700 亿美元，到 2019 年年底，我国全口径外债超过 2 万亿美元。当前我国外债负债率、债务率、偿债率等指标均在国际公认的安全线以内，风险总体可控。但必须注意到，我国外债确实也存在一些值得关注的风险因素，主要包括以下三个方面。

一是我国外债基数大，外债边际变动的外溢效应会影响国际收支和外汇储备稳定。截至 2019 年年底，我国全口径外债居世界第 14 位、发展中国家首位。从国内外的经验看，外债对利差、汇差比较敏感，往往会成为金融顺周期调整的先行变量。2015 年

走向"十四五"

"8·11"汇改后，我国外汇市场所承受的高强度冲击中相当一部分是由外债去杠杆引发的。2015—2016 年，我国外债余额下降近 5 000 亿美元，占同期外汇储备降幅的近一半（见图 3.25）。在全球"宽货币、低利率"和国内金融开放政策叠加的环境下，如果我国外债规模进一步快速增加，将会增加我国国际收支和外汇市场的不稳定性。

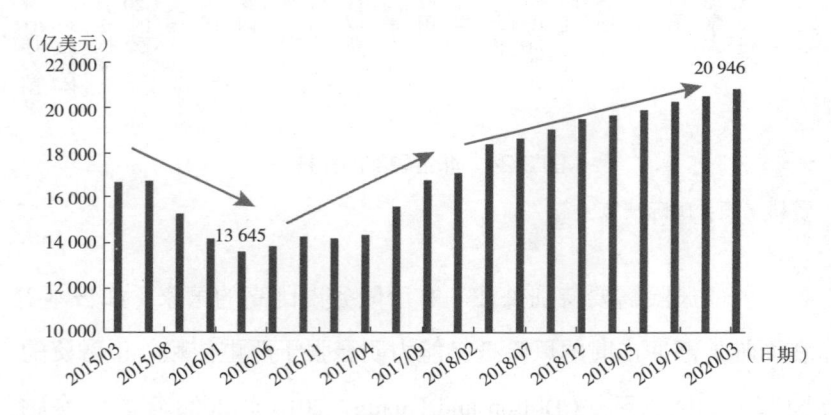

图 3.25 我国全口径外债规模变动
资料来源：中国国家外汇管理局。

二是我国短期外债占比较高，潜在风险需要格外关注。截至 2020 年第一季度，我国短期外债余额为 12 159 亿美元，短期外债占比为 58%，较 2014 年年底的历史峰值下降了 21 个百分点，但仍处于较高水平（见图 3.26）。短期外债高主要表现为贸易信贷占比较高。一般来说，贸易信贷规模主要是便利进出口贸易的商业信用，有真实的交易背景，潜在风险不大。但从实践来看，贸易信贷也具有较强的顺周期特征，可能成为跨境套利套汇的一种方式，加大短期跨境资本的波动性。1997年亚洲金融危机时期的韩国就遭遇了短期外债过多导致的"流动性危机"，从"亚洲奇迹"的典范迅速变成深陷货币危机泥潭的问题国家（沈联涛，2009）。

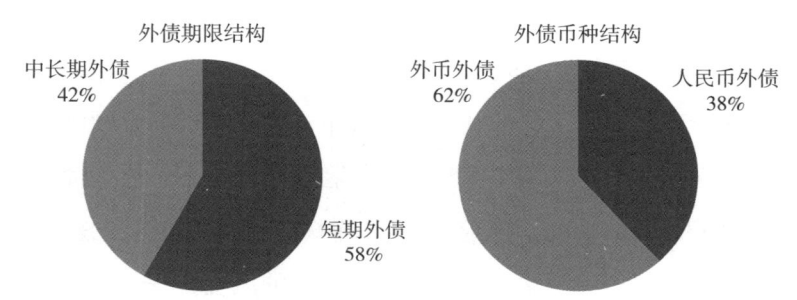

图 3.26 我国全口径外债期限结构和币种结构（2020年第一季度）
资料来源：中国国家外汇管理局。

三是中资机构海外债务风险须特别关注。目前中资海外发债存量规模约为1万亿美元。其中，境内机构境外发债属于外债，大约占30%，已纳入我国全口径外债；境内机构的境外子公司（非居民）发行的外币债不属于外债，占比70%。截至2020年3月，在中资美元债构成中，房地产行业占比最高，接近1/4；其次是银行、金融服务、勘探及生产行业，分别占11.3%、10.2%、9.6%。中资美元债易受短期市场风险偏好上升和美元流动性紧张影响。在疫情冲击下，2020年2月下旬以来，中资美元债的下跌已经超过了2015年和2018年，市场环境恶化导致中资企业海外发债借新还旧更加困难；3月中旬以来，中资企业美元债发行基本停滞，发行量环比下降接近80%。中资机构海外债务违约也存在跨境传染风险。中资机构海外债大多数属于非居民债务（境内机构的境外子公司），其行为发生在境外，超出了外债管辖范畴，但却与境内母公司或关联企业存在密切联系，[1]境外机构违约风险容易跨境传导到境内企业。

二、跨境跨市场金融风险传染

在全球"宽货币、低利率"环境下，跨境跨市场金融风险传染将显著增强。在长期"宽货币、低利率"环境下，投资者融资成本低廉且负债端的不稳定性下降，而资产端与负债端息差的收窄也增强了投资者以更高杠杆博取高收益的风险偏好。因此，金融市场加杠杆的便利性和动机均会显著增强，容易导致金融市场脆弱性增强和弹性减弱。金融风险的跨境跨市场传染也可能在低利率环境下显著增强。这将导致金融市场的风险来源更加复杂多变，风险管理难度大幅提升，防范系统性风险的任务更为艰巨。

一是美元流动性冲击将显著促进发达经济体对我国金融市场的风险传染。我国金融市场更具有开放的新兴市场的典型特征，对全球储备货币美元所带来的流动性冲击将更敏感。在极端情况下，美元流动性冲击会导致金融市场波动、汇率波动、跨境资本外流和外汇储备耗损所形成的风险联动和恶性循环，严重威胁金

---

[1] 一种情况是境内主体通过内保外贷履约、维好协议等隐性担保形成了或有负债关系，另一种情况是境内机构没有表现出清偿连带责任，但实际业务往来带来了相关影响。

03
全球"宽货币、低利率"对我国金融业的影响

融稳定。

二是我国金融市场可能会受其他新兴经济体风险传染的影响。在全球"宽货币、低利率"环境下，我国更容易受到来自其他新兴经济体的金融风险溢出。如某一新兴经济体由于高杠杆或外资流入等因素形成了金融泡沫，该泡沫的破裂将导致我国由于具有类似的特征而突然受到投资者的高度关注和警觉，即"唤醒效应"。此外，风险偏好和投资者的情绪也可能在金融市场之间迅速传染。在信息不对称的情况下，投资者在负面冲击突然来临时，会因为缺乏收集和处理信息的能力（或不愿意承担相应成本）而成为"从众投资者"。当一个国家金融市场的下跌传递出避险情绪高涨的信号时，"从众投资者"也会跟风改变风险偏好，进而在其他类似国家的金融市场执行同样的抛售策略。上述机制均属于投资者预期和行为变化所导致的风险传染，其特点在于超出基本面所能解释的范畴，事态发酵程度难以预计。小国的金融风险也可以传染至大国甚至整个区域，正如欧债危机时期希腊向意大利和法国的风险传染，以及亚洲金融危机时期泰国向韩国的风险传染。

三是金融资产将被更多地用作加杠杆的抵质押品，增强了金融风险的跨市场传染（见图3.27）。我国金融业的特点是以债权融资为主，且债权融资高度依赖抵质押品。在全球"宽货币、低利率"环境下，金融资产估值在资金推动下普遍具有上升动力，将更多地被用作加杠杆的抵质押品。2014—2015年，货币宽松叠加乐观预期，促使投资者大量加杠杆以投资股市，使股价

走向"十四五"

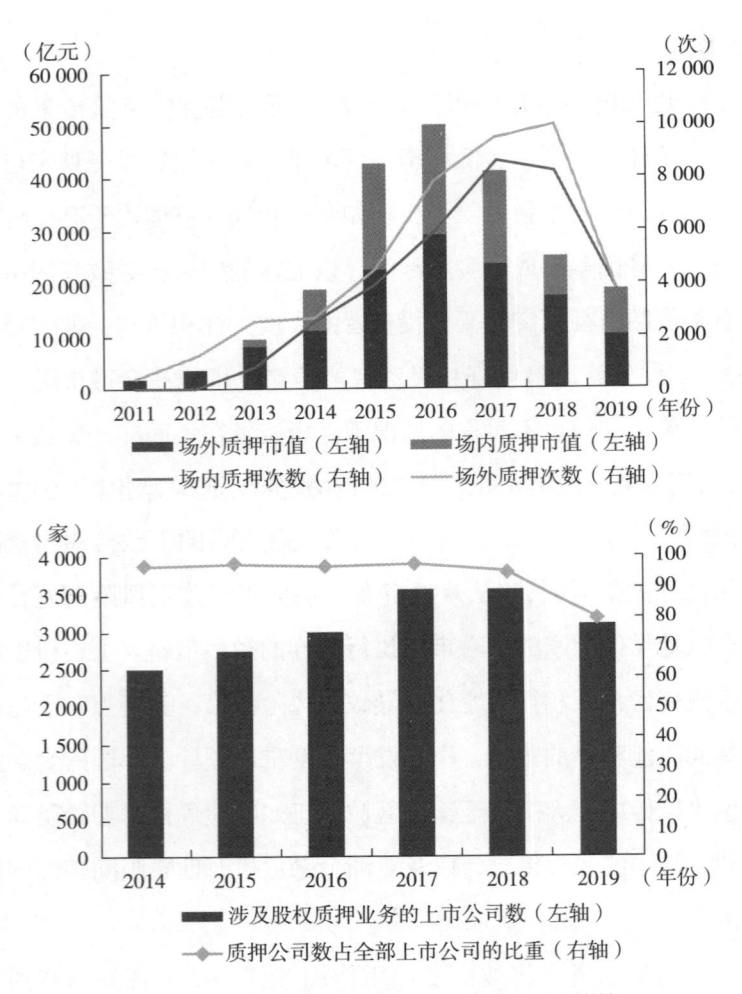

图 3.27 我国股权质押自 2015 年开始大幅增加

资料来源：万得资讯，平安证券。

迅速上升并泡沫化，使上市公司股权质押融资的规模出现飙升。2017 年年底，存在被质押股份的上市公司占比达到了 99%，形成了"无股不押"的态势。这样一来，股票市场风险与债券市场风

03
全球"宽货币、低利率"对我国金融业的影响

险开始形成更紧密的联系。对于被质押股份较多的上市公司，股票价格的下跌增加了上市公司股东筹集流动性的压力和股票被强制平仓的风险，进而导致上市公司本身信用资质恶化。目前，我国股权质押整体风险已经降至可控水平，但局部风险仍然存在。债券、房地产等资产也是我国常见的抵质押品种，不排除低利率环境下金融风险的抵质押品传染机制以股权质押以外的形式再次出现。

三、地缘政治或大国博弈的政治逻辑引发的资本逆全球化风险

全球"宽货币、低利率"无法掩盖地缘政治或大国博弈的政治逻辑引发的资本逆全球化风险。在重点聚焦全球"宽货币、低利率"对我国金融业影响的经济逻辑时，不能忽略的一个重要因素是政治逻辑的影响。因此，在中美战略博弈逐步升级的时代，政治逻辑可能比全球"宽货币、低利率"的经济逻辑更加深刻地影响着我国金融业的未来。当前，中美摩擦已经从贸易领域延伸至金融领域，我国金融业可能面临意想不到的外生冲击。

一是中美博弈升级背景下中资企业境外融资受到限制。在人民币成为国际货币前，我国经济发展和企业经营离不开美国资本市场的融资渠道。如果没有政治因素的干扰，全球第三轮"宽货币、低利率"环境会催生新一轮短期外资流入潮。但2020年全球疫情暴发以来，美国采取多方面措施以限制美国资本对华投资。首先，限制中资企业在美国上市融资。2020年4月22日，

走向"十四五"

美国证券交易委员会主席杰伊克莱顿警告投资者,近期在调整仓位时不要将资金投入在美国上市的中国公司股票。其次,限制中资企业在海外发行美元债。2020年第一季度,境外中资机构的主体评级被下调多达22次,占评级行动总数的88%,较2019年第四季度大幅增加16.1个百分点。中资美元债市场大幅动荡叠加信用评级下调,使中资企业境外发债基本停滞。2020年7月美国签署所谓"香港自治法案",将会对香港采取包括对特定个人和机构实施限制和资产冻结、对相关金融机构实施资产冻结和使用美元支付清算限制等在内的一系列制裁,威胁香港作为国际金融中心连接内地企业与国际资金的能力。最后,限制美国资本对我国资本市场的投资。2020年5月,受美国政府和一些国会议员影响,美国联邦政府退休储蓄基金推迟向含有中国股票的指数转移资金。

二是中美博弈下的外国资本撤离或转移。近年来,美国政府打着"美国优先"的旗号,鼓励在华外资制造企业回流美国本土,达到"去中国化"的全球化。2018年下半年以来,受中美经贸摩擦影响,浙江省境外投资制造业项目有108个迁至东南亚,转移占比提高至43%,均为美国加征关税对象。在全球价值链上占据重要位置的知名外资和中资企业也在转移。[①]2019年中美商会对

---

① 2019年6月,《日经亚洲评论》报道,苹果公司将把15%~30%的iPhone生产转移到越南和印度;惠普公司和戴尔公司计划将30%的笔记本生产移出中国。据工信部统计,2019年有588家外资制造企业把生产基地从中国广东分散到越南等地,如韩国三星公司2018年关闭深圳和天津工厂,将生产基地转移到越南。

03
全球"宽货币、低利率"对我国金融业的影响

239 家在华美资企业的调查显示，33.2% 的公司将推迟或取消在华投资计划。2020 年新冠肺炎疫情冲击全球之际，全球贸易格局短期内发生了明显变化，发达国家的口罩、防护服、呼吸机等抗疫战略物资严重依赖从中国进口，反映出全球制造产业链高度集中在中国。这其中也存在可能由政治逻辑引发的风险，未来新一轮全球产业链调整的逻辑可能会从传统的"利润最大化"和"生产效率最大化"更多地转变为"国家政治和经济风险最小化"，不利于我国维持世界制造业中心的国际地位。

走向"十四五"

主要结论与政策建议

全球"宽货币、低利率"现象是过去150年以来独特的货币现象。从量价关系维度看，货币投放高度宽松叠加名义利率处于历史低位，是全球"宽货币、低利率"重要的市场特征。从政策维度看，传统货币政策工具失效而不得不采用非常规货币政策，是其重要的政策属性。从市场维度看，全球负利率政府债券规模已超过15万亿美元，储蓄和投资关系逆转是必须面对的长期趋势。从历史维度看，从日本"泡沫经济"破灭后应对通货紧缩算起，到2020年全球新冠肺炎疫情冲击时期，"宽货币、低利率"已进入第三轮，并呈现全球化的趋势，大概率将成为全球货币环境的新常态。

全球"宽货币、低利率"是把"双刃剑"，是两害相权取其轻的权宜之计。全球"宽货币、低利率"是人类社会汲取历史教训，防止重蹈20世纪30年代大萧条覆辙的应对之策。但货币政策不是万能的，治标不能代替治本，古典"二分法"经济规律在当前表现为全球实际利率并没有伴随名义利率同步下行，这与20世纪70年代到90年代的情况大不相同，充分说明"宽货币、低利率"只是托底而不能"去根"。更严峻的是，金融服务于实体却也反作用于实体，人类社会因此更加接近明斯基的"金融不稳定假设"情景。全球"宽货币、低利率"并没有挽救平庸的全球

03
全球"宽货币、低利率"对我国金融业的影响

经济,却加剧了全球三大不平衡现象和三大内生性难题:一是通货膨胀作为一种全球性现象近似消失,扁平化的菲利普斯曲线不再能为充分就业和物价稳定的政策权衡提供选择依据;二是金融资产泡沫已成为一种全球性的货币现象,金融市场与实体经济之间的替代关系,再次把经济稳定和金融稳定的两难选择推向了风口浪尖;三是新兴经济体不断受到国际资本溢出效应的影响,成为一种全球性现象反复上演。

我国是全球"宽货币、低利率"的重要组成部分和特殊案例,我国两种不同性质的"宽货币"模式反映了在"三元悖论"框架下的独特政策搭配。我国作为深嵌于世界经济链条的重要经济体,既具有内生性"宽货币"现象,也具有受发达经济体溢出的输入型"宽货币"现象。在输入型"宽货币"阶段(2000—2014年),我国实行有管理的浮动汇率制度,为避免人民币汇率大幅升值,对外汇市场进行了干预;同时采取提高法定存款准备金率、发行央行票据等方式对冲基础货币的被动投放。在主动"宽货币"阶段(2015年至今),我国通过2015年"8·11"汇改促使人民币汇率形成机制市场化,并给货币政策独立性留出了更大空间;此后,为打破外汇市场恶性循环,我们又将政策组合转向着力稳定市场预期和外汇市场供求平衡。无论在哪个时期,我国在"三元悖论"框架下的政策组合始终是"中间解"的边际调整而不是西方教科书上"角点解"的大幅转换。

全球"宽货币、低利率"既为我国加速推进金融市场化改革提供了机遇,也带来了挑战。我国国际收支总体平衡是内生性

的长期趋势，有助于提高我国货币政策的独立性，让政策天平向改革开放倾斜。在长期趋势基本平衡的格局下，政策搭配要关注全球"宽货币、低利率"引发的跨境资本短期波动压力对我国外汇市场的扰动。在外部市场平稳时，这种扰动将主要集中在汇率升值和偏流入方向上；在外部不确定性上升时，这种扰动将主要集中在汇率贬值和偏流出方向上。针对上述情况，我国可以根据不同时机，灵活应对。在短期流入压力较大时期，我国可以适时推进汇率市场化和人民币资本项目可兑换；在短期流出压力较大时期，我国可以采取多种方式防止市场预期过度发散，用跨境资本流动"宏观审慎＋微观监管"两位一体管理框架，防范化解金融领域重大风险。

全球"宽货币、低利率"为我国从金融大国迈向金融强国创造了机遇和条件。从历史上看，21世纪以来前两轮"宽货币、低利率"时期，恰逢我国经济总量高速增长和金融业快速发展时期。虽然经历波折，但我国作为金融大国的基本地位得以确立。全球新一轮"宽货币、低利率"对应于我国经济高质量发展和供给侧结构性改革的新阶段，把握机遇、趋利避害，深化我国金融业改革和对内对外开放，是我国走向金融强国的关键一步。一是面对银行业息差收窄、"渠道替换"加剧的挑战，要加速银行的转型发展。在"宽货币、低利率"环境下，息差趋于收窄，进而对银行造成负面影响，这在日本和欧洲低利率环境下已有较充分体现。我国的特殊性在于银行业务同质化程度较高，"存款立行"这一传统业务特征明显。而我国的优势则在于，尚存在未充分开发的

03
全球"宽货币、低利率"对我国金融业的影响

新业务空间以及金融科技浪潮下的新技术手段。未来我国银行业可以在利率市场化改革道路上，推动数字化转型、积极拓展中间业务，形成包含金融控股公司、区域性银行和专业特色银行在内的多层次、分工合理的银行体系。二是"宽货币、低利率"的溢出效应叠加我国高水平金融开放，有利于我国金融市场发展迈上新台阶，并为全球提供以人民币资产为基础的"公共产品"。全球"宽货币、低利率"必将催生大量迫切寻求更高收益的国际资金，国内金融市场利差大、潜力强，必然是国际资金的重要目的地之一。在更多金融开放政策出台和落实的推动下，我国金融市场将有望改变国际化程度低、市场规模相对于经济体量较小、直接融资占比低等长期问题。更重要的是，市场化和法制化是促进金融市场发育的核心，资产定价、信息披露、风险管理和投资者教育等支撑金融市场的关键要素，均有赖于市场化和法制化环境。更多外资的进入，可能将强化各类市场参与者尊重市场和规则的意识，产生良好的以开放促改革的效果。可以期待，未来我国直接融资重要性的提升，将优化我国金融体系的融资结构，更快推进我国金融业供给侧改革进程。

全球"宽货币、低利率"是各种风险因素积聚发酵的阶段，要避免成为发达国家政策溢出的"泄洪区"。"宽货币、低利率"是全球政治和经济两种力量共同作用的结果，具有很强的溢出效应、不确定性和负面影响。从历史来看，新兴经济体往往是发达国家宽松货币政策的受害者，尤其是在中美战略博弈不断加剧的背景下，要重点防范两类潜在风险隐患。一是有效控制金融风险

积累，维护资产负债表健康。一方面，高收益资产的稀缺和融资成本的降低，同时增加了资金供求双方不审慎的投融资行为。如果不审慎行为集中于实体经济领域，则会造成宏观杠杆率上升的同时债务质量下降，从而增加企业信用违约风险。尤其是以外币计价的外债风险，还会对汇率市场造成严重的风险溢出。如果不审慎行为集中于金融资产领域，则容易造成资产泡沫风险，并通过"资产负债表衰退"机制最终作用于实体经济。另一方面，外资参与度的提高，强化了跨境跨市场金融风险传染的可能性和严重性。美元流动性冲击对我国金融市场稳定的影响将显著增强。更难以预料和监控的是，全球金融市场的共振效应。我国金融市场开放程度提高后，风险偏好和投资者情绪具有全球性，有可能成为风险传染的载体。即使没有跨境资本短期流出或流入，国内金融市场也可能因为境外市场波动所导致的集体共振而进入发达国家的金融风险频道。二是妥善应对地缘政治风险和资本逆全球化现象。"宽货币、低利率"凸显出全球经济平庸，经济不平衡、政策不平衡和分配不平衡等深层次矛盾，加剧了贫富分化和国家实力变化，引发了全球性的民族主义、民粹主义和单边主义。尤其是在中美战略博弈逐渐升级的时代，政治逻辑可能比全球"宽货币、低利率"经济逻辑更加深刻地影响我国金融业的未来，特别是外资进入我国金融市场的正常趋势可能被阻断，中资企业的常规境外融资活动可能受到限制，实体经济产业链中的外资企业可能出现转移或撤离等问题。

面对全球"宽货币、低利率"下的机遇和挑战，高水平金融

03
全球"宽货币、低利率"对我国金融业的影响

开放是统筹推进改革开放和防范风险的关键。当前中国金融发展面对激烈的竞争和打压,应该顺应市场和经济的要求,在维护国家安全、主权和发展利益的基础上,充分发挥国内国际双循环的相互促进作用,推动形成互利共赢局面,实现"十四五"时期经济高质量发展。

第一,抓住全球"宽货币、低利率"的机遇,练好金融市场化改革的内功。全球"宽货币、低利率"是全球范围的政策竞争。我国必须以更高水平的开放把握住发展的主动权。一是持续推进利率市场化改革。当前我国贷款利率市场化改革已经基本完成,下一阶段在外部低利率挑战下,进一步健全市场化利率形成和传导机制,深化贷款市场报价利率改革,带动存款利率市场化。二是深化人民币汇率形成机制改革。增强人民币汇率弹性;在保持人民币预期稳定的基础上,让汇率促进国际收支平衡和提高货币政策独立性。三是积极推进金融机构市场化改革。以银行为主要代表的金融机构要积极拓展多元化业务,不同银行机构要结合自身特征,推动专业化、科技化、差异化、区域化发展。四是发展多层次资本市场。坚持市场化、法治化改革方向,改革完善股票市场发行、交易、退市等制度。稳步扩大债券市场规模,推进债券市场互联互通。统一公司信用类债券信息披露标准,完善债券违约处置机制。

第二,优化体制机制,促进我国金融体系迈向更高水平的国际化。主动有序扩大金融业对外开放,逐步推进证券、基金行业对内对外双向开放,有序推进期货市场对外开放。要持续稳步推

进资本项目可兑换。完善开放、统一、普惠的跨境投融资体系，构建开放多元、功能健全、富有弹性、竞争力强的外汇市场体系。建立以人民币金融资产为基础的国际金融中心，加快推进高水平的在岸市场开放，推动我国与世界从经贸融资向金融融合发展，提升人民币作为全球公共产品的服务功能。

第三，构建与更高水平金融开放相适应的现代金融治理体系，切实维护国家经济金融安全。在改革开放的过程中，必须把风险防范放在更加重要的位置上，避免国内金融风险过度积累，更要防范跨境金融风险传染和溢出。一是推进金融监管体制机制改革。金融监管体制机制改革要与发展同步、与开放同步。在金融业开放程度不断提升、竞争程度逐渐加剧、混业经营日趋增加的背景下，需要对传统"分业监管"理念进行一定的变革，积极推进联合监管和监管协调。在监管模式上，要变传统被动监管为主动监管，变传统静态监管为动态监管，将活力放回市场。二是建立开放经济条件下多层次跨境资本流动宏观调控体系。完善跨境资本流动"宏观审慎＋微观监管"两位一体管理框架，实现与"货币政策＋宏观审慎"双支柱有机衔接。发挥汇率调节宏观经济和国际收支自动稳定器的基础性作用，综合运用逆周期的宏观审慎工具，及时对跨境资本流动进行预调微调，重点防范外汇市场的非理性行为和单边贬值预期。以转变监管方式为核心完善外汇市场微观监管，严厉打击外汇领域违法违规活动，维护外汇市场健康秩序。三是防范系统性金融风险。加强对金融控股公司等金融集团、系统重要性金融机构、跨市场跨业态跨区域金融产品和业务

03
全球"宽货币、低利率"对我国金融业的影响

的监管。重点关注影子银行、资管行业、互联网金融，防止"宽货币、低利率"环境下金融业"脱实向虚"、投机炒作、自我循环等金融乱象死灰复燃。在积极处置金融领域风险隐患的同时，要建立促进金融开放稳定的长效机制。研究表明，过度依赖外币债尤其是美元债融资的新兴经济体更容易受到美元流动性冲击影响。要推动本币债券市场发展，削弱货币错配和期限错配风险。推动资本市场扩大开放，要以吸引长期价值投资型资金流入为主，要警惕和防范短期套利资金在极端情况下的大幅波动影响金融市场稳定。此外，在外资流入中国股市的进程中，还必须格外警惕和防范中国股市核心资产和优质标的控制权外流风险。四是完善关键领域法律法规体系建设，提升金融体系法律的完备性。加强金融基础设施建设，积极推动金融科技赋能。强化金融监管人才保障，组建一支政治过硬、业务精干、水平高超的金融监管专业人才队伍。

04

提升金融体系对经济转型升级的适应性

04
提升金融体系对经济转型升级的适应性

高度适应性是现代金融体系的核心内涵。

"十四五"时期正值我国充分发挥强大国内市场优势,加快形成以国内大循环为主体、国内国际双循环相互促进的新发展格局,推进经济转型升级和高质量发展的关键时期。金融改革发展的关键在于,提升金融体系对经济转型升级和"双循环"新发展格局的适应性。

为此,要全面把握金融适应性的四要素内涵,对标"十四五"时期经济转型升级的战略性任务,以深入推进金融供给侧结构性改革为主线提升金融适应性,在实现现代金融、科技创新和实体经济良性循环过程中,推动经济转型升级和高质量发展。

走向"十四五"

金融适应性四要素

"为实体经济服务是金融的天职,是金融的宗旨。"[1] 金融适应性,是服务实体经济、促进经济可持续发展的适应性。经济绩效而非金融绩效,才是检验某一金融体系是否具有适应性的最终标准。准确理解金融适应性的内涵,关键是要从金融与实体经济关系、国民经济循环视角出发。可以说,金融适应性本身就是对金融与实体经济良性循环关系的高度概括。我们认为,这一良性循环关系或金融适应性依赖四个要素:(金融与实体经济报酬结构意义上的)平衡性、(符合技术–经济范式[2]演进的)现代性、(满足实体经济需求的)有效性和(确保金融基本稳定的)韧性。

一、金融与实体经济报酬结构意义上的平衡性

报酬结构——不同类别活动的相对报酬——决定要素配置（Baumol，1990；Acemoglu，1995），决定企业和个人是否投资于那些对经济增长必不可少的新技术和人力资本（阿西莫格鲁，2019），进而决定经济增长绩效。基于"生产性活动–非生产性

---

[1] 习近平,习近平谈治国理政（第二卷）,外文出版社,2017年11月。
[2] 关于技术–经济范式,详见佩雷兹（2008）。

04
提升金融体系对经济转型升级的适应性

活动"二分法①，我们遵循 Murphy，Shleifer 和 Vishny（1991）的传统，将金融总体上归为非生产性活动，将实体经济归为生产性活动。在经济增长视角下，适应性金融体系是有利于要素向生产性活动配置，不对生产性活动产生巨大负外部性的金融体系。理想的报酬结构应是：生产性活动相对于非生产性活动占优，实体经济相对于金融业占优。这种报酬结构可以激励企业和个人更多投资于新技术和人力资本，投资于生产性活动和实体经济，从而更有利于经济增长。

国际金融危机后，大量文献（Cecchetti et al.，2011；Arcand，et al.，2012；Cecchetti & Kharroubi，2012）确认了金融（规模）与经济增长的"倒 U 形"关系，并发现发达经济体的金融规模大多已膨胀至与经济增长负相关的水平。金融规模过大之所以阻碍而不是促进经济增长，除了金融不稳定效应外，更根本性的机制可能是过度金融化对报酬结构的扭曲，即导致金融在报酬结构中占优，从而扭曲要素配置结构，使人才、生产资本、企业家才能等要素过多配置到金融领域，降低经济增长潜力。早在 1984年，诺贝尔经济学奖得主詹姆斯·托宾就曾发出警示，"我们正在使越来越多的包括青年精英在内的资源投身于与货物、服务生产关系不大的金融活动中去，投身于能获得与其社会生产力不

---

① 生产性活动 – 非生产性活动两分法具有长期的历史传统，可追溯至亚当·斯密的《国富论》。欧文·费雪的《利息理论》和《繁荣与萧条》也坚持了这一两分法。当然，过去 200 多年间经济社会生活发生了巨大变化，生产性活动和非生产性活动的边界和内涵均发生了巨大变化，不少亚当·斯密界定的非生产性活动已经成为生产性活动。

走向"十四五"

匹配的高私人收益的活动中去"(Tobin,1984)。20世纪90年代初,Murphy,Shleifer和Vishny(1991)的研究表明,美国生产率增速下降的一个可能原因是一些最有才华的人涌入了金融业。Philippon(2010)也表示,最优秀人才流向金融业对全社会而言并不一定是合意的,因为若流向其他行业,他们很可能产生更高的社会收益。①

在现实经济金融世界里,除德国等少数国家仍保持实体经济占优的报酬结构外(见图4.1),包括美国、英国、中国在内的大

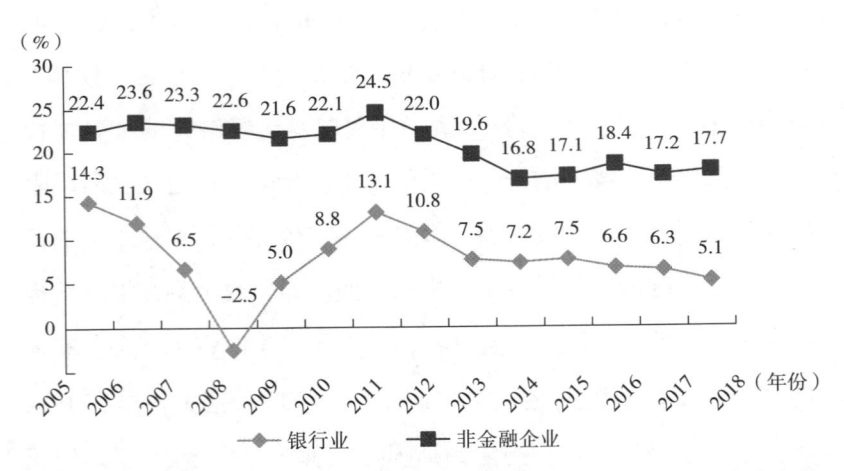

(%)

年份	银行业	非金融企业
2005	14.3	22.4
2006	11.9	23.6
2007	6.5	23.3
2008	-2.5	22.6
2009	5.0	21.6
2010	8.8	22.1
2011	13.1	24.5
2012	10.8	22.0
2013	7.5	19.6
2014	7.2	16.8
2015	7.5	17.1
2016	6.6	18.4
2017	6.3	17.2
2018	5.1	17.7

注:国际货币基金组织FSI数据库对净资产收益率的计算公式是:净资产收益率=息税前利润/净资产。

图4.1 德国银行业与非金融企业净资产收益率
资料来源:国际货币基金组织FSI数据库(2020年6月22日访问)。

---

① 近期,美国特斯拉公司、太空探索技术公司(SpaceX)和Neuralink公司创始人埃隆·马斯克表示,太多的人才涌入了金融业和法律领域,应该让更多人才从事制造业。

04
提升金融体系对经济转型升级的适应性

部分国家，其金融业回报率已明显高于实体经济。这固然与金融业杠杆高、行业集中度高、金融从业人员知识密集度高、收益当期化而风险滞后性等金融业固有特征相关，但更多是 20 世纪 80 年代以来全球金融化浪潮下金融规模过度膨胀的结果。毕竟，二战后金融在报酬结构中占优是 20 世纪 80 年代后才出现的新现象。在金融化浪潮之前，金融业增加值在国民经济中的份额和金融业利润占全社会利润的比重并不高。以美国为例，20 世纪 60 年代、70 年代，金融业增加值占 GDP 比重平均仅分别为 3.8% 和 4.5%，远低于 20 世纪 80 年代以来 6.9% 的平均水平。20 世纪 40 年代后半期和 50 年代、60 年代、70 年代，美国金融业占全社会利润比重平均仅分别为 8.5%、11.6%、14.2% 和 16.5%，远低于 20 世纪 80 年代以来 24.9% 的平均水平（张晓朴和朱鸿鸣等，2021；见图 4.2）。

面对业已高度金融化的经济体系，我们将合理报酬结构的标准放宽，从实体经济在报酬结构中占优调整为报酬结构相对平衡，即实体经济不处于绝对劣势，全社会要素配置不存在明显"脱实向虚"现象。也就是说，只要人才、生产资本、企业家才能等创新要素未持续出现系统性地涌至金融业的现象，我们就可以认为金融与实体经济报酬结构大体保持了平衡，反之则存在报酬结构失衡。

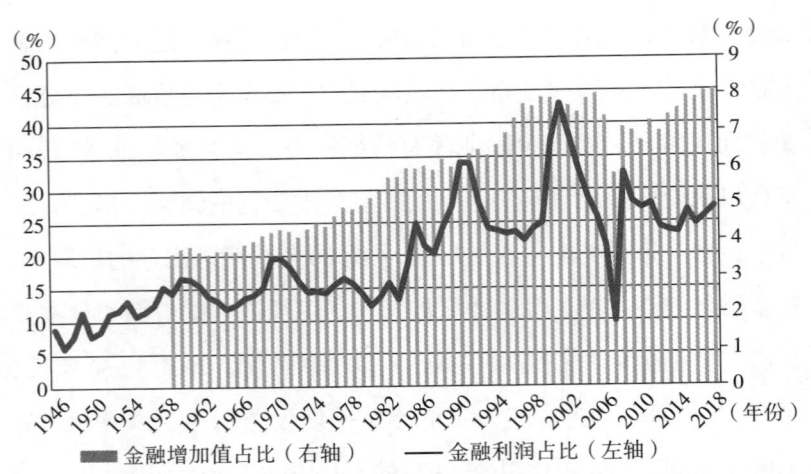

注：金融业利润占比为金融业利润与全社会利润（不含来自国外的利润）之比；金融业增加值占比为金融业增加值与GDP之比。

图4.2 美国金融业利润及增加值占比

资料来源：美联储资金流量表（2020年7月10日访问）。https://www.federalreserve.gov/releases/z1/20160609/data.htm。

二、适应技术–经济范式演变的现代性

现代经济增长源于持续的技术革新和产业升级。从经济长周期的视角看，工业革命以来的实体经济是一个技术不断变革、产业不断升级、技术–经济范式不断变迁的动态演进系统。金融适应性要求金融与动态演进的实体经济及其背后的技术–经济范式相适配。在这个意义上，金融适应性就是金融现代性，要求金融体系及其功能随着技术–经济范式的演进而"进化"，以适应技

04
提升金融体系对经济转型升级的适应性

术进步、结构调整和发展阶段转换。①

回顾全球经济史，我们可以清晰地勾勒出金融体系和金融功能的进化轨迹（见表4.1）。在前工业革命时代，货币或金融的功能主要是贸易和实体经济的"润滑油"。大卫·休谟在《货币论》中谈到，货币"不是贸易的车轮，而是使车轮运转更加平稳更加灵活的润滑油"。② 与大卫·休谟的观点类似，亚当·斯密在《国富论》中强调，"货币只有一个用途，那就是周转消费品……银行能够为商人做的，大概就只有贴现汇票和现金结算了……商人所需的流动资本，根本不能大部分都从银行借贷，更别说全部从银行借贷了……固定资本就更不应该大部分都从银行借贷了"（亚当·斯密，2014）。

表4.1 金融现代性的功能结构演进

时期	代表性金融机构或金融市场	金融功能	技术-经济范式
前工业革命时期	私人银行+家族企业	润滑油	流动资本主导的经济、小规模企业
第一次工业革命至第二次工业革命	产业银行+股份公司	实体经济血液+润滑油	固定资本主导的经济、企业规模化
第三次工业革命以来	风险投资、天使投资、创业板市场	创新催化剂+实体经济血液+润滑油	知识成为资本、创新创业门槛下降

---

① 达尔文的《物种起源》在论述由人进行选择的家养族群的适应性时，谈到"这种适应性确实不是为了动物或植物自身的利益，而是为了适应人的使用或喜好"。同样，金融适应性也不是为了金融自身的利益，而是为了适应经济发展的需求或偏好。
② 转引自琼·罗宾逊和约翰·伊特韦尔（2011，第8页）。

走向"十四五"

前工业革命时代作为"润滑油"的金融体系，与同时期流动资本占主导（Hicks，1969）、企业规模小等经济特征或技术－经济范式相适应。这一时期，能够提供贴现汇票和现金结算服务的英国金融体系就是适应性金融体系。

工业革命或工业化的持续推进，使经济发生了从"流动资本主导"向"固定资本主导"的根本转型（Hicks，1969）。加之企业规模大幅扩大，实体经济融资需求大幅增长，金融不仅继续承担"润滑油"功能，更是实体经济的"血液"。在固定资本占主导的经济中，主要提供贴现汇票和现金结算的亚当·斯密式金融体系不再具有适应性。适应性金融体系的基本内涵转变为有能力为实体经济发展快速提供大规模资金特别是长期资金。在这个意义上，19世纪后半期的德国金融体系，由于拥有能够为产业发展提供大规模长期资金的产业银行体系，较同时期英国金融体系更具适应性或现代性。这也被普遍认为是德国在第二次工业革命中超越英国的重要原因（格申克龙，2012）。

第三次工业革命以来，知识成为资本，科技与产业的关联度进一步提高，创新创业门槛明显下降，企业成长速度加快，创新创业的融资需求大幅增长。金融在继续承担"润滑油"和"血液"功能的同时，创新"催化剂"功能成为适应性金融体系的基本内涵之一。在这个意义上，20世纪50年代特别是70年代以来的美国金融体系，由于发展出了风险投资和更具包容性的股票市场，[1]

---

[1] 鲍莫尔等（2008）也认为，美国金融体系有益于创新型企业家的原因在于，它发展出了以风险投资和活跃股票市场为代表的为创新型企业的增长提供资金的制度。

04
提升金融体系对经济转型升级的适应性

更有能力提供风险资本和促进创新，较同时期欧洲和日本的金融体系更具现代性。[①] 这也被普遍认为是美国在第三次工业革命中持续保持领先的重要原因。

这种进化论意义上的金融适应性，也适用于某一国家内部经济金融体系的演进。在经济未"起飞"之前，金融承担的更多是"润滑油"功能。在经济"起飞"和快速追赶阶段，金融承担的主要是实体经济的"血液"功能，以满足工业化快速推进的资金需求，金融的现代性主要体现为能够为实体经济发展提供大规模资金支持。当经济发展阶段进入工业化中后期，后发优势和工业化相结合的追赶动力会大幅消减，为适应"追赶接力"[②]的需要，金融的创新"催化剂"功能开始凸显，金融的现代性越来越多地体现为有效为创新创业提供融资。

三、满足实体经济需求的有效性

实体经济是由不同规模、不同所有制、不同成长性及风险收益结构、不同年龄的企业，由传统与新兴、创新强度不同的产业构成的经济循环系统。实体经济的各个组成部分——大企业与中小微企业、国有企业与非国有企业、高成长性企业与非高成长性企业、新创企业与旧有企业、传统产业与新兴产业、创新强度高

---

① 从进化论的视角看，我们甚至可以认为，同时代最领先经济体的金融体系一定是最具有现代性或适应性的金融体系；一个国家的经济绩效表现好，则该国的金融体系具有现代性或适应性。
② 见张军扩等（2014）。

走向"十四五"

与创新强度不足的产业——在产业链供应链乃至整个国民经济循环层面相互补充、相互支持,相互合作、相互竞争,共同推动着实体经济的发展和转型升级。在经济全球化背景下,国内实体经济越来越多地参与并融入到国际大循环中,在参与国际合作与竞争中不断提升竞争力。任何一个组成部分或环节存在短板,都可能阻滞国民经济循环。在全球金融化程度较高的背景下,金融服务实体经济的能力,既体现为金融总量的充足性,也表现为满足实体经济各组成部分金融需求的能力。

满足实体经济需求的有效性主要意味着稳定性、普惠、融资中性、供需匹配和国际竞争力。"稳定性"强调提供长期资金和耐心资本的能力,以避免顺周期性和减少"雨天收伞"现象。[1] "普惠"强调对金融弱势群体,特别是对小微企业、"三农"和欠发达地区金融服务需求的可持续满足。"融资中性"强调金融领域实现对不同所有制企业的竞争中性。[2] 考虑到我国经济的所有制结构,融资中性的重要性较其他主要经济体更加不容忽视。"供需匹配"强调金融产品供给与实体经济金融需求的匹配,体现在金额、期限、成本、用途、及时性、资金可用性等诸多方面。"国际竞争力"强调对实体经济国际支付、国际融资等金融需求的保障能力,以及维护国家海外利益的金融能力。

---

[1] 融资稳定性比融资可获得性(普惠和融资中性)更为紧要,前者关乎企业生死存亡,后者更多影响的是企业发展速度。
[2] 在OECD的术语体系中,金融领域的竞争中性被称为债务中性。考虑到我国在股权市场上也一度存在竞争非中性,我们认为金融领域的竞争中性称为融资中性更合理。

04
提升金融体系对经济转型升级的适应性

稳定性、普惠、融资中性和供需匹配，通常要求金融体系的多样性和智能化。多样性意味着商业性、合作性、政策性金融，大中小金融机构，金融机构与金融市场的合理分工和良性竞争秩序，其背后往往有一套制度保障。比如，德国小微企业融资难和银行"雨天收伞"问题均不严重，这得益于其商业银行[1]、储蓄银行、信用社组成的三支柱银行体系和规模庞大的政策性银行[2]。四类银行在所有制、利润导向、客户定位、期限偏好方面均不同，[3]其竞争秩序的背后是中小银行区域经营原则、政策性银行业务中立性等制度的保障（张晓朴和朱鸿鸣等，2021）。智能化或金融的智能化转型，强调用技术（特别是数字技术）的力量拓宽市场发挥作用的边界。从我国的情况看，金融科技的合理运用可以通过降低成本和丰富风险控制手段来提升普惠性，通过减少信贷决策中人的因素和提高尽职免责可行性来促进融资中性，通过提升管理效率来提高供需匹配性。国际竞争力要求金融随着经济国际影响力的增强不断提升货币、金融机构、金融市场、金融基础设施等领域的国际化水平和国际影响力，并增强参与国际金融治理

---

[1] 在德国，商业银行主要是基于所有制的概念，与公共性质的储蓄银行和合作制性质的信用社相区别，三类银行均坚持商业可持续的经营原则。这与中文语境下商业银行的内涵存在较大差异。

[2] 根据我们的估算，2019年年底德国政策性银行资产规模约为1.03万亿欧元，占银行业资产规模比重为12.5%。这一比重甚至高于中国。

[3] 其中，商业银行是私人所有，以利润最大化为目标；储蓄银行和合作银行坚持商业可持续原则但不以利润最大化为目标，且聚焦于服务当地；政策性银行则承担政策性职能，通过转贷机制与商业银行、储蓄银行和信用社合作并引导其为小微企业提供融资。

的能力。

四、确保金融基本稳定的韧性

金融服务实体经济的基本前提是金融体系具有韧性,有足够的抗冲击能力和风险化解能力。一旦金融体系爆发重大风险而又扛不住,金融基本功能将运转不畅并诱发信用紧缩,金融不但难以服务实体经济,反而会成为实体经济发展的拖累。可见,适应性金融体系必然是富有韧性的金融体系。富有韧性并不是要求金融体系完全杜绝风险,而是拥有足够的风险化解能力和损失吸收能力,在不酿成重大风险或发生重大风险时能够经受住冲击。

金融体系想要保持韧性,通常要具备四个特征。一是杠杆保持在合理水平。高杠杆是宏观金融脆弱性的总根源。保持杠杆水平的合理,既包括维持宏观杠杆率的基本稳定,避免实体经济出现严重债务积压,也包括在微观层面防止金融机构和金融产品的高杠杆。二是金融资源配置结构不出现严重失衡。金融运行态势一定程度上是国民经济循环的镜像反映,金融风险集聚往往有金融资源配置结构失衡的原因。比如,资产泡沫及其带来的大规模信用风险和市场风险,通常源于信贷资金在短期内过多过快涌入资产领域。三是具备相当的损失吸收能力。这通常意味着金融机构拥有足够数量的合格资本且资本质量较好。四是金融体系内部要有合理的激励约束机制。这通常意味着健全的公司治理机制、有效的监管和合理的风险分担

04
提升金融体系对经济转型升级的适应性

结构,①能够避免严重的"收益个人化、风险社会化"的道德风险。

平衡性、现代性、有效性和韧性等四要素,相互补充、相互关联,共同构成金融适应性的完整内涵(见图4.3)。其中,有效性和韧性是金融适应性最为人熟知且便于理解的两大要素,分别对应于金融效率和金融稳定。一旦我们引入长周期视角,现代性便成为适应性的核心内涵。只要能够适应技术-经济范式变迁的潮流,即便在金融效率的某些方面存在缺陷甚至出现金融不稳定,整个金融体系在总体上可能仍具有适应性。比如,19世纪后半期至一战前,尽管美国和德国均屡屡发生金融危机,金融效率

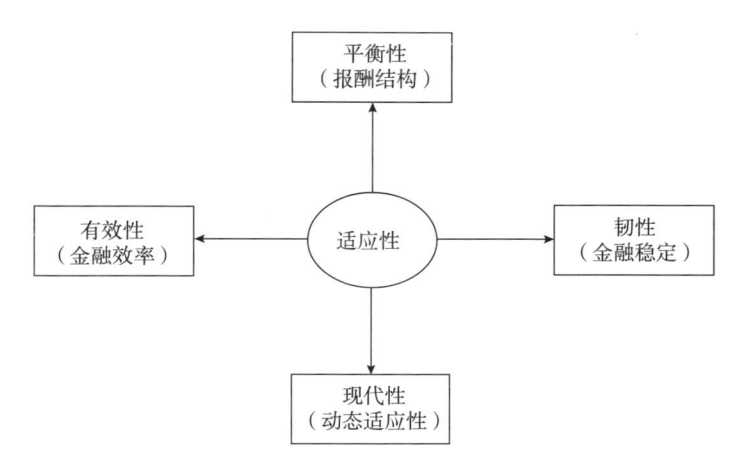

图4.3 金融适应性四要素示意图

---

① 金融作为一种技术或工具而言,一定程度上就是风险的分担和配置(戈兹曼,2017)。易纲(2020)认为,由分散的经济主体做出决策并真正承担风险的效率更高,这样的金融体系也更加稳健。

走向"十四五"

也有诸多不足,但由于两国金融体系有效适应了第二次工业革命的需要,其适应性毋庸置疑。如果我们将有效性和韧性理解为短期、静态适应性,现代性就是一种长期、动态适应性。此外当前经济高度金融化,金融与实体经济之间的竞争越来越需要得到解决,平衡性便成为适应性不可忽视的另一要素。

04

提升金融体系对经济转型升级的适应性

面向"十四五"时期的金融适应性

一、"十四五"时期经济转型升级的内涵

"十四五"时期我国经济的转型升级，是一个追赶型、准高收入超大规模经济体，在后疫情时期、国际经贸摩擦频繁期、新一轮科技革命和产业变革加速演变期叠加背景下的转型升级。

从发展阶段看，经济追赶仍是核心，经济增速将明显高于发达国家和全球的平均增速。尽管"十四五"末我国有望成为高收入国家，但在"十四五"时期的大部分时间内，我国均为准高收入经济体，产业升级、结构调整和动能转换特征将十分明显。从发展特征看，超大规模经济体属性将进一步凸显。市场规模超大、人口及就业规模超大、国土面积超大等[1]特征将继续对我国经济发展的模式、任务和特征产生全方位的深刻影响，经济发展的规模性、多样性及不平衡性、外溢性等特征将进一步凸显。从发展环境看，"后疫情时期""国际经贸摩擦""新一轮科技革命和产业变革"是三个关键词。后疫情时期，主要经济体对经济安全的重视将推动全球产业链供应链朝着更加注重安全的方向重构，全球经济增速将长期受到大规模疫情救助政策后遗症和全球供应链效率下降的双重约束，"低增长、低利率、低通胀、高债务、高

---

[1] 见国务院发展研究中心课题组（2020）。

走向"十四五"

风险"的发展格局很可能进一步强化。同时，主要经济体的经济增速将继续分化，国际经济格局将经历深刻调整。2019 年我国经济规模已超过欧元区，预计"十四五"时期将超过欧盟（不含英国），与美国经济规模之比（按现价美元计算）或将达到 80%以上。后疫情时期，国际经贸摩擦可能有增无减，贸易投资保护主义或将继续抬头，统筹发展与安全的重要性将进一步上升。"十四五"时期还是新一轮科技革命和产业变革加速演变期，加快提高我国科技创新能力的紧迫性将进一步凸显。

"十四五"时期所处的发展阶段、发展环境和所具有的发展特征，要求我国加快形成以国内大循环为主体、国内国际双循环相互促进的新发展格局。这对我国经济转型升级和高质量发展提出了以下战略性任务。

战略性扩大内需。与小经济体不同，超大规模经济体的经济赶超面临国际收支基本平衡的约束。这意味着其赶超的最终完成不得不更多依赖内需。2019 年，我国经济规模已接近日本、德国、法国和英国四国 GDP 的总和，分别达日本、德国、法国和英国的 2.7 倍、3.7 倍、5.2 倍和 5.2 倍。"十四五"时期，中国经济规模还将进一步扩大，加之后疫情时期全球经济持续疲软和国际经贸摩擦频繁，在国民经济核算视角下，外需作用将进一步下降。我国要继续保持一个明显高于全球平均水平的经济增速，就必须战略性扩大内需，以破解制约内需扩大的制度性、结构性障碍为核心，可持续地扩大内需。

稳定产业链供应链。我国有稳定产业链供应链的基础，有产

04
提升金融体系对经济转型升级的适应性

业体系完整和配套完备的优势，有超大规模统一市场的吸附力，这就是底气所在。稳定产业链供应链的必要性和紧迫性也更趋突出。超大人口规模带来的庞大就业需求，需要通过稳定产业链供应链来满足。后疫情时期全球产业链供应链重构和国际经贸摩擦所产生的外拉力，也要求我国加大力度稳定产业链供应链。可以预期，后疫情时期全球主要发达经济体将通过引导企业回流和推动供应链多元化来构建更独立、更完整、更安全的产业链。考虑到我国的世界工厂地位（及其表明的国外对我国的高依赖度）以及国际经贸摩擦带来的进出口市场不确定性，我国需要着力稳定产业链和供应链，对冲全球供应链重构蜕变为"去中国化"的风险。

推动产业基础高级化和产业链现代化。"十四五"时期是迈入高收入经济体的收官期，传统产业、主要终端需求达到或接近历史峰值，数量扩张的空间不大，经济追赶的核心已经由数量追赶转向质量追赶，由"铺摊子"为主转向"上台阶"为主（王一鸣，2019），经济增长必须依靠传统产业转型升级和新兴产业蓬勃发展，依赖产业基础高级化和产业链现代化。这也是国际经贸摩擦背景下维护我国经济安全的根本之策。同时，超大规模经济优势赋予我国更多创新场景、更低创新成本、更高创新收益和超大规模人力资源等创新迭代优势，为通过科技创新推进产业基础高级化和产业链现代化提供了客观条件。"十四五"时期还是新一轮科技革命和产业变革加速演变期，新技术、新产业、新商业模式的不断突破将为产业基础高级化和产业链现代化提供技术支持。

建设更高水平的开放型经济新体制。如果说战略性扩大内需、稳定产业链供应链、推动产业基础高级化和产业链现代化主要着力于疏通国内大循环，那么建设更高水平的开放型经济新体制则是为了实现国内国际双循环的相互促进。我国是一个开放型后发经济体，已高度融入全球经济。在逆全球化背景下，我们更需要通过扩大开放维护国际大循环，使国内市场和国际市场更好地连通，更好地利用国际国内两个市场、两种资源，在开放条件下稳定产业链供应链、推动产业基础高级化和产业链现代化，提升国内大循环的质量和水平。

二、经济转型升级的金融适应性要求

实现金融、房地产和实体经济的良性循环。战略性扩大内需的核心是可持续地扩大消费需求和投资需求。前者的关键是将居民购买力从住房中解放出来，后者则需要通过降低综合经营成本和优化创新环境来提高实体经济投资回报率。为此，金融支持战略性扩大内需的重点不是用加杠杆的方式刺激需求甚至透支未来需求，而是要在实现金融、房地产、实体经济良性循环过程中，可持续地释放和培育消费需求和投资需求。只有实现了房地产与金融的良性循环，金融才能在支持居民合理购房需求的同时，维护房地产市场稳定，避免居民部门杠杆率攀升，确保居民消费需求不被挤压，进而通过"消费—生产—投资"循环维持和扩大投资需求。同时，金融与房地产良性循环的降低成本效应——通过维护房地产价格稳定避免实体经济的租金、地价成本和劳动力成本过快上涨——有助于提

04
提升金融体系对经济转型升级的适应性

升实体经济回报率和投资意愿，助力产业链供应链稳定。金融与房地产良性循环还能避免房地产对资金的"虹吸效应"，引导资金更多流向实体经济，确保金融对实体经济的有效充分供给。

实现金融、科技创新、实体经济的良性循环。推进产业基础高级化和产业链现代化的关键是科技创新：以科技创新"补链"，解决"卡脖子"问题；以科技创新"强链""升链"，推动产业转型升级和新兴产业发展，塑造更多发挥先发优势的引领型发展。金融支持产业基础高级化和产业链现代化的核心在于推进金融功能现代化，发展风险投资、有活力的股票市场和耐心资本，实现金融、科技创新、实体经济的良性循环，强化金融支持科技创新（特别是关键核心技术攻关）、成长性新创企业、新兴产业的能力。

实现融资中性和融资供给稳定性。为稳定产业链供应链，我国需要维持庞大、有竞争力的传统制造业[1]，避免产业空心化陷阱和基础性就业岗位丧失。从市场主体看，制造业的主体是非国有企业。2014—2017年，制造业投资中民间投资占比每年均在85%以上。金融支持产业链供应链稳定的关键在于，避免金融机构的所有制偏好，促进融资中性特别是在银行信贷市场中的融资中性，提升对民营企业的服务效率。[2] 与实现融资中性相关，金融支持

---

[1] 值得注意的是，本章关于传统产业与新兴产业之分的主要标准不是低端与高端，也不是技术的低与高，而是产业出现的时间长短。传统产业中也有大量高端环节和技术。

[2] 金融、房地产、实体经济的良性循环，金融、科技创新、实体经济的良性循环，都有助于稳定产业链供应链。

产业链供应链稳定，还要提升对民营企业融资供给的稳定性，减少系统性的"雨天收伞"现象。

提升金融国际化水平。金融国际化或金融双向开放本身就是建设更高水平开放型经济新体制的应有之义。同时，形成国内国际双循环相互促进的格局，也需要具有国际影响力的金融基础设施、金融机构和金融市场的支撑。

04
提升金融体系对经济转型升级的适应性

我国金融适应性存在的不足

"十三五"时期以来特别是 2017 年全国金融工作会议召开以来，我国着力推动金融改革开放和打好防范化解金融风险攻坚战。金融风险快速累积势头得到遏制，资本市场服务能力和金融普惠性显著提高，金融适应性明显提升。也要看到，面对"十四五"时期国内外环境变化、经济转型升级和加快形成双循环新发展格局的发展要求，与实现金融、房地产、实体经济的良性循环，金融、科技创新、实体经济的良性循环，融资中性和融资稳定性等目标相比，我国金融适应性仍有待进一步提升。

一、金融与实体经济报酬结构失衡现象仍然存在

2019 年，我国金融业增加值占 GDP 比重仍然高达 7.8%，明显高于英国、日本、德国和法国水平，与美国水平大致相当（见表 4.2）；金融类与非金融类上市公司净资产收益率差距收窄，但仍然较大（见图 4.4）；上市公司[①]净利润总额中金融类上市公司占比虽然较 2015 年高点回落，但仍高达 51.6%。[②] 我国金融业利润高，一方面是因为经济金融化程度较高，金融规模大，宏观杠

---

① 截至 2020 年 4 月底，A 股上市公司共 3 832 家。
② 疫情暴发以来，金融业利润比重进一步提升，但这主要是强化金融对疫情防控的支持，金融自身在线化程度高而受影响小的结果。

走向"十四五"

杆率已升至较高水平。另一方面则在于，金融收益当期化和风险滞后性的特征，使得金融业的利润在时间分布上不均衡，存在利润"虚高"的情形。

表4.2　2019年主要经济体金融业增加值占GDP比重

单位：%

	中国	美国	英国	日本	德国	法国
2014	7.3	7.4	7.6	4.5	4.5	4.5
2015	8.2	7.6	7.0	4.4	4.4	4.5
2016	8.0	7.7	7.2	4.2	4.2	4.3
2017	7.8	7.6	7.2	4.2	4.0	3.9
2018	7.7	—	7.0	4.2	3.9	4.1
2019	7.8	—	6.6	—	3.9	4.0

资料来源：OECD。

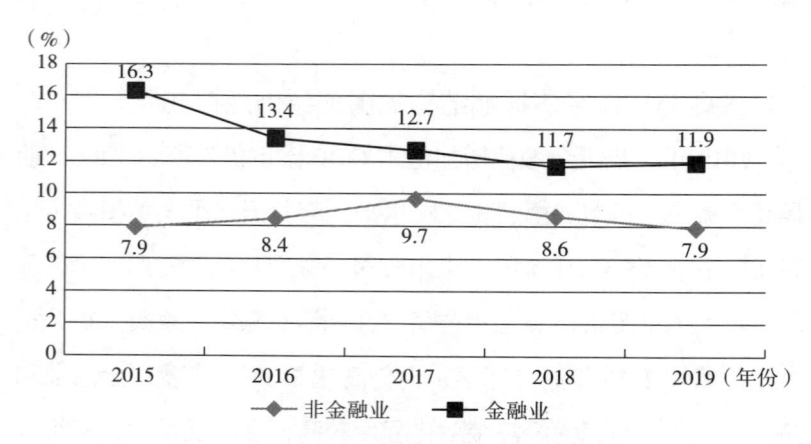

图4.4　上市公司净资产收益率：金融业与非金融业

资料来源：万得资讯。

关于我国金融业利润是否高、金融高利润是否一定不合意，

04
提升金融体系对经济转型升级的适应性

仍然存在不少争议。[①] 认为金融利润并不高以及高利润并非不合意的观点，主要强调了四点理由。一是金融业高利润只是"阶段性高"，整个经济周期内平均利润率可能并不太高。二是金融业高利润只是"虚高"，经真实风险调整后的"真实"利润并不高。三是金融业高利润只是"相对高"，实体经济利润太低，因而显得金融利润高。四是高利润比低利润好，可用于资本补充，从而增强银行抗风险能力和融资供给能力。[②]

判断金融利润是否高、金融高利润是否合意，关键是要从整个国民经济循环视角出发，合理确定判断标准。基于此，我们确定了两条标准：跨周期金融稳定标准和要素配置效率标准，即是否有利于跨周期金融稳定，是否有利于全社会生产要素合理配置。其中，前者是首要标准和金融标准，后者是根本标准和经济标准。

根据跨周期金融稳定标准，金融利润高一点或低一点并不重要，重要的是利润是否建立在风险充分确认和拨备充足计提上，是否有利于跨周期的金融稳定。若风险确认有前瞻性且充分，拨备计提充足，金融高利润可能并不是问题。反之，如果高利润带来的资本补充是"虚假"的，就会导致风险潜伏期信用过度膨胀，

---

① 关于高利差是否合意是与之相关的另一个争议。我国在存款利率市场化之前的较长时期内存在实质性的利差保护，这也是我国金融深化、"在线修复"维护金融稳定的重要机制。2008 年之前，由于金融规模较小和大量存量风险持续释放，高利差并不带来高利润，因此其并不是问题。2008 年之后，当高利差带来高利润时，高利差便不再具有合意性。

② 还有文献通过比较金融业和非金融业总资产收益率来论证金融业利润不高。我们认为，考虑到金融业的高杠杆特征，净资产收益率是更合理的比较指标。一旦比较净资产收益率，金融业利润（率）不高的观点便很难成立了。

走向"十四五"

风险暴露期信用过度紧缩,从而加剧金融波动。同时,"虚高"的利润伴随着高分红和高薪酬,将加剧收益私人化、风险社会化的道德风险,也不利于实现跨周期金融稳定。

根据要素配置效率标准,金融业利润是否阶段性高、虚高、相对高都不重要,高利润是否用于补充资本也不是最重要的,重要的是生产要素是否系统性地"脱实向虚"。即使风险确认充分和利润主要被用于补充资本,只要高利润引起了人才、企业家才能和生产资本的大规模"脱实向虚",金融高利润就会对全社会资源配置产生巨大的负外部性,也是不合意的。[①] 若风险确认不充分、大量"虚高"利润被用于分红,又出现了大规模要素"脱实向虚",金融高利润的不合意性更是不容争辩。

从我国的情况看,虽然不能草率判断金融业高利润是否基于风险的充分确认,但各类要素"脱实向虚"特别是生产资本和人才蜂拥至金融业的现象已充分表明金融高利润的弊端。比如,2019 年北京大学和清华大学硕士毕业生就职于金融业的比重尽管有所降低,但仍分别高达 28.2% 和 21.4%(见表 4.3)。

表4.3 北京大学与清华大学硕士毕业生中就职金融业的比重

	北京大学		清华大学	
	比例	各行业排序	比例	各行业排序
2015 年	32.4%	第 1	25.0%	第 1
2016 年	32.9%	第 1	27.2%	第 1

---

① 当然,金融高利润不合意不意味着金融低利润就合意,关键是金融要在满足商业可持续性的同时不产生巨大的负外部性。

04
提升金融体系对经济转型升级的适应性

续表

	北京大学		清华大学	
	比例	各行业排序	比例	各行业排序
2017 年	29.2%	第 1	24.8%	第 2
2018 年	27.3%	第 1	20.3%	第 2
2019 年	28.2%	第 1	21.4%	第 2

资料来源：北京大学与清华大学历年毕业生就业质量报告。

二、服务科技创新能力不足

近年来，股票发行注册制改革、股票市场对外开放取得了实质性进展，新股发行保持常态化，股市可及性明显提升并实现了融资中性。[①] 不过，金融在服务科技创新方面仍然存在突出短板。

金融服务新兴产业和成长性新创企业能力不足。我国金融结构失衡，银行业和债权融资占比过高，股权融资占比过低。由于风险 – 收益 – 问责结构不匹配带来的先天劣势，庞大的银行业并不能有效支持轻资产、抵押品少但技术和知识含量高的新兴产业和成长性新创企业。股权融资占比过低，主要原因是政府隐性担保、名股实债等因素使得债权融资和银行业规模过度膨胀。股权融资不仅规模相对较小，还存在效率不高的问题。国内股票市场对新兴产业的吸引力和容纳度不高，海外股票市场仍是大量新经济公司的上市首选地，A 股市值最高的一批上市公司集中分布在金融业或消费类传统产业，与美国股市科技企业占优的情况存在

---

① IPO 企业已以民营企业为主。2016—2019 年，国有企业 IPO 数量和 IPO 融资额占全部非金融类 IPO 数量和 IPO 融资额的比重仅为 8.9% 和 18.3%。

巨大反差。由于资金来源以短期资金和非机构化资金为主，私募股权投资和风险投资的行为短期化问题严重，与被投资企业之间未形成长期利益共同体。

金融对解决"卡脖子"问题的支撑不足。当前金融体系尚难以为关键核心技术攻关提供大规模、长期限、高风险偏好资金。首台套、首批次、首版次保险等科技保险的保险补偿功能已得到初步发挥，但与有效推进关键核心技术攻关技术的产业化或迭代使用仍有差距。科研单位员工持股改革较滞后，利用金融机制对科研人员创新进行激励的力度不够。金融支持关键核心技术创新能力不足，主要原因在于财政和金融、政策性金融和商业性金融之间缺乏协同，缺乏弥合资金风险收益结构和关键核心技术创新风险收益结构的机制。

三、"雨天收伞"现象比较普遍

在经济下行和金融风险持续暴露背景下，银行风险偏好下降，抽贷断贷压贷等"雨天收伞"现象比较普遍，制造业和民营企业融资余额一度萎缩，融资供给顺周期性较为严重。[1] 普遍的"雨天收伞"现象，源于银行行为交易化和同质化。在规模快速扩张过程中，我国银行业大多未与或未来得及与客户特别是中小企业客户建立战略互动型长期关系，银行行为更多表现为短期导向的"交易型"而非长期导向的"关系型"，银企之间信息不对称较为

---

[1] 临时性延期还本付息政策实施后，这一现象有阶段性缓解。

严重，互信基础薄弱。银行交易化与企业多头借贷、过度借贷的组合，使银企融资关系十分脆弱。一旦进入风险暴露期，交易型银行无法判断客户的真实资信情况，容易出现避险挤兑型的抽贷断贷。相反，德国管家银行以及美国社区银行"雨天收伞"较少，它们采用以信息密集型为核心的关系型融资模式，与贷款客户建立了长期互动关系，在风险暴露期可以相对有效地甄别出贷款客户的真实风险状况。我国银行行为的同质化进一步强化了银行业的交易化和顺周期行为，而德国三支柱银行体系的差异化[①]削弱了其银行业的顺周期性。当然，我国信用体系不健全、尽职免责机制不完善也是银行在风险暴露时诉诸抽贷断贷的重要原因。

四、民营企业融资难问题突出

融资非中性问题及其带来的民营企业融资难问题，具有明显的顺周期性和结构性差异特征。融资非中性主要发生在经济下行期和金融风险暴露期，而在经济上行期和金融风险平静期，融资非中性问题并不突出。同时，融资非中性在股票市场上已经被消除，但在债券市场和银行贷款市场上依然存在。2018—2019年民营企业债券净融资为负（见表4.4），2014—2016年民营企业新增贷款占全部新增贷款比重快速下降（见表4.5）。

[①] 商业银行秉持短期利润最大化原则，但公共银行性质的储蓄银行和合作制性质的信用社，均不以利润最大化为原则。

走向"十四五"

表4.4 企业债券结构

单位：亿元

	2014年	2015年	2016年	2017年	2018年	2019年
国有企业债券余额	108 331	133 272	155 212	158 323	176 739	203 465
非国有企业债券余额	9 595	16 383	28 875	35 734	36 746	35 899
民营企业债券余额	6 786	11 607	19 666	24 549	23 531	22 665
全部企业债券余额	117 926	149 655	184 087	194 057	213 485	239 364
国有企业债券增量占比	—	78.6%	63.7%	31.2%	94.8%	103.3%
非国有企业债券增量占比		21.4%	36.3%	68.8%	5.2%	-3.3%
民营企业债券增量占比		15.2%	23.4%	49.0%	-5.2%	-3.4%

资料来源：万得资讯。

表4.5 2010—2016年人民币企业贷款配置结构

单位：亿元

	2010年	2011年	2012年	2013年	2014年	2015年	2016年
国有控股企业新增贷款	19 142	13 273	14 462	16 652	28 301	34 636	48 348
国有控股企业新增贷款占全部新增企业贷款比重	36.2%	27.7%	32.4%	35.1%	59.7%	68.8%	83.2%
国有及国有控股单位固定资产投资占全部固定资产投资比重	45.5%	38.2%	35.0%	34.9%	33.9%	34.0%	37.5%
国有控股企业贷款余额	158 235	170 947	186 898	204 657	248 301	268 117	337 508
国有控股企业贷款余额占全部企业贷款余额比重	52.2%	48.8%	47.6%	46.5%	47.6%	49.7%	53.9%

资料来源：中国金融年鉴。

04
提升金融体系对经济转型升级的适应性

表面上，民营企业融资难的主要原因是民营企业的风险远高于国有企业。2017 年，以民营企业为主导的批发和零售业、制造业的不良贷款率分别为 4.7% 和 4.2%，而以国有企业为主导的交通运输、仓储和邮政业，电力、燃气及水的生产和供应业，水利、环境和公共设施管理业的不良贷款率仅分别为 0.70%、0.50% 和 0.10%（见表 4.6）。

表 4.6 代表性行业商业银行不良贷款率

单位：%

	批发和零售业	制造业	交通运输、仓储和邮政业	电力、燃气及水的生产和供应业	水利、环境和公共设施管理业
2010 年	1.56	1.87	0.97	1.19	0.39
2011 年	1.16	1.54	1.09	1.03	0.33
2012 年	1.61	1.60	0.82	0.72	0.19
2013 年	2.16	1.79	0.68	0.51	0.11
2014 年	3.05	2.42	0.52	0.34	0.08
2015 年	4.25	3.35	0.58	0.37	0.12
2016 年	4.68	3.85	0.54	0.35	0.16
2017 年	4.70	4.20	0.70	0.50	0.10

资料来源：中国银保监会。

实际上，更根本的原因可能是金融救助非中性，国有企业较民营企业更易获得救助。由于救助非中性，国有企业实际违约率远低于其自然违约率，民营企业的实际违约率却与其自然违约率保持一致。其结果是：国有企业与民营企业的实际违约率出现了巨大差异,[①] 国企类贷款和民企类贷款的不良贷款率出现了巨大差异（见图 4.5）。

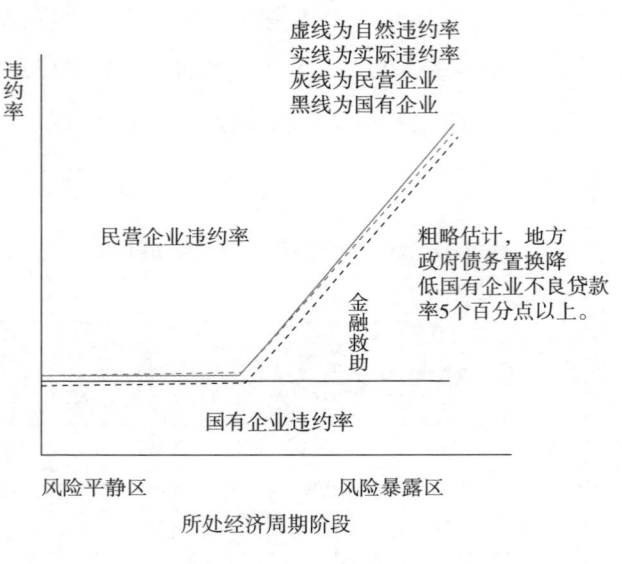

图 4.5　金融救助非中性对实际违约率的影响

此外，问责非中性——对出险的国有企业类融资业务问责较少，对出险的民营企业类融资业务问责较多——加大了金融从业人员向民营企业放贷的问责风险。利率非中性——贷款利率隐性上限对国有企业不构成实质性约束，但对民营企业构成实质性约束——限制了民营银行通过支付更高利率或风险溢价

[①] 2015 年以来实施的大规模地方政府债务置换就是对国有企业或地方政府融资平台的一次全面救助。截至 2018 年年底，地方政府债务置换规模达 12.2 万亿元。假定置换债务中有 50% 为银行贷款，所置换贷款中有 50% 是潜在不良贷款，则地方政府债务置换至少降低了国有企业贷款的不良贷款率 5 个百分点以上。

的方式获得融资的能力。金融救助非中性叠加问责非中性和利率非中性，导致金融机构和金融从业人员的激励约束非中性——对国有企业融资激励多、约束少，对民营企业融资激励少、约束多，从而导致经济下行期和风险暴露期的融资非中性（见图4.6）。

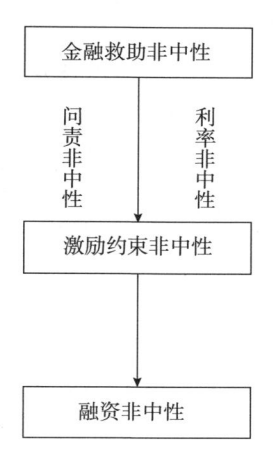

图4.6　金融风险暴露期信贷市场融资非中性形成机制示意图

五、信贷资金过多流入楼市

信贷资金过多流入楼市，既扭曲了金融资源配置结构，也容易累积金融风险。从国际经验看，银行贷款业务的住房信贷化似乎是一个长期趋势。① 但是，住房贷款短期内的集中快速增加极容易导致房价过快上涨甚至泡沫化，导致国民经济循环不畅，并大幅抬升居民部门杠杆率。2016—2019年，个人住房贷款年均增

---

① 根据Jordà等人（2017）的研究，绝大多数发达经济体住房贷款占银行贷款比重已超过50%。

速高达 23.2%，高出同期非个人住房贷款增速 12.2 个百分点。信贷资金过多地流入楼市，直接原因是金融与房地产之间形成了相互叠加的不良循环。在经济增速和居民收入增速下行背景下，大量信贷资金的流入支撑了房地产价格持续上涨。2016—2019 年全国住宅类商品房销售平均价格年均上涨 9.4%，同期工业品价格指数年均上涨 2.7%。房地产价格的持续快速上涨降低了住房贷款的当期风险，拉大了住房贷款与公司类贷款的风险差异，使住房信贷业务赚钱更多、耗费本钱更少，从而推动了更多信贷资金流入楼市。在微观审慎视角下，个人住房贷款违约率和违约损失率低，其风险权重被设定为低水平。权重法银行个人住房贷款风险权重为 50%，低于一般企业贷款 100% 和普惠型小微企业贷款 75% 的风险权重。内部评价法银行个人住房贷款风险权重更低，平均仅为 20% 左右（见表 4.7）。目前，使用内部评级法的国有大银行和使用权重法的邮储银行等六大行在个人住房贷款市场上的份额占据 70% 以上（见图 4.7）。

表 4.7　内部评级法银行个人住房贷款风险权重　　单位：%

风险权重	2016 年	2017 年	2018 年	2019 年
工商银行	21.72	21.85	22.88	20.14
农业银行	24.14	23.47	22.30	22.50
中国银行	22.95	22.48	14.24	11.45
建设银行	27.54	26.22	25.37	24.69
交通银行	18.63	15.91	15.66	20.81

资料来源：各银行 2017 年、2018 年、2019 年资本充足率报告。

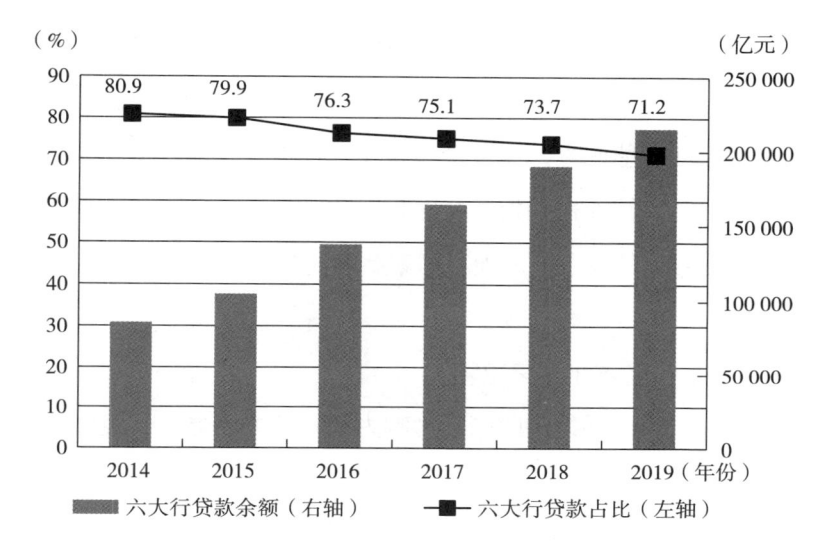

04
提升金融体系对经济转型升级的适应性

图 4.7 六大行占个人住房贷款市场份额

资料来源：各银行历年年报，中国人民银行。

六、金融风险防控压力较大

2020年，防范化解重大风险攻坚战如期收官并转入常态化风险防控和风险处置阶段。受疫情冲击、国际环境变化和我国经济持续转型等因素影响，"十四五"时期我们仍将面临较大金融风险防控压力。根据风险成因不同，这些风险可大致被分为五类。一是"十三五"时期已经存在的存量风险。比如，中小金融机构风险、企业债务风险、地方政府隐性债务风险和居民部门高杠杆风险。二是"十四五"时期经济持续转型升级带来的增量风险。转型升级过程是新动能对旧动能的系统性替换或改造过程。考虑到大量存量金融资源已配置到旧动能部门，转型升级和优胜劣汰的同时必然伴随着金融风险的释放。三是金融乱象带来的风险。

在强监管下，金融乱象得到了明显控制，但其生存土壤尚未完全被铲除（郭树清，2020）。稍一放松监管或金融监管不能及时完善，金融乱象便可能回潮，如资金违规流入楼市、股市，引发经济泡沫化。四是疫情冲击和相关金融救助政策带来的风险。五是国际环境变化带来的输入性风险和国家金融安全风险。

七、货币－经济地位不匹配

我国货币金融体系的国际影响力和竞争力明显弱于经济，货币金融的追赶进程显著滞后于经济追赶进程，货币－经济地位不匹配。2019年，我国经济规模占全球经济比重为16.33%，但国际外汇储备中人民币份额仅为1.96%，货币－经济匹配度（即货币份额/经济份额）为0.12，远低于同期欧元区、日本和英国的水平，更是低于美国的水平（见表4.8）。我国是全球第二大经济体，但人民币仅为全球第五大外汇储备货币、第六大国际支付货币和第八大外汇交易货币。在国际经济金融史上，还鲜有第二大经济体的货币－经济地位匹配度如此低的情形。这与我国经济压缩式增长相关。货币－经济地位不匹配使我国对外经贸往来不得不高度依赖他国货币金融体系，这成为可能影响金融安全和国内国际双循环的重大隐患。

表4.8 主要经济体货币－经济地位匹配度

经济体	经济占全球经济比重	货币占全球外汇储备比重	货币－经济地位匹配度
美国	24.76%	60.89%	2.46

04
提升金融体系对经济转型升级的适应性

续表

经济体	经济占全球经济比重	货币占全球外汇储备比重	货币-经济地位匹配度
欧元区	15.37%	20.54%	1.34
中国	16.33%	1.96%	0.12
日本	5.95%	5.70%	0.96
英国	3.17%	4.62%	1.46
澳大利亚	1.59%	1.69%	1.06
加拿大	2.00%	1.88%	0.94
瑞士	0.83%	0.15%	0.19

资料来源：国际货币基金组织 WEO 数据库，国际货币基金组织 COFER 数据库。

此外，金融适应性不足还表现在支持传统产业转型升级的能力不足、不适应人民群众日益增长的金融需求[1]等方面。

---

[1] 理财需求方面，股票市场长期平均收益不高、机构投资者发展滞后，缺乏能较好对接或分享经济成长和上市公司成长收益的股权类理财产品。保障需求方面，缺乏高质量寿险、健康险类保险产品供给。

走向"十四五"

主要结论与政策建议

一、总体思路

提升金融适应性的关键在于对标经济转型升级要求,推动金融自身战略转型。"十四五"时期,要深化金融供给侧结构性改革,以发展股权融资和耐心资本为重点提升金融现代性,以建设多元化、国际化和良性竞争秩序的金融体系为重点提升金融效率,以提升监管适应性和服务实体经济效率为重点提升金融韧性,以维持宏观杠杆率基本稳定和前瞻性充分确认风险为重点提升报酬结构平衡性,构建一个适应新一轮科技革命和产业变革、有效服务实体经济、富有韧性、报酬结构平衡,具有高度适应性的现代化金融体系,从而推动经济高质量发展和加快形成以国内大循环为主体、国内国际双循环相互促进的新发展格局。

二、主要举措

一是提升股权市场提供风险资本和促进创新的能力。在新一轮科技革命和产业变革加速演变和向高收入阶段迈进的关键时期,面对经济发展从要素投入驱动向创新驱动转型的要求和关键核心技术受制于人的约束,要想提升金融适应性,首先要发展具有高度适应性的股权市场,强化金融的创新"催化剂"功能。要从金融监管、会计处理、审计监督、法律诉讼等方面,防止"名

04
提升金融体系对经济转型升级的适应性

股实债"的野蛮生长。拓宽私募股权投资基金的长期资金来源，加大私募股权投资对外开放力度，推动其向长期化转型。健全有利于股权融资发展的金融税制体系。以"建制度、不干预、零容忍"为主线，促进资本市场健康发展（刘鹤，2020）。"建制度"方面，完善信息披露、发行、退市、持续监管等基本制度，健全鼓励中长期资金入市的制度体系等。特别是继续推进股票发行注册制改革，着力提升股票市场对新经济和科技企业的包容性。同时，把实施最严格的退市制度作为实施注册制的保障，努力形成市场把好"入口"、监管畅通"出口"的持续监管体系。"不干预"方面，坚持发挥市场的自我调节作用，减少对市场交易的不必要干预和市场交易阻力，让市场对监管有明确预期，着力增强交易便利性、市场流动性和市场活跃度，最大限度地激发市场主体活力。"零容忍"方面，大幅加强对财务造假等违法违规行为的打击力度，形成行政执法、民事追偿和刑事惩戒互相支持的有效惩戒体系。强化对会计师、审计师、评级公司等市场中介机构的监管，加快推动证券代表人诉讼机制落地，提高上市公司质量，更好保护投资者利益（张晓朴和朱鸿鸣等，2021）。继续支持香港资本市场发展，发挥其作为中资企业国际资本市场融资的主渠道作用。

二是确保银行体系的多样性和竞争秩序。多样性和竞争秩序是确保金融服务实体经济有效性的基础，其关键是营造有利于中小银行发展的制度环境。继续扩大银行业对内对外开放，提高民营银行和外资银行比重。树立城商行、农商行、农信社、农合行、村镇银行的区域经营原则，推动中小银行"回归本源"、服务当地，避免银行业特别是中小银行之间的无序竞争。建立具有中国特色的核心银行制度，完善银行业联合授信和债委会制度，合理利用抵押物，强化金融债权人对债务人举债和投资行为的约束。在区域经营原则和核心银行制度基础上，推动中小银行与当地长期客户培育基于充分信息、银企互信和有约束力的关系型融资。强化省联社的服务功能，在加强金融监管和外部审计的情况下，发展治理完善、监管有效和体系化的合作制金融机构。建设资本充足、治理良好、立法保障、坚持业务中立性原则的开发性和政策性金融，推动形成开发性、政策性、商业性和合作性金融合理分工、相互补充的良性竞争格局。从强化税收激励、健全金融机构长期融资渠道、发挥政策性金融职能、优化产品期限结构等方面推动金融机构行为的长期化，培育耐心资本（张晓朴和朱鸿鸣等，2021）。

三是推动信贷市场提升融资中性。在金融领域强化竞争政策的基础地位，关键是要实现融资中性。要以强化地方政府举债约束机制、推进地方政府融资平台市场化转型、深化以管资本为主的国资国企改革为重点，去除对国有企业的隐性担保。规范和约束政府对企业的金融救助行为，针对因金融救助而免于划入不良的贷款，探索建立监管"还原"机制，减少救助非中性带来的不同所有制企业的违约率差异。发展民营银行和外资银行，提升授信在线化水平，完善尽职免责机制，缓解问责非中性问题。继续深化利率市场化改革，打破银行贷款利率上限的隐性约束。推动政务数据规范、高效共享，支持互联网银行和互联网贷款规范发

04
提升金融体系对经济转型升级的适应性

展,推动传统银行的数字化转型,增强银行业服务小微企业的能力。

四是发展审慎的住房金融体系。金融、房地产、实体经济的良性循环,是顺畅国内大循环的重要前提。要完善住房金融宏观审慎政策体系,特别是要基于宏观审慎视角,优化个人住房贷款风险权重设定,设置并逆周期调整内部评级法银行个人住房贷款风险权重下限。加强对大银行个人住房贷款增量和增速的引导,管控其"房地产银行化"的速度。重视固定利率类个人住房贷款对住房金融市场的平抑作用。实施更审慎的住房抵押物价值评估方法。鼓励支持住房贷款证券化采用"不出表"的欧洲担保债券模式。

五是提升监管体系适应性水平。"要根据本国金融体系的发展水平、结构变化和风险变迁动态演进,关键是要有效捕捉风险并与时俱进地配置监管资源,使监管能力建设与金融创新相适应"(刘鹤,2016)。进一步强化国务院金融委的统筹协调作用,持续完善金融监管体制,做实做细金融监管跨部门协调。优化系统性风险监测预警机制,针对系统性金融风险,配置充足的监管资源。打造专业化、现代化的监管队伍,始终把提高金融监管能力放在第一位,优化金融监管部门组织架构,逐步形成"大总部"结构。加强金融监管与货币政策、宏观审慎政策、财政政策协调配合,完善宏观调控跨周期设计和调节,实现稳增长和防风险长期均衡。

六是继续打好金融风险攻坚战。无论是增强金融韧性,还是推动金融业收益平均化,都有赖于宏观杠杆率的基本稳定。要以抑制个人住房贷款过快增长为重点，避免居民部门杠杆率过快增长。以实施积极财政政策和加强地方政府隐性债务治理为重点，"开大正门、严堵后门"，推动政府部门规范加杠杆。以控制国有企业资产负债增速、清理"僵尸企业"、推动大企业债务风险处置、强化关联性和传染性较强的资本市场类债务风险处置为重点，稳妥推进企业部门去杠杆，推动金融体系内部风险结构的合理化，推动中小银行资本补充和公司治理改革，化解中小金融机构风险，及时确认风险并提足拨备，避免金融利润"虚高"。有序处置不良资产，避免不良资产沉积影响银行信贷扩张能力。

七是提升金融的国际竞争力。维护和提升香港国际金融中心地位，加快上海国际金融中心建设，发挥国际金融中心在提升金融国际竞争力、影响力和控制力方面的枢纽性作用。推动金融业和金融市场双向开放，提升金融机构和金融市场国际竞争力，提升人民币的国际支付、国际计价、国际投融资和国际储备货币功能，稳慎推进人民币国际化。积极参与全球金融治理，推动国际金融组织代表性改革。

05

建设金融支持民营企业发展的长效机制

05
建设金融支持民营企业发展的长效机制

我国民营企业经营和融资现状

一、我国民营企业发展概况

民营企业是我国经济的重要组成部分,是国民经济和社会发展不可或缺的力量。改革开放40多年来,我国民营企业规模不断壮大,已成为国民经济中最为活跃的增长点。

根据国家统计局数据,截至2019年年底,全国个体工商户达8 261万户,私营企业①达3 516万户。2019年年底,私营企业就业人数为2.28亿。2020年《财富》世界500强中,我国上榜的133家企业中有24家为民营企业。

民营经济具有"五六七八九"的特征,即贡献了50%以上的税收,60%以上的国内生产总值,70%以上的技术创新成果,80%以上的城镇劳动就业,90%以上的企业数量。②

民营企业是推动我国投资增长的主要力量。1980年,在全社会固定资产投资中,国有单位投资占80%以上,个体私营投资(含

---

① 私营企业具有明确的法律界定,是指由自然人投资设立或由自然人控股,以雇佣劳动为基础的营利性经济组织,包括私营有限责任公司、私营股份有限公司、私营合伙企业和私营独资企业。民营企业是相对于国有企业的概念,在广义上,个体工商户、私营企业、外资企业、乡镇企业、合作制或股份合作制企业等都属于这一范畴。民营企业和私营企业的区别主要体现在概念上,前者是从经营方式看,而后者则是从产权角度看。
② 引自2018年11月1日习近平总书记在民营企业座谈会上的重要讲话。

走向"十四五"

农村个体投资）仅占 13% 多；2012—2018 年，全社会固定资产投资中的民间固定资产投资已经占 60% 以上（见图 5.1）。特别是在制造业投资中，2017 年国内民营企业已经占到 77.2%，成为制造业投资主力。2020 年上半年，受疫情影响，我国民间固定资产投资同比下降 7.3%，占固定资产投资的比重为 56.1%，较 2019 年下降了 0.3 个百分点。

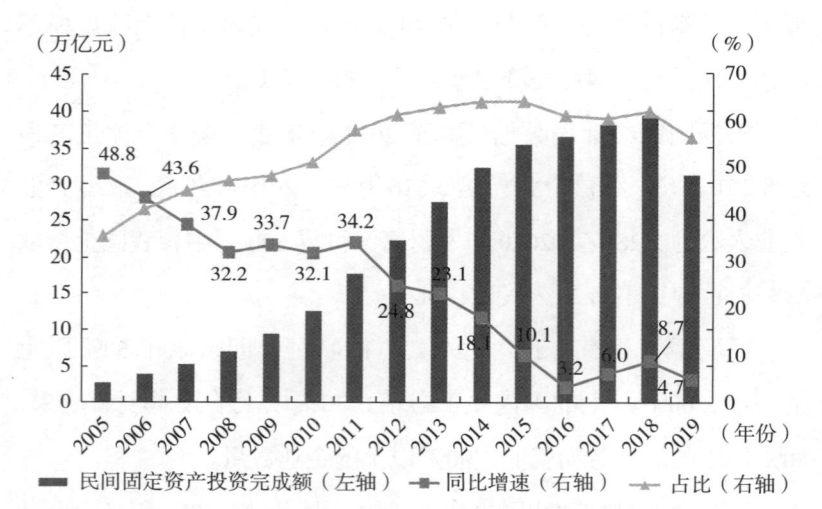

注：根据《关于民间固定资产投资定义和统计范围的规定》，民间固定资产投资统计范围包括：（1）工商登记注册的集体、股份合作、私营独资、私营合伙、私营有限责任公司、个体户、个人合伙等纯民间主体的固定资产投资；（2）工商登记注册的混合经济成分中由集体、私营、个人控股的投资主体单位的全部固定资产投资。

图 5.1 民间固定资产投资变化情况

资料来源：中国国家统计局，万得资讯。

"十四五"时期，经济发展的力量源泉将从"传统优势"向

05
建设金融支持民营企业发展的长效机制

以超大市场规模优势为核心的"新优势"转变,民营企业是"新优势"的重要组成部分。在转变过程中,民营企业面临新的机遇和挑战。

二、我国民营企业经营状况

(一)宏观经济金融情况对民营企业整体的影响

从新中国成立至改革开放初期,我国产业结构以重工业为主,1978年我国第二产业占国民经济比重达48%,第二产业内部重工业占比达42.7%。1978—2008年,中国产业结构开始向轻工业和服务业转移,在这一过程中,民营企业得到了快速发展。2008年国际金融危机后,中国产业结构重新向重工业偏移,2010年我国重工业占工业总产值的比重达到71.4%。在这个阶段,以国有企业为主的重工业更多地获得了融资市场的支持。2013年以后,我国经济进入新常态,在供给侧结构性改革和产业结构升级过程中,服务业占比上升,一些高耗能、低效率的传统工业面临淘汰,在这一过程中,民营企业受到了挤压,在融资结构和融资成本上都发生了相应变化。

宏观经济情况影响着金融市场的变化。2005年汇改后,许多出口型民营企业因不适应汇率的波动而倒闭,同一时期,房地产行业和地方政府平台逐渐崛起。央行自2009年开始紧缩M2,以抵消4万亿的扩张效应,这导致银行存贷比上升,可用资金下降。2011年年初,央行正式实施差别准备金动态调整措施,以调节金融机构合意贷款增速。存贷比构成了对很多银行发放贷款的限制。2015年,存贷比由法定监管指标转为流动性监测指标。商业银行的存贷比由2014年年底的65.09%上升到2020年年底的76.81%。为了规避监管和追求效益，许多银行将资产移到表外，这导致影子银行规模快速扩张，社会信贷总水平不降反升，高杠杆增加了企业的融资难度和经营风险。[①]大型基建项目对民营企业产生了挤出效应。

近年来，国际政治经济形势复杂多变，世界面临百年未有之大变局。贸易保护主义、逆全球化等不利因素增多。多个国家靠宽松货币政策走出了金融危机，但又形成了一定的资产泡沫，债务高企，各国经济增速普遍承压。2020年的新冠肺炎疫情严重影响了全球社会经济发展。各国从财政、货币政策上加大了应对力度，推动了无风险利率大幅下行。发达国家基本都进入了零利率甚至负利率时代。宏观经济形势对我国民营企业的生存和发展提出了新的挑战。

（二）从统计数据看民营企业的经营状况

数据显示，2000—2015年，我国民营企业的发展总体上快于国有企业。2016年前后，我国民营经济遇到了较大的困难，民营企业工业增加值、民间固定资产投资，以及民营企业资产、利润、出口等增速均出现下滑，且低于国有及国有控股企业。

从规模以上工业企业利润情况看，如表5.1所示，2019年我国私营企业利润总额超过1.8万亿元，为2004年的1 370.2%，实现了快速增长，2019年国有控股企业的利润总额仅是2004年的207.9%。

如图5.2所示，2006—2015年，私营企业占工业企业利润总

[①] 参考Kaiji Chen, Jue Ren, Tao Zha在Voxchina上发表的文章"How Does the Interaction between China's Monetary and Regulatory Policies Impact Shadow Banking and Total Bank Credit?"。

05

建设金融支持民营企业发展的长效机制

额的比重逐年上升,到 2015 年达到 36.54%,国有及国有控股企业利润(以下简称国有企业)总额占比逐年下降,到 2015 年已降至 17.22%。自 2016 年起,私营企业利润占比开始下降,国有

表5.1　全国规模以上工业企业利润总额　　　　　　　单位：亿元

	2019 年	占比	2018 年	占比	2004 年	占比	2019/2004 增长
合计	61 995.5	—	66 351.4	—	11 341.6	—	446.6%
国有控股企业	16 355.5	26.4%	18 583.1	28.0%	5 311.9	46.8%	207.9%
股份制企业	45 283.9	73.0%	46 975.1	70.8%	4 902.0	43.2%	823.8%
外商及港澳台商投资企业	15 580.0	25.1%	16 775.5	25.3%	3 454.8	30.5%	351.0%
私营企业	18 181.9	29.3%	17 137.0	25.8%	1 236.7	10.9%	1 370.2%

资料来源：万得资讯。

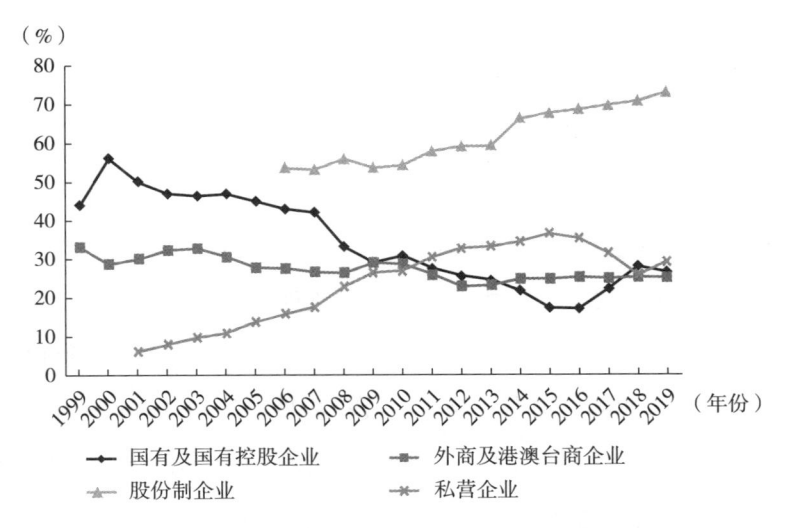

图5.2　各登记注册类型规模以上工业企业利润总额占比变化
资料来源：中国国家统计局,万得资讯。

企业利润占比开始提升。2018 年，国有企业利润占比为 28.0%，比私营企业高 2.2 个百分点；国有企业利润增速为 11.6%，比私营企业高 39.5 个百分点。2019 年，私营企业在各种宏观政策支持下，利润增速为 15.0%，比国有企业高 10.1 个百分点，利润占比再次高于国有企业。2020 年上半年，私营企业利润同比下降 4.2%，降幅分别比国有企业、股份制企业、外商及港澳台商企业低 25.2、10.5 和 5.6 个百分点，但利润占比继续高于国有企业。

从分行业投资回报率看。根据《中国工业统计年鉴 2017》，我们来比较一下 2016 年国有企业和民营企业在分行业中的市场表现。在绝大部分行业中，国有控股工业企业的总资产收益率和净资产收益率都要显著低于私营工业企业。在黑色金属矿采选业、石油和天然气开采业等垄断性较强的上游行业，国有企业甚至出现亏损。国有企业仅在汽车制造业与石油加工、炼焦和核燃料加工业中存在相对优势。[①]

三、我国民营企业融资现状分析

近年来，民营企业和小微企业融资难、融资贵一直是社会关注的问题。2017 年政府工作报告要求"鼓励大中型商业银行设立普惠金融事业部，国有大型银行要率先做到"。2018 年政府工作报告要求"加快金融体制改革。改革完善金融服务体系，支持金融机构扩展普惠金融业务，规范发展地方性中小金融机构，着力

---

① 参考任泽平、马家进、罗志恒"中国民营经济报告 2019"。

05

建设金融支持民营企业发展的长效机制

解决小微企业融资难、融资贵问题"。2019年政府工作报告在总结2018年成绩时提到"针对融资难融资贵问题，先后4次降低存款准备金率，多措并举缓解民营和小微企业资金紧张状况，融资成本上升势头得到初步遏制"，继续要求"疏通货币政策传导渠道，保持流动性合理充裕，有效缓解实体经济特别是民营和小微企业融资难融资贵问题，防范化解金融风险"。2020年政府工作报告要求"创新直达实体经济的货币政策工具，务必推动企业便利获得贷款，推动利率持续下行"。

企业融资方式可以分为内源融资和外源融资，内源融资主要指企业留存收益和资本金等，外源融资包括银行贷款、非标融资、债券融资、股票融资、股权融资、民间借贷等。

多年来，我国社会融资体系主要以银行贷款为主。在社会融资规模总量中，2016年12月，银行贷款、非标融资[1]、企业债券、非金融企业股票融资、其他融资[2]占比分别为68.22%、15.14%、11.77%、3.74%、1.12%；2019年12月，该五项融资占比依次为72.05%、10.56%、11.16%、3.50%、2.73%，直接融资（企业债券和非金融企业境内股票）占比不到15%，甚至比2016年还略有下降（见图5.3）。

从分企业类型的贷款规模和比重来看，如表5.2、表5.3所示，2010—2016年，境内企业贷款余额规模持续上升，其中国有控股企业贷款余额占境内企业贷款余额比重较大，2016年占比为

---

[1] 此处非标数据主要指社融数据中披露的信托贷款、委托贷款和银行承兑汇票余额3类。
[2] 其他融资主要包括社融数据中披露的存款类金融机构资产支持证券和贷款核销。

走向"十四五"

53.9%。2010年私人控股企业贷款余额占境内企业贷款余额比重为30.1%，在2013年达到39.4%，为这一阶段的峰值；此后这一比重持续下降，2016年为34.0%。

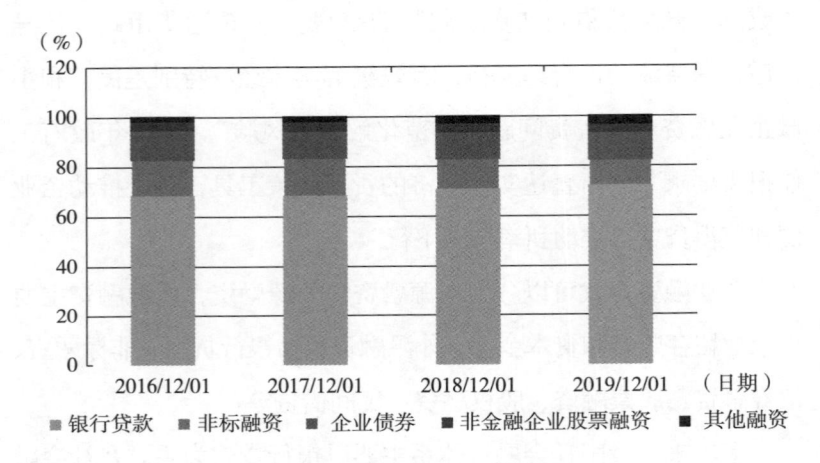

图5.3 社会融资规模总量各部分占比变化

资料来源：中国人民银行，环亚经济数据。

表5.2 境内企业贷款余额规模 单位：亿元

年份	境内企业贷款余额	国有控股企业	集体控股企业	私人控股企业	港澳台商控股企业	外商控股企业
2010	302 914.91	158 235.01	28 438.41	91 155.9	12 067.31	13 018.29
2011	350 169.37	170 946.6	34 979.78	117 312.49	13 258.68	13 671.82
2012	392 829.91	186 898.46	36 389.81	142 159.25	14 292.83	13 089.57
2013	440 192.23	204 657.39	36 485.06	173 227.3	14 965.46	10 857.03
2014	521 624.25	248 300.63	41 851.35	197 042.28	19 720.33	14 709.65
2015	538 954.07	268 117.15	42 075.61	199 734.29	17 338.53	11 688.65
2016	625 782.00	337 508.00	44 085.00	212 758.00	18 874.00	12 556.00

资料来源：中国人民银行，万得资讯。

05
建设金融支持民营企业发展的长效机制

表5.3 境内企业贷款余额占比　　　　　　　　　　单位：%

年份	国有控股企业	集体控股企业	私人控股企业	港澳台商控股企业	外商控股企业
2010	52.2	9.4	30.1	4.0	4.3
2011	48.8	10.0	33.5	3.8	3.9
2012	47.6	9.3	36.2	3.6	3.3
2013	46.5	8.3	39.4	3.4	2.5
2014	47.6	8.0	37.8	3.8	2.8
2015	49.7	7.8	37.1	3.2	2.2
2016	53.9	7.0	34.0	3.0	2.0

资料来源：中国人民银行，万得资讯。

从增量来看，民营企业贷款情况变化较为剧烈。2012年，私人控股企业、国有控股企业新增贷款分别占境内企业新增贷款的52.2%、32.4%。2016年，私人控股企业新增贷款占境内企业新增贷款比重降至10.9%，而国有控股企业占比则高达83.2%（见表5.4）。在经济向好、货币信贷较为宽松的时期，民营企业的投资冲动较为强烈。2015年12月中央经济工作会议提出"三去一降一补"，民营企业成为"去杠杆"的首要对象。

表5.4 境内企业新增贷款规模和占比　　　　　　　　单位：亿元

年份	境内企业贷款年增额	国有控股企业	集体控股企业	私人控股企业	港澳台商控股企业	外商控股企业
2012	44 700.52	14 462.33	5 779.73	23 331.53	1 153.72	-26.79
2013	47 417.42	16 652.02	3 730.59	27 227.62	387.09	-579.89
2014	47 381.06	28 300.7	2 480.29	16 090.34	607.23	-97.49
2015	50 350.71	34 635.87	3 420.64	9 545.42	1 935.33	813.44
2016	58 093	48 348	1 652	6 307	1 226	559

走向"十四五"

续表

年份	境内企业贷款年增额	国有控股企业	集体控股企业	私人控股企业	港澳台商控股企业	外商控股企业
2012	—	32.4%	12.9%	52.2%	2.6%	-0.1%
2013	—	35.1%	7.9%	57.4%	0.8%	-1.2%
2014	—	59.7%	5.2%	34.0%	1.3%	-0.2%
2015	—	68.8%	6.8%	19.0%	3.8%	1.6%
2016	—	83.2%	2.8%	10.9%	2.1%	1.0%

注：此类万得数据只到2016年。

资料来源：中国人民银行，万得资讯。

对民营企业出现的融资难和发展信心下降等问题，国家高度重视并采取了措施。2018年11月，中央召开民营企业座谈会。2019年以来，监管部门出台了一系列文件，要求商业银行扩大对民营企业、小微企业的信贷投放，并降低企业融资成本，相关措施取得了明显的成效。根据中国人民银行的数据，2018年年底，国有企业、民营企业贷款余额合计90.6万亿元。其中，国有企业贷款余额为47.7万亿元，占比52.6%；民营企业贷款余额为42.9万亿元，占比47.4%。二者占比大体相当。2019年，民营企业贷款增加3.8万亿元，同比多增1.1万亿元，增量在企业贷款中占比为42.5%，较上年同期高7个百分点。[①]2019年年底，普惠型小微贷款余额为11.59万亿元，同比增长23.1%，比2018年年底高7.9个百分点，全年增加2.09万亿元，同比多增8 525亿元。2019年

---

① 中国人民银行《2018年第四季度中国货币政策执行报告》《2019年第四季度中国货币政策执行报告》。

05
建设金融支持民营企业发展的长效机制

年底，普惠型小微贷款支持小微经营主体 2 704 万户，同比增长 26.4%，全年增加 565 万户，同比多增 100 万户。根据银保监会的数据，2020 年年底，全国普惠型小微企业贷款余额为 15.3 万亿元，同比增速超过 30%，高于各项贷款同比增速。

在一系列政策的支持下，民营经济工业增加值增速开始回升，民营企业经营情况有所改善，贷款融资成本下降，但民企债券净融资情况仍在持续恶化，民间投资增速低迷不振，亏损企业数持续增加。2020 年，在新冠肺炎疫情冲击下，民营企业一度遭遇前所未有的困难。

大中小型民营企业在融资方式上存在差异。中小型民营企业的融资方式相对单一，主要以银行贷款和民间借贷为主；大型民营企业对传统融资路径的依赖相对较强。

（一）间接融资

间接融资是指通过银行、保险、信托等金融中介将资金供求双方联系在一起的融资行为。最常见的形式是银行贷款。

近年来，我国去杠杆成果显著，信贷扩张速度放缓，非传统的融资渠道大幅收紧。从 2017 年第四季度开始，信托贷款和委托贷款的增速持续下降，2018 年进入了负增长阶段，此后一直维持较低幅度的负增长状态（见图 5.4）。

从融资成本来看，2018 年上市公司中民营企业的债券融资成本有所上升。民营企业信用利差从 2018 年年初 200 多个基点上升至 2018 年 11 月 368 个基点的最高峰，对民营企业的扶持政策出台后，民营企业信用利差又有所下降，2020 年 4 月为 300 个基点左右（见图5.5）。

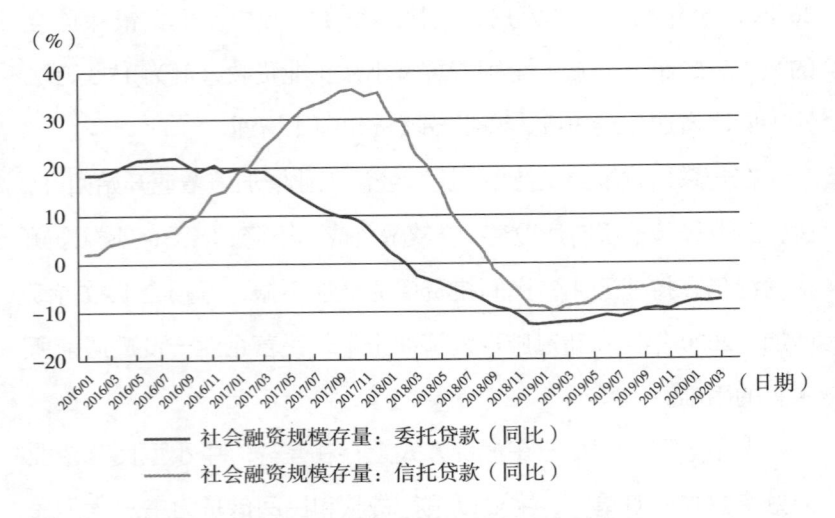

图5.4 信托贷款和委托贷款的存量增速变化

资料来源：中国人民银行，万得资讯。

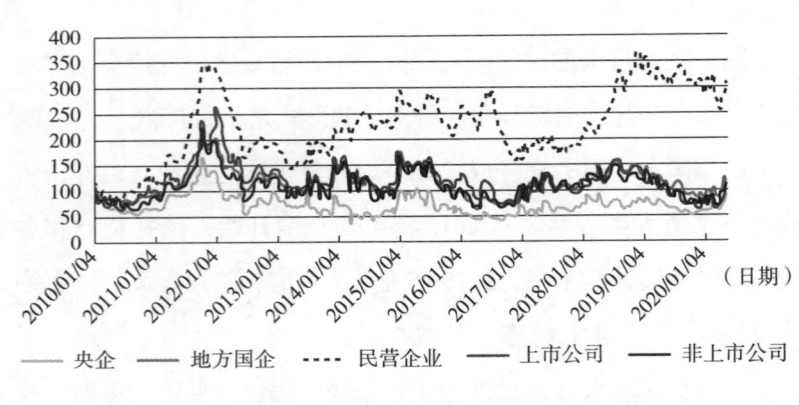

图5.5 不同企业性质产业债信用利差（中位数）

资料来源：兴业研究，万得资讯。

从贷款成本来看，据银保监会披露，2019年新发放普惠型小

05

建设金融支持民营企业发展的长效机制

微企业贷款平均利率较 2018 年下降了 0.64 个百分点。2020 年 6 月企业贷款平均利率为 4.64%，较 2019 年 12 月下降了 0.48 个百分点。2020 年上半年新发放普惠型小微企业贷款平均利率降至 5.94%，较上年下降了 0.76 个百分点。2020 年 1—11 月银行业新发放普惠型小微企业贷款利率降至 5.88%，较 2019 年下降 0.82 个百分点。

2019 年，私营企业利息费用为 2 558.7 亿元，同比增长 0.5%，较 2018 年下降了 9.4 个百分点；占工业企业利息费用的 21.6%，较 2018 年提高了 0.8 个百分点。私营企业利息费用增速下降和占比提升，说明金融机构对民营企业的支持力度有所加大。

从各类银行的贷款结构来看，越是小型银行业金融机构，小微企业贷款在其贷款余额中的占比越高。2018 年大型商业银行小微企业贷款余额占其贷款余额比重仅为 10.79%，股份制商业银行的这一比重为 17.91%，城商行、农商行的这一比重高达 49.31%、58.12%。在普惠型小微企业贷款中同样呈现这样的规律，2019 年大型商业银行普惠型小微企业贷款占其贷款余额比重为 4.49%，而农商行的这一比重为 30.11%。但从贷款余额规模来看，由于大型商业银行资产规模庞大，其小微企业贷款的总量仍是最高的（见表 5.5）。

表 5.5 各类银行业金融机构小微企业贷款

金融机构类型	小微企业贷款（2018 年年底）			普惠型小微企业贷款（2019 年年底）		
	余额（亿元）	占此类机构贷款余额比重	占小微企业贷款余额比重	余额（亿元）	占此类机构贷款余额比重	占普惠型小微企业贷款余额比重
大型商业银行	71 022	10.79%	21.21%	32 571	4.49%	27.92%
股份制商业银行	45 652	17.91%	13.63%	21 612	8.14%	18.52%

走向"十四五"

续表

金融机构类型	小微企业贷款（2018年年底）			普惠型小微企业贷款（2019年年底）		
	余额（亿元）	占此类机构贷款余额比重	占小微企业贷款余额比重	余额（亿元）	占此类机构贷款余额比重	占普惠型小微企业贷款余额比重
城市商业银行	62 622	49.31%	18.70%	17 415	11.03%	14.93%
农村商业银行	69 619	58.12%	20.79%	43 207	30.11%	37.03%
合计	334 923	24.57%	100.00%	116 671	7.62%	100.00%

注：万得数据中无各类机构2019年小微企业贷款余额数据，因此用2018年的数据。

资料来源：中国银保监会，中国人民银行，万得资讯。

为了更清楚地了解大型民营企业和中小微民营企业在实际融资过程中的具体情况，本书课题组通过调研，了解了部分农商行、信用社、股份制银行、大型银行、外资行的业务情况，通过横向和纵向对比，试图寻找民营企业融资的特点和症结所在。

课题组调查了东部某省81家农商行和信用社的贷款情况，[①]获得的数据显示，2017—2019年，民营企业各项贷款余额占比分别为58.20%、57.23%、55.74%，对应的不良贷款率为1.96%、1.33%、1.08%；中小微企业各项贷款余额占比分别为43.02%、41.75%、40.28%，对应的不良贷款率为2.42%、1.59%、1.17%。某农商行2017—2019年国有企业不良贷款率为0、86.54%、87.38%，民营

---

① "国有企业""民营企业""中小微企业"口径为银保监会监管报表中《大中小微型企业贷款情况表》中统计口径，其中"国有企业"对应"国有控股"统计项目；"民营企业"对应"集体控股"+"私人控股"，不含"港澳台商控股"和"外商控股"；"中小微企业"为"中型企业""小型企业""微型企业"的合计数。

05

建设金融支持民营企业发展的长效机制

企业不良贷款率为3.67%、4.02%、2.42%，中小微企业不良贷款率为2.95%、4.30%、2.85%。在该行业务构成中，国有企业贷款占比较小，不足1%，客户数少，因此，该农商行国有企业贷款质量不具有代表性。上述数据表明，民营企业和中小微企业构成了我国农商行和信用社的主要贷款群体，且不良贷款率在3%以内。

根据调查一家股份制银行和一家城商行获得的数据，2017—2019年，A银行民营企业各项贷款余额占比分别为34.52%、38.17%、38.58%，对应的不良贷款率为2.46%、2.13%、2.39%；中小微企业各项贷款余额占比分别为43.20%、45.74%、45.70%，对应的不良贷款率为0.89%、0.79%、0.54%。A银行近三年国有企业年不良贷款率分别为1.83%、1.31%、1.34%。B银行2017—2019年民营企业各项贷款余额占比分别为35.07%、29.72%、26.31%，对应的不良贷款率为3.24%、4.66%、4.76%；中小微企业各项贷款余额占比分别为67.76%、62.91%、58.70%，对应的不良贷款率为1.70%、2.05%、2.02%。B银行近三年国有企业不良贷款率分别为0、0、0.01%。两家银行的数据都表明，民营企业和中小微企业贷款比重逐步上升，合计占据较大的贷款比重，同时保持着较平稳的不良贷款率。

调查某国有大行获得的数据表明，2017—2019年，该行民营企业各项贷款余额占比分别为33.04%、30.53%、32.60%，对应的不良贷款率为6.81%、6.43%、4.39%；中小微企业各项贷款余额占比分别为50.57%、50.04%、45.92%，对应的不良贷款率为3.62%、3.16%、2.92%。

走向"十四五"

根据对两家主要在华外资银行的了解，其投向民营企业的资产占比也为 30% 左右，与课题组调研的不同规模银行的数据相近。

（二）直接融资

直接融资是由资金的供求双方直接进行的融资行为，如股票融资、股权融资（PE/VC 等）、债券融资等。

资料显示，中国民营企业的直接融资——债券和股票融资之和——不到其整体融资的 1%，而美国中小企业的直接融资占总体融资的 23%。[1] 这一差距明显反映了中国民营企业的直接融资渠道不畅。[2]

从股票融资存量看，截至 2018 年年底，国有企业股票融资规模超过 4 万亿元，民营企业股票融资规模达 3.6 万亿元。从股票融资增量看，自 2014 年起，民营企业当年股票融资规模均超过国有企业，2016 年后股票市场新增融资量持续收缩，企业融资渠道收窄（见图 5.6）。[3]

债务融资方面，近年来民营企业债券净发行量下降幅度最大，地方国有企业净发行量增加最多。2019 年民营企业发行债券 4 329 亿元，较 2018 年减少 1 501 亿元，分别约为中央国有企业和地方国有企业的 1/7 和 1/13；净发行量下降了 2 509 亿元，降幅最大；地方国有企业净发行量为 18 962 亿元，增加最多（见表 5.6）。

---

[1] 引自国际金融公司 2015 年的调查数据。
[2] 参考李学峰在新浪财经发表的文章"民营企业融资究竟难在哪里？"。
[3] 参考任泽平在新浪专栏发表的文章"我国各行业企业融资结构"。

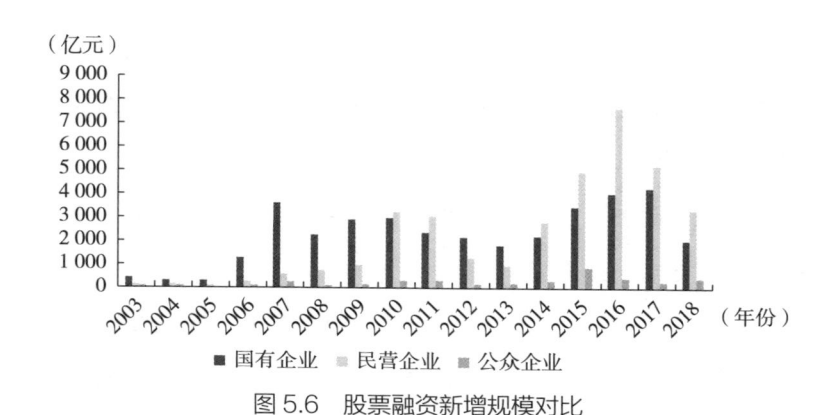

05
建设金融支持民营企业发展的长效机制

图 5.6 股票融资新增规模对比

资料来源:"泽平宏观"微信公众号。

表 5.6 2019 年和 2018 年企业发行和偿还债券金额(分企业性质)

单位:亿元

企业性质	2019 年 发行金额	2019 年 偿还金额	2019 年 发行-偿还	2018 年 发行金额	2018 年 偿还金额	2018 年 发行-偿还
民营企业	4 329	6 838	-2 509	5 830	6 669	-840
外商独资企业	554	925	-371	1 063	632	431
外资企业	151	344	-193	315	401	-86
集体企业	133	267	-134	192	209	-18
其他企业	117	223	-107	186	289	-103
公众企业	1 559	1 577	-19	1 712	762	950
中外合资企业	722	490	232	561	351	210
空白	953	202	752	321	51	270
中央国有企业	28 831	23 120	5 710	21 694	15 844	5 850
地方国有企业	55 240	36 279	18 962	42 149	32 032	10 116
总计	92 589	70 265	22 324	74 022	57 241	16 781

注:统计口径为银行间市场+公司债+企业债;公众企业多为金融机构;企业性质为空白的多为金融企业和公用事业单位。

资料来源:万得资讯。

在债券融资中，民营企业平均单只债券规模小于国有企业。对比不同主体级别发行人平均债券规模可知，主体信用等级越高，单只债券平均规模越大，在同级别上，国有企业单只债券平均规模略高于民营企业（AA+级别例外），且低级别的差异较为显著，高级别的差异不是很大。[①]

受多重因素影响，2018年以来，债券评级失准、民营企业债券违约等事件不断爆发，导致民营企业债券融资日益困难。民营企业债券发行主体在减少，从2018年的292家减少到2019年的207家。自2018年的集中违约以来，民营企业债券大量违约的趋势并没有得到实质性改善。截至2019年年底，我国公募债券市场违约债券发行人中有14家国有企业，国有企业违约债券回收率为24.65%。违约发行人中有62家民营企业，涉及债券违约规模为1 562.50亿元，违约债券回收率仅6.44%。[②]民营企业违约债券回收率显著低于国有企业。

根据万得数据，2020年上半年，已有71只信用债违约，涉及金额875.37亿元，同比上升45.98%。其中历史违约主体23家，新增违约主体11家，主要涉及民营企业和少数国有企业。

四、民营企业融资的国际比较

由于发达国家的企业多为民营企业，并不存在中国因为民营

---

① 参考康正宇在搜狐财经发表的文章"2010—2018年8月民营企业与国企债券融资对比分析"。
② 联合资信研究报告《2019年度我国公募债券市场违约处置和回收情况研究》。

05
建设金融支持民营企业发展的长效机制

企业的企业性质而产生的融资难问题。我们选取国外中小企业作为参照。

英国于1931年揭示了中小企业发展存在融资缺口问题，被称为"麦克米伦缺口"。[①] 不少人认为，中小企业融资难属于世界难题，不可克服。其实不然。世界银行、OECO、欧洲中央银行、美联储等发布的研究报告和调查报告表明，近年来在经济正常的情况下，发达国家大多数中小企业都能从银行和其他信贷机构获得足够的信贷。中小企业普遍存在资金缺口的现象主要存在于发展中经济体。

美国、德国、法国和日本是OECD国家中弥合中小企业融资缺口的佼佼者，采取了各具特色的政策措施，以金融机构市场化方式为主，辅以政府性担保等支持性政策，较好地解决了中小企业融资问题。但在2008年金融危机、2020年新冠肺炎疫情的影响下，发达国家大中小企业普遍出现经营困难，政府也采取了多种纾困补贴措施。这是危机下的特例。

我国中小企业贷款占比处于世界较高水平。OECD的调查显示，2018年各国中小企业贷款占全部企业贷款比重的中位数为40.41%，我国为64.96%，高于其他发展中经济体和多数发达经济体。同时，我国中小企业贷款不良率处于低位，2018年为2.82%，而巴西、俄罗斯、葡萄牙分别为4.29%、12.38%和10.38%。此

[①] "麦克米伦缺口"是指，由于银行等金融机构担心向中小企业提供贷款风险和成本过高，使寻求贷款的中小企业处于不利地位，中小企业的资金需求远大于银行能提供的贷款额度。

走向"十四五"

外，我国中小企业贷款利率与美国接近，低于其他发展中国家。OECD 的调查显示，2018 年，我国中小企业贷款利率为 5.17%，而墨西哥、巴西、智利、俄罗斯、白俄罗斯分别为 17.7%、21.5%、8.3%、10.08% 和 9.92%。[①]

总量上，中国小微企业贷款余额已是全球第一。根据美国联邦存款保险公司（FDIC）数据，2019 年年底美国银行业小微企业贷款（单户 100 万美元以下的工商企业贷款和单户 50 万美元以下的农业贷款）余额为 7 207 亿美元（约合人民币 5.1 万亿元），同期中国普惠型小微企业贷款（单户 1 000 万元以下）余额为 11.6 万亿元。美国银行业资产规模为 17.8 万亿美元（约合人民币 125 万亿元），约为中国银行业（290 万亿元）的一半，即两国小微企业贷款占银行业资产比重基本接近。但中国 GDP 约为美国的 70%，小微企业贷款余额已超过美国的 2 倍。

从融资结构来看，中国民营企业的内源融资占比达 60%，而外源融资方面，银行贷款为 20%，公司债券和外部股权融资等直接融资则不到 1%。在美国中小企业的资金来源中，内源融资大约占 30%，只是中国民营企业的一半，而外源融资中，银行贷款占 42%，股权融资占 18%，债券融资也达到 5%，这些都高于中国民营企业（见表 5.7）。

[①] 参考财新网文章"央行研究局课题组：小微企业融资的国际比较与中国经验"。

05
建设金融支持民营企业发展的长效机制

表5.7 中国民营企业与美国中小企业融资结构对比

融资结构	自有资金	银行贷款	发行债券	股票融资	其他
中国	60%	20%	0.3%	0.6%	19.1%
美国	30%	42%	5%	18%	3%

资料来源：国际金融公司的调查数据（2015）。

根据德国复兴信贷银行数据，截至2017年年底，德国约有49%的中小企业运营资金来源于内部收益积累，外部融资的支持力度很有限。与我国民营企业依赖内源融资的原因不同，德国中小企业融资难度并不大，但其主观上进行外部融资的意愿不强。

在日本，超过80%的企业经常向金融机构借款，它们的资金来源首先是"金融机构的贷款"，其次是"内部准备金"，再次是"管理人员的个人资金等"。2008年国际金融危机爆发后，不少中小企业不能按时还贷，日本政府于2013年实施了《融资便利法》，使95%或更多的人能继续获得银行贷款。[①]

与发达国家相比，发展中经济体的中小企业融资缺口更大。根据世界银行2017年的研究报告，发展中经济体中小微企业的融资缺口约为5.2万亿美元。在发展受资金紧缺制约的企业中，中等偏上收入国家占27%左右，低收入国家则达到67%左右。

今年以来，受新冠肺炎疫情影响，发达国家中小企业融资也遭遇了困难。欧洲央行2018年11月发布的第19期企业融资调查（SAFE）表明，过去越小的企业认为融资难的比例越高，现在大

---

① 参考浦文昌在澎湃新闻发表的文章"美国、德国、法国、日本是如何解决中小企业融资难问题的"。

中小企业已基本无差异。2018年的调查表明，只有8%的微型企业、7%的小型企业、6%的中型企业和8%的大型企业认为存在融资难问题。但2020年5月发布的第22期企业融资调查表明，受新冠肺炎疫情的影响，中小企业认为经济环境正在迅速恶化，宏观经济前景成为他们获取外部资金的障碍。同时，尽管银行提供信贷的意愿在增强且银行利率在下降，但中小企业自身销售和利润前景的疲弱已开始影响外部资金的可用性，从而导致企业获得外部融资的渠道不畅。

五、总结

从总量来看，中国的信贷供给相当充分。民营企业融资在融资总量中的占比处于相对合理水平。应该看到，没有几十年来大量的融资支持，我国民营企业不可能发展到如今这样的规模。但在不同阶段，不同经济环境和货币信贷松紧程度下，民营企业在总融资量中的占比起伏较大，个别时期融资受到挤压。民营企业在融资总量中所占的比重，是基本符合"经济决定金融"这一规律的。

民营企业当前存在的融资困难，不是总量上的融资困难，而是结构上和微观层面的融资困难。这主要体现在两个方面。第一，部分企业是高杠杆基础上的再融资难。中国的非金融企业（包括国有企业和民营企业）宏观杠杆率高、资产负债率高，在世界上都处于很高水平。大量的债券融资"暴雷"和股票质押融资"暴雷"是这一现象的具体而集中的表现。第二，企业个体获得融资

05
建设金融支持民营企业发展的长效机制

的流程烦琐。相对而言，民营企业在融资申请、审查、授信、用信过程中的手续比较复杂，相较于国有企业，有更多的约束条件，如抵质押、夫妻连带责任担保等。在民营企业中，大中小企业、优质企业和经营质效较差的企业获得信贷的难易程度也有显著不同。中小企业内部存在基础薄弱、会计信息真实性欠缺、信用不良等诸多问题，使得中小企业在很多融资渠道受限，融资成本也更高。但不管是大中小型企业，只要是市场前景好、财务状况健康的优质企业，基本都是银行竞相服务的对象。

民营企业融资成本相对较高。无论是商业银行贷款还是发行债券，民营企业融资的成本都高于国有企业。2019年有文章指出，大型民营企业贷款综合成本为7%左右，中型企业为7%~8%，小型企业更高。[①] 我们认为，这是市场风险定价的结果，不能据此认定有所有制歧视。所有制的不同确实造成了风险的不同。

近年来我国高度重视小微企业贷款。监管部门对银行提出了"三个不低于"（小微企业贷款增速、户数和申贷获得率不低于上年）、"两增两控"（小微企业贷款同比增速不低于各项贷款同比增速，贷款户数不低于上年同期水平，合理控制小微企业贷款资产质量水平和贷款综合成本）要求，2019年政府工作报告要求国有大型商业银行小微企业贷款增长30%以上，2020年政府工作报告要求大型商业银行普惠型小微企业贷款增速高于40%。这些要求虽然有效缓解了小微企业的融资难和融资贵，但也在一定程度

---

① 参考《中国证券报》2019年4月26日的文章"机构人士揭秘民企融资现状：大型民营企业贷款综合成本目前约7%"。

上导致定价体系扭曲，不能完全贯彻风险定价原则。2020年上半年，五家大型银行新发放普惠型小微企业贷款平均利率为4.27%，较2019年全年平均利率下降了0.43个百分点，这已经低于一些大中型企业的贷款利率。

民营企业融资困境的成因分析

民营企业融资困境，经常被概括为"融资难、融资贵"。"难"和"贵"需要分开来看，前者是融资的可获得性问题，后者是融资的价格问题。要同时解决这两个问题有一定矛盾。如果允许"贵"，那么金融机构的风险定价会覆盖成本，从而可以更好地解决"难"。

民营企业"融资难、融资贵"，主要体现在高杠杆基础上的再融资难、具体融资过程复杂和融资成本相对较高，我们认为这是一个市场现象。市场现象是市场参与者和市场规则相互作用的结果。因此，建立民营企业融资长效机制，不能单纯从供给端寻找原因，应当从供给端和需求端两方面来分析。公共政策、突发性危机等外部环境，也会对民营企业的经营和融资产生影响。

一、供给端原因

（一）经营理念和方式

改革开放以来，我国经济高速增长的一个突出体现是规模的快速扩张。在这种模式下，融资的供给端强调规模效应，以增加机构、人员、客户为主要途径，实现外延式扩张。银行贷款、业务数量和从业人数的增速普遍高于世界同期水平。

近年来，融资供给端仅靠"量"的扩张已经无法满足实体经济多样化的金融需求，过度扩张还会导致"资金空转"和金融"脱实向虚"，从而导致金融风险上升。自 2016 年年底中国加强金融监管以来，"资金空转"已经得到基本遏制，但仍然存在不均衡之处。

在强调规模和速度的经营理念下，金融机构更倾向于优先为大型企业和大型项目提供服务，因而在业务选择中，银行存在规模歧视。这是市场选择的结果。同时，许多业务如授信等，在实际操作中缺少明确条文，而是有该业务既成的习惯性。例如，风险偏好等难以通过量化的方式被规定，一些授信仍然受到业务习惯和历史印象的影响。从上述不同阶段民营企业在融资总量中占比的变化可以看出，在房地产、大型基建等没有成为经济发展主要增长点的时期，民营企业的融资总量占比是增加的，反之则减少。在民营企业中，相对而言，也是大型民营企业更容易获得融资。

（二）效益与效率选择

在融资效益与效率的权衡中，市场主体肯定都倾向于选择效益高和效率高的项目。首先，就效率来说，做大型企业和大型项目业务，符合金融机构追求规模和速度的要求。其次，就效益而言，大型企业和大型项目具有较成熟和较体系化的管理模式，营销、融资调查、审查、管理等的成本相对要低。相较于政府融资平台、国有企业，大多数民营企业，尤其是中小民营企业管理不够规范，财务数据等信息比较混乱。在同等条件下，银行等金融机构在给予它们融资时，需要付出更多的信息搜集和信用评估成本，授信后需要付出更多的管理成本。基于"理性人"假设，金融机构在发放贷款时更偏向于大型企业和大型项目,尤其是政府融资平台和国有企业。

(三)风险与惩罚规避

政策的非预期变动往往对企业造成非预期的影响,在一些政策发生变动的情况下,一些企业过去合理的行为现在就可能面临被处罚的风险。银行基于上述风险考量,往往会规避易受政策波动影响的企业。面对易受政策波动影响的企业,银行一般会要求这些企业提供额外的担保,同时加强审核机制。民营企业往往是最容易受国家和地方经济、产业政策变动影响的群体,这在一定程度上加剧了相应民营企业融资渠道不畅的问题。

前文提到,在银行信贷资产中,国有企业不良贷款率普遍低于民营企业和中小微企业。从供给端来看,低不良率意味着更高的资金使用效率和更大的资金出借效益。因此,金融机构往往优先考虑给予国企融资是一种风险歧视,是市场选择的结果。

银行等金融机构受到严格的监管。由于历史原因,我国银行自身对不良资产容忍度很低,同时,各监管部门对银行如何处置不良资产亦有实质上的严格监督。特别是对民营企业发生的不良资产,追责更严、处罚更重。从一定意义上说,在对前中后台调查审查审批人员和管理人员就不良资产进行追责和处罚方面,是存在所有制歧视的。这是导致一线客户经理和风险管理人员对民营企业授信特别谨慎的重要原因。所谓追责严和处罚重,不是单纯的"罪加一等",有时会不顾不良资产产生的具体原因而加以处罚。比如,当一家民营企业经营发生困难,出现亏损,无法全

走向"十四五"

额归还银行到期贷款时，基层行为了减少风险敞口，经过努力，用一笔小于原贷款额度的新贷款置换原有贷款，并谈妥逐步压降贷款的计划。对于这样一笔业务，在遇到特殊情况下的监管检查时，经办人员就可能因为给亏损企业发放贷款而受到包括经济和行政的严厉处罚。另外，财政部对不良资产核销有要求：先处罚，后核销。处罚的结果则是要经过严格审核的。

改革开放后，随着市场的发展和融资渠道的不断丰富，原先相对固定的银企合作关系变得相对商业化，银企之间更多的是业务关系，企业往往是从每一笔业务的利益考虑来选择合作银行，与其有业务往来的银行多且主次关系混乱。正因为如此，企业向银行披露信息时往往为了促成某笔业务而选择性地进行披露，有时甚至提供虚假信息。对银行方面来说，因为企业多头合作，信息不完整、不真实，银行不能全面掌握企业的情况，当然也缺乏对企业的信任，当企业稍有负面信息时，银行因为不能客观评估企业的真正风险而抽贷、压贷就成了正常反应。[1]

民营企业、中小企业融资不良率相对较高，产生不良资产后对业务人员处罚重，少数民营企业存在故意的欺骗行为，这些都造成了金融机构对民营企业融资特别谨慎，在制度流程上设置了一些制约规则。比如，要求企业负责人签署夫妻连带责任担保书等。

---

[1] 参考刘晓春在中国金融四十人论坛发表的文章"是时候重新审视银企关系了"。

05 建设金融支持民营企业发展的长效机制

二、需求端原因

从需求端来看，民营企业融资难的症结在于融资的有效需求无法得到满足。有效需求是有支付能力的需求。所谓融资的有效需求，是指有还款能力的融资需求。要想定义"融资难"，必须确认融资需求是不是有效需求。如果不是有效需求，那么这样的需求是不应该得到满足的，这样的融资难是正常的。

我们将民营企业划分成两个群体——大型民营企业与中小民营企业——进行讨论。

（一）大型民营企业

1. 大型民营企业往往是地方政府政绩的主要载体

地方政府与当地大型企业往往存在相互依存的关系。一些大型民营企业，成为地方经济的重要支柱，为地方贡献 GDP、税收、就业，成为地方的品牌和名片，是地方政府政绩的载体。因此，地方政府会主动扶持企业做大做强，对企业提出各种发展要求的同时，给予种种政策支持和优惠条件。企业顺势利用这些政策并争取获得更多的政策支持。这些企业成为当地某种意义上的"大而不能倒"。

地方政府不当的倾力扶持会模糊企业家对企业边界的认识。因为得到特殊政策的扶持，企业实现了超常发展；为了实现更快的超常发展，企业会不断寻求特殊政策的扶持。政府也鼓励企业这样超常规发展。这导致这类企业更多的是通过政策寻租而不是开拓市场获得发展，从而非理性盲目扩张。一旦企业经营出现困难，它们也首先寻求地方政府的扶持与特殊政策解困。地方政府为了GDP、就业、税收、地方信用环境、地方品牌形象等，会尽力帮助企业渡过难关。经历几次反复后，企业家就认为，如果企业出现问题，地方政府会为其兜底，从而变本加厉地盲目扩张。这种依托心态使得部分民营企业将自身问题社会化，造成了"地方政府担责、民营企业赚钱"的权责不对称的恶性循环，形成了"赚钱是个人的，出了问题是社会的"怪现象，并且起到了一定的示范效应。这使得现实中的一些民营企业与教科书定义的民营企业"产权明晰，责权匹配"发生背离。

地方政府的鼓励和干预，有时也会致使企业无奈改变发展规划，以高额负债扩张，最后产生不可收拾的风险。除了常规的对大型民营企业提出发展速度要求外，还有各种类型的干预。比如，一任领导制定一个发展规划，每当新的发展规划出台，往往都要求主要企业积极跟进。规划中的重点发展行业，有时并不是企业的本业，但为了响应号召，企业只得投资。又如，建立各种开发区、园区，需要有企业进驻，地方政府领导在对外招商引资的同时，会动员本地大型民营企业进驻，并给予一些优惠政策支持。企业如果不扩大生产规模，只是搬迁，就会无端增加搬迁和设备更新成本并中断一段时间的生产经营。这更多的是自身规划外的扩张，而进驻开发区、园区投资的项目也不一定是企业的本业。

2. 经营规范性

我国民营企业兴起于改革开放过程中，这个过程也是一个不断突破既有规则、逐步完善新的规则的过程，许多民营企业往往是在突破既有规则过程中获得发展的。也因此，他们习惯于打政

05
建设金融支持民营企业发展的长效机制

策"擦边球",缺乏系统、科学的企业管理知识,多数民营企业家在经营理念、经营方式、管理能力上有所不足,没有建立起有效的现代公司治理体系,与经济形势的变化和市场经济的要求不能及时匹配,在加快新旧动能转换、推动高质量发展的背景下有些无所适从。

在粗放式扩张中形成的高速发展期望,往往与实际情况存在偏差。一些民营企业通过偷税漏税、打"擦边球"等行为博取短期利益,盲目发展,规范性不足。这样很容易造成政策性风险。企业的政策性风险,又往往成为金融机构的表内和表外、信贷和非信贷资产的政策性风险。

对大型民营企业来说,企业家精神的副作用是盲目冒进,单纯追求规模和体量、速度和收益,因而不可避免地出现粗放经营和无序扩张的问题。民营企业家仍需要学习将企业目标从单纯的规模或者收益导向,转为高质量发展、组合目标式的导向。家长式的管理已经落后,许多民营企业还缺乏完善的现代管理制度。

盲目扩张体现为盲目投资与并购,往往并没有合理的资金安排和流动性储备,只是因为投资并购的热情和冲动而先采取行动,之后再去想办法融资。盲目扩张的另一个体现是通过更大规模的投资和更激进的举措来掩盖之前经营不规范造成的失败,使企业深陷恶性循环的泥沼。

各种不规范甚至违规经营、盲目扩张与并购,必然带来融资的困难。为了获得融资,个别民营企业以做假账和提供虚假信息的方式来达到目的。一些民营企业有几套财务报表以分别应对银行、税务、海关等机构已是公开的秘密。利用各类关联公司层层嵌套制作虚假财务报表、虚增业绩的现象更是时有发生。

少数民营企业的这种行为在一定程度上败坏了这个群体的集体信誉，加大了市场对民营企业的不信任，增加了民营企业在具体融资过程中的难度。

3. 高杠杆

我国民营企业在高速发展时，往往伴有高负债。民营企业债务融资结构波动明显，长期借款比例明显小于国有企业，更多依靠短期借款、票据融资等。这种融资方式易受流动性变化影响，所面临的流动性压力也比较大。在去杠杆的大背景下，这种发展模式才是造成民营企业融资难的内在原因。

从2017年开始，中国全力推进防风险和去杠杆，总体杠杆水平得到了有效控制。根据国际清算银行数据，企业部门杠杆率在2016年第二季度后持续下降，2017年全年下降6.1个百分点。2018—2019年，中国总体杠杆率继续保持稳中有降的趋势。但在工业企业内部，不同所有制企业的杠杆率出现了显著分化：国有工业企业杠杆率继续下降，而私营工业企业杠杆率却出现较大幅度的上升（见图5.7）。

部分民营企业在2015—2016年利用宽松的政策盲目扩张并积累了一些问题。而在金融去杠杆的背景下，上述风险正在不可避免地出现。截至2019年年底，我国公募债券市场违约债券发行人中有14家国有企业、62家民营企业。[①]

---

① 参考联合资信发表在金融界的文章"2019年度我国公募债券市场违约处置和回收情况研究"。

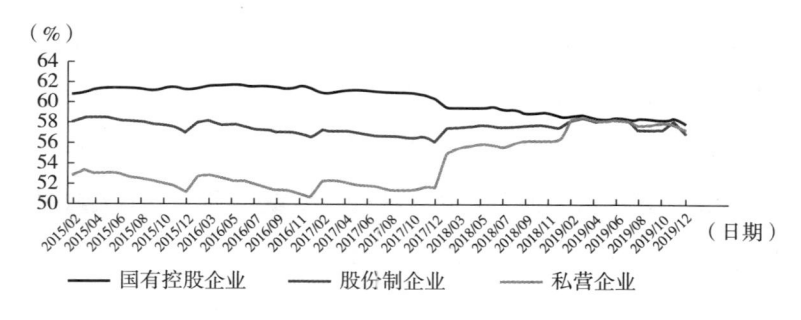

05
建设金融支持民营企业发展的长效机制

图 5.7　各类型工业企业资产负债率（累计值）

资料来源：万得资讯。

4. 资产负债管理能力薄弱

在通常情况下，大型民营企业较容易获得各类专项资金和银行贷款等融资支持。很多大型民营企业对资产负债的管理重视不够，表现为短借长用，期限错配，以及资产与负债内部项目之间的结构不合理。企业的资金始终处于紧运行状态，在对资金极度饥渴的同时，暴露了偿还能力虚弱的窘境。

在面临更多融资渠道的时候，对于不同融资方式的规律、相应风险，很多民营企业没有认真细致地予以比对和把握其中的差异，而是一味追求快捷和方便，不关注资产、负债内部不同项目和期限之间的合理配比，以及资产和负债之间不同项目和期限的合理配比。例如，债券和贷款的特点和规律是不同的。债券是直接融资，可以流通，投资人和融资人之间主要依据融资人的信息披露进行沟通，关系相对松散。一旦融资人经营出现临时性困难，暂时不能兑付到期债务，企业即刻面对全市场发生违约，造成融资人再融资困难。贷款是间接融资，企业与银行之间是直接合作关系，当企业还款出现临时困难时，企业有机会和时间与银行进行充分沟通，取得谅解，银行可以采取缓释措施帮助企业渡过难关。因此，企业在安排债券融资和贷款融资时，应该对两者有一个合理的比例配置，而不是只要能融到资就行。至于将大量短期融资投资于长期资产，问题就更严重了。

这些年快速发展的影子银行，其中有相当一部分是所谓的"明股实债"融资，做这类融资的主要是民营企业。这种融资方式更是搞乱了企业资产负债表。企业把这类资金当作股权在管理和运用，更以此为基础进一步扩张债务融资规模。

传统的观念和认知也限制了民营企业家对融资渠道的认识，更限制了他们对多层次资本市场、多种融资渠道的解读和接受能力。尤其是一些中小企业家，只了解银行、股权、民间借款等融资渠道，对于其他的融资方式如融资租赁、担保等，他们常常感到无法信任、难以接受。部分上市企业更是偏离为股东创造价值的职责，热衷于搞所谓的资本运作。

（二）中小民营企业

1. 财务不透明

大部分中小民营企业的财务管理缺乏规范的制度和流程，自身的财务规划并不明确，对自身的投资、融资计划缺乏长远的判断和规划。企业管理者对财务管理的理论方法缺乏应有的认识和研究，越权行事，造成财务管理混乱、财务监控不严、会计信息失真等。多数中小企业缺乏完善的内部财务控制约束制度、定额管理制度、财务清查制度、成本核算制度等基本的财务管理

05
建设金融支持民营企业发展的长效机制

制度。

财务信息的不规范和不透明使中小企业在融资市场中处于弱势地位，许多评估融资可行性的关键指标处于"黑箱"状态，给资金供给方增加了调查成本。

2. 经营合规性

由于中小企业合法合规经营观念不强，容易引发税务风险、劳动纠纷、法律隐患、环保风险、行政处罚等政策风险。

在获得融资后，中小企业在资金使用效率和规范性方面良莠不齐，常常难以把握风险，甚至出现逾期、失信、跑路等问题。同时，中小企业受限于资金和技术支持，往往为了企业生存不得不铤而走险，忽视了在日常决策中预防法律风险的能力，给企业和企业家个人带来了严重隐患。此外，中小企业普遍面临发展潜力不足的问题，造成金融机构对中小企业融资能力缺乏信心。

3. 应收款拖欠

应收款拖欠问题在大型民营企业中也存在，但在中小民营企业中更加突出和严峻。中小民营企业中有很大一部分是依附于产业链上的大型企业，受到大型企业的牵制。中小企业应收账款往往被大型企业、政府拖欠，有些账期拖很久。一些大型企业会用承兑汇票来支付应付账款。如果急需贴现，中小民营企业还需要支付贴现利息，会在一定程度上受到损失。

中小民营企业资金实力弱，应收账款占比往往较高，应收款的回收关乎企业的正常经营和顺利融资。在现实中，无论是中小民营企业之间，还是中小民营企业和大型企业之间，债务的流转往往会形成三角债。三角债造成资金的空转，降低了资金流转的速度和使用效率，进一步破坏了中小民营企业资金流的稳定性。一旦资金流中断，中小民营企业更难从银行获得贷款，从而形成恶性循环。比如，一些大型房地产开发商，在各地的开发项目，上下游多为当地中小型施工企业，它们为了项目中标，前期需要垫资施工，开发商按照工程进度付款。一般合同约定半年付款期，但回款普遍在一年以上，付款时往往是商业承兑汇票而不是现金。开发商的商业承兑汇票在市场上贴现利率高达 10% 以上。这样，前期大量垫资和不合理的付款方式，导致大量中小供应商和施工企业资金周转困难，背负高昂的融资成本。例如，某大型国有企业设立了保理公司，在与上游中小型供应商进行交易时，故意延长付款期限，但又不对应付款确权，使得这些中小供应商很难得到银行的融资，只能通过这家保理公司融资，成本一般为 8% 左右。一些大型企业设立小额贷款公司，往往也是做这样的业务。这样一来，大型企业既占用了中小企业的流动资金，又获取了融资收益，还优化了自身的资产负债表。

民营企业在政府采购和领取政府补贴业务中也容易遭遇款项拖欠。近年来，我国开始推进清理拖欠民营企业、中小企业账款工作，企业的资金紧张情况得到了一定程度的缓解，但地方补贴被拖欠的情况仍然存在。国家相关政策给予的资金支持，如增值税返还、出口退税，常常遇到暂缓和拖欠的情况。例如，出口企业经常会遇到被税务局通知暂缓退税或暂扣出口退税款的情况。一些县级政府在采购中有对中小企业的大量欠款，但往往不愿意

05
建设金融支持民营企业发展的长效机制

为应付款确权，企业难以获得银行贷款。有的银行与政府合作推出了"政府采购贷"业务，为政府采购项目服务商提供配套贷款融资。但一些县级财政回款不及时导致违约的事情经常发生，因此，一些地方的银行不愿意做县级政府采购贷业务，特别是工程类采购业务的贷款。一些公共机构，如大型医院，长期处于买方强势地位，再加上医保回款慢，对上游医药器械供应商也存在欠款时间较长、支付审批流程烦琐等问题，账期往往在一年以上，也不对供应商的应收款确权。

从2018年开始，国务院在全国范围内开展了政府部门和国有企业拖欠民营企业和小微企业账款清理工作。截至2019年年底，各级政府部门和大型国有企业梳理出各类拖欠账款8 900多亿元，已清偿民营企业、中小企业账款6 600多亿元，取得了较好成效。但是，在支持小微企业开展基于政府采购的应收账款融资方面，仍然需要改进。

案例： 某民营上市企业自上市以来一直保持盈利，然而其应收账款增速远超营收增速，截至2018年9月底，该公司应收账款多达99.76亿元，同比增长33.52%。应收账款占该公司净资产的比重一度高达82.31%。在2019年年初不到两个月时间内，该公司已经发行了23亿元债券。

持续盈利却在不断发债融资，这源于该公司的主营业务为政府投资的园林建设、水系治理和生态修复等工程建设。该公司试图通过PPP（政府和社会资本合作）模式与政府实现"利益共享、风险共担、全程合作",以降低项目风险。然而,该公司与地方政府合作也存在着巨大风险,近年来地方政府收支受房地产行业景气度下滑影响,同时国家加强了对地方政府债务的清查整顿,使得市政园林建设投资普遍减少,影响了该公司的收款进度,近百亿元的应收账款还面临着无法收回的风险。地方政府的巨额欠款,让该公司的现金流持续紧张。根据财报,2018年前三季度,该公司总营收为96.49亿元,净利润为9.75亿元。2019年前三季度,公司经营活动产生的现金流量净额仅为4 272万元,同比暴跌94.09%。

该公司还面临着巨大的短期偿债压力,其刚性债务规模迅速增长,且以短期债务为主,截至2018年9月底,刚性债务为122.38亿元,其中短期刚性债务为93.08亿元,公司即期债务偿付压力大。截至2018年9月底,该公司账面货币资金为15.65亿元,面对90亿元的短期刚性债务,其债券违约风险正成倍放大。

三、公共政策与环境因素

(一)宏观调控政策直接调控到微观企业

这里讲的宏观调控政策是一个涵盖面比较广泛的概念,包括财政政策、货币政策和其他政府部门的宏观行业政策等。一般而言,宏观调控政策,是通过对宏观层面的调整来影响市场、引导市场,从而触达微观层面,以影响微观主体的行为。但一些宏观政策为了取得立竿见影的调控效果,会绕过市场直达微观主体。

05

建设金融支持民营企业发展的长效机制

这类政策本身一般还带有是非对错的评判,使微观主体原来可以做的事情突然变得不做能,从而使其无所适从。另外,一些地方政府在落实政策过程中存在简单化、粗放化现象,不研究政策背景,为落实政策而落实政策,忽视民营经济主体的具体困难。由于政策因素,民营企业面临的困境有:政府在行政审批、执法检查、投资等方面干预过多,运动式执法,政策多变,朝令夕改,政出多门,政府部门之间缺乏协调甚至规定互相冲突,令企业无所适从,甚至置企业于严重困难的情况相当普遍。在一份针对全国各地188家中小商业银行高管的问卷调查中,对问题"您认为企业面临困难的主要原因有哪些",各位受访者把由某些政策和体制因素带来的企业经营困难列在第一位,发生率高达85%,显著高于其他因素。[①]

宏观调控政策对民营企业有明显的外部性。宏观政策出台后,被调控的往往是民营企业,在20世纪90年代以前一般是乡镇企业。每当经济出现过热,需要进行宏观调控,如清理整顿时,政府都会提出明确的需要清理整顿的行业、企业类型等,符合被清理整顿标准的企业往往是民营企业,如历次小水泥厂、小钢铁厂、小电厂、光伏行业、汽车行业的调整。许多民营企业不是在市场中被淘汰,而是直接在政策执行过程中被清理掉了。在这种情况下,银行会突然面临超出预期的不良资产大爆发。在这些民营企业被整顿的同时,同行业的某些国有企业的投融资计划仍按部就班地

---

① 参考王小鲁发表在《中国改革》2020年第1期的文章"调查报告:银行行长看经济形势"。

进行。[①]这导致银行更厌恶民营企业风险，愿意将更多贷款发放给国有企业。

在金融监管政策的执行过程中，同样存在判定标准不稳定的现象。在具体工作中，往往不区分宏观调控手段和监管政策。一是为了宏观调控需要，临时改变监管政策；二是为了宏观调控的需要，临时改变监管政策执行标准，有时宽、有时严，有时甚至可以默认违规操作；三是在实际操作中，对因民营企业引起的不良资产、违规业务的处罚更严厉。

（二）地方政府职能和行为

我国地方政府担负过多的经济发展职能，政府职能改革、"放管服"改革尚未到位，"唯 GDP 业绩观"没有彻底破除。为了地方经济的发展，地方政府不是通过从制度、法制、服务等方面营造良好的营商环境，来促进地方经济发展，而是习惯于通过直接鼓励、扶持甚至干预具体企业经营来促进地方经济发展。一方面，这使得一些大型民营企业对地方政府产生了依附，失去了开拓市场的动力，把更多精力花在了政策寻租上。另一方面，地方政府各类优惠政策的鼓励、扶持和补贴，造成企业盲目、非理性扩张，使企业长期处于高杠杆紧运行的风险中。由于地方政府官员调换和发展规划变动等，不同时期、不同行业的民营企业面临不同的生存环境。一方面，一些受到扶持和优惠待遇的民营企业，可能因为地方官员发生变动而遇到非经营性风险；另一方面，地方政

[①] 参考王伟发表在《中国民营科技与经济》2005 年第 11 期的文章"宏观调控对民营企业发展的影响及其对策"。

府的发展规划在不同时期侧重点有所不同,曾经受重视的民营企业可能会因政策待遇的变化而形成经营风险。

(三)法律法规的缺陷

我国过往和现存的一些法律法规,仍然以旧的经济观念和法律观念来治理多种所有制共同发展的市场经济。

在具体的判罚当中,职务侵占和挪用资金两项罪名近乎职务犯罪,法理比较清晰,也符合当下市场运行的刑事犯罪的基本社会动态,但却未必符合创业型民营企业家的基本特征。因为没有一个人会偷自己创立的事业,且是自己当家的家里的钱,所以,公安机关的侦查遇到了"事实不清"的问题。比如,抽逃出资罪和虚假出资罪源自我国过去的注册资本实缴登记制。2014年国务院印发《注册资本登记制度改革方案》和修改实施《公司法》,规定除实行实缴制的公司外,原则上实行认缴制,这解决了投资人自由权利的问题。类似的问题还存在于一些法规中。

在实际的执行和操作过程中,司法环境对国有企业和民营企业的相似情况量刑不一,往往对国有企业采取纠正、保护态度,对民营企业则大量入罪,造成民营企业法律生存环境的恶化。存在将市场流通领域和民间金融领域的罪名扩大化适用的情况,如非法经营罪、非法集资罪等。同时存在用刑罚手段治理民法、行政法领域的问题,将企业产权和经营自主权方面的罪名进行极端定性,如民营企业挪用资金、自由买卖证券资产也被作为犯罪予以打击。①

2017年《最高人民检察院关于充分履行检察职能加强产权司法保护的意见》等文件对这些问题有所纠正，但有些地方在执行过程中又走向另一个极端，例如，对于民营企业间或民营企业和金融机构间的诉讼，以保护民营经济为名不受理或不执行。其实还是需要在法治轨道上，既保护民营企业也保护金融机构的合法权益。

执法需要一个稳定的标准，否则会对企业的正常经营产生不稳定的风险。例如，逃废债是一种民事违约行为，它强调债务人的主观故意，即有履行能力而不尽力履行债务的行为。对于这类行为，当逃废债的数额较小和危害较轻时，执法机构往往不能及时制止；当这类行为造成较大的数额和危害时，执法机构往往会加重处罚。有一些执法过程会遇到不受理的情况，地方保护主义也会为执法环境的稳定增加障碍。在这种情形下，银行放贷面临的不确定性会增加，风险考量会使民营企业的融资难度增加、融资成本上升。

四、突发性危机的影响

除上述因素外，影响民营企业融资的突发性危机带来的冲击也不可小觑。如大型自然灾害、公共卫生事件、金融海啸等危及公共安全和正常社会秩序的危机事件，往往会在一段时间内造成

---

① 参考陈有西发表在《民主与科学》2016年第5期的文章"民营企业的法治困境"。

05
建设金融支持民营企业发展的长效机制

经济停顿,对企业的正常经营和社会资本的正常循环造成破坏。

2008年金融危机的爆发造成金融市场混乱,股市大跌,全球经济增速下滑,许多企业不能维持正常经营。

2020年年初,新冠肺炎疫情暴发,继而席卷全球,各国纷纷采取封城、全民居家隔离等措施应对疫情扩散,严重影响了各国经济活动。尽管各国政府推出了一系列经济纾困计划,但美国、欧洲、日本的企业破产数量仍在大幅上升。根据国际清算银行8月发布的报告[1],新冠肺炎疫情后,全球债市中非金融企业发债量激增,而银团贷款的发放受拖累大幅减少,更依赖银行贷款的中小企业近几个月来信贷收紧明显。

我国在应对新冠肺炎疫情方面取得了举世瞩目的成就,同时在恢复经济、保障复工复产方面也积极作为。在疫情期间,我国数字经济表现出极大的活力,无接触贷款发挥了稳定器的作用,在短期内有缓解民营企业现金流断裂风险的功能。[2] 政府也推出了多种举措,以加大金融领域对企业的支持力度。不过,疫情仍然对企业的正常经营造成了不小的冲击,一项对3 856家上市企业现金流量表的调查显示,2020年第一季度,共有2 859家企业获得股权和债权融资,其中1 423家企业融资同比增长,34家融资未发生变化,1 326家融资同比减少。整体而言,头部企业具备较强的融资能力,超过80%的企业融资额在10亿元以下,获得

---

[1] 参考 Tirupam Goel and,BIS Bulletin NO.29,"Bonds and syndicated loans during the Covid-19 crisis: decoupled again?"
[2] 参考黄益平在清华五道口发表的文章"中国民营企业的融资问题"。

2 000万元融资的企业数量最多,为50家,最少一家仅有5 500元。同时有997家上市企业未进行或实现融资,"ST"企业超过半数未能实现融资。①

根据招商银行23 524份问卷的调查结果,2020年4月底我国小微企业(雇员人数小于50人)产能仅恢复四成,大中企业(雇员人数超过100人)产能恢复约七成。当前,企业仍面临供需、经营、融资等多方面的困难,其中3/4受访企业第一季度营收显著下滑,且预期上半年难有改善,超过五成企业预期上半年营收将下滑50%以上。由于营收利润下滑、现金流吃紧,受访企业普遍选择收缩。一方面,超过九成受访企业预期上半年雇员数量和薪酬相较去年年底有不同程度的缩减。另一方面,受访企业的投资计划整体上极其谨慎,仅有不足一成企业计划上半年增加投资。小微企业的投资收缩幅度远大于大中企业。由此可见,确保民营企业经营和融资活动的正常进行,仍然是疫情防控下和疫情结束后的重要任务。②

五、结论

建设金融支持民营企业发展的长效机制,不能单纯从供给端考量,也不能仅仅依靠企业自身来解决问题。我们需要综合考量造成民营企业融资难的各方面因素,全面考虑如何在控制风险、

---

① 资料来源:万得资讯,零壹智库。参考王桂芳、文小兴在零壹财经发表的文章"疫情之下,融资能力哪家强?一季度上市企业融资能力排行榜"。
② 参考招商银行研究发表的报告"穿越生死线——招商银行小微企业调研报告之二(I)"。

05
建设金融支持民营企业发展的长效机制

提升质量的同时使有还款能力的民营企业更容易、更有效地获得资金和使用资金,从而进一步激发多种所有制共同发展的经济活力。

民营企业的融资难问题,是几方面因素共同影响的结果。从经济结构来看,我国产业结构经历了数次变迁,产业革新和淘汰落后产能的举措使民营企业承压。从金融市场来看,作为市场化主体,金融机构基于风险考虑和效益最优原则,将更多融资资源向还本付息相对稳定可持续的国有企业和政府平台倾斜。非理性发展、政策寻租、高杠杆、高风险、资产负债管理能力不足、政策风险等因素,使金融机构和市场对民营企业融资更慎重。

民营企业融资难集中体现为有效需求不足,主要是民营企业的贷款和融资需求大于其自身能够承担的支付能力。有的企业融资难是本身杠杆水平已很高,即前期融资过于容易使得其严重依赖债务作为流动资金或盲目投资,从而造成后期继续融资困难。大型民营企业往往将自身问题外部化,又易受外部非市场因素干扰;中小型企业面临资金周转效率低下、管理能力不足、应收款拖欠等问题。此外,政策和法规的制定和执行仍存在缺陷,限制了民营企业的融资活力。

民营企业融资成本相对较高,但这是风险定价的结果,不能以此确认所有制歧视。单纯在信贷上遵守竞争中性原则很难做到。因为国有企业出问题时,国家出手救助的情况更多,民营企业出问题时,虽然有一些"大而不能倒"的现象,但多数还是只能自生自灭。因此,民营企业融资风险溢价相对较高。例如,民营企业债券违约多，导致民营企业发债利率更高和债券缺乏流动性。

民营企业内部还存在着规模歧视，大型民营企业挤压小微民营企业的流动性。少数大型民营企业具有舆论影响力，其发声可能使外界将个案与整体情况相混淆。反之，民营企业个体行为方式也会影响民营企业的整体信誉和形象，单个风险事件容易造成融资提供方对民营企业群体的不信任。少数企业给其他民营企业树立了不好的榜样，一些个例中又蕴含着一定的普遍性。

此外，新冠肺炎疫情等突发性危机，加大了企业经营发展的难度。这需要有长效的金融支持机制，来减轻企业在长期趋势中受到的突发性危机的影响，保障企业稳健经营和持续发展。

05
建设金融支持民营企业发展的长效机制

主要结论与政策建议

建立金融支持民营企业发展的长效机制，一是要坚持竞争中性原则，确保市场经济公平竞争秩序。二是要进一步完善法律保障和政策引导，使概念范畴界定清晰、行使权责有法可依。三是民营企业要通过建立健全现代公司治理体系等赢得市场的信任，而不是博取舆论的同情。四是优化地方政府职能，减少对企业具体经营的直接干预。五是要激发金融机构活力，倡导长效经营方式，减少短期行为对企业经营和融资带来的冲击。六是要创新融资模式，有针对性地为不同类型、不同发展阶段、不同性质及行业的企业提供有效的解决方案，从而达到支持企业长期健康发展、减少企业融资总额、降低负债率和融资成本的效果。

从总体来看，长效机制可以有效协调民营企业与金融体系产生交互的各个组成部分，使各参与方之间的有效互动形成良性循环，进而不断改进和完善金融支持民营企业发展的各个环节。从运行方式来看，长效机制可以遵循市场规律，完善规则制度，减少行政干预，激活参与主体活力，充分发挥市场在金融资源配置中的决定性作用。从长期来看，长效机制注重与时俱进，会充分考虑我国"十四五"时期超大市场规模的"新优势"，注重结构调整和模式优化，有助于推进经济高质量发展的目标。

一、原则

建立金融支持民营企业发展的长效机制,首先应该激活民营企业的活力,确保市场经济的公平竞争秩序,保证和强调竞争中性原则。竞争中性强调国有企业和民营企业的平等市场竞争地位,强调通过公平的市场竞争机制消除因所有制造成的资源配置上的扭曲状态,实现市场配置资源,增强所有市场参与者的竞争力。

市场在资源配置中起决定性作用是市场经济的本质特征。市场主体遵循市场经济的一般规律,通过价格、供求、竞争来有效调节资源在全社会的配置。坚持市场在资源配置中起决定性作用,有利于完善社会主义市场经济体制,形成公平竞争的市场环境和现代市场体系,克服政府对资源配置干预过多问题。

只有坚持竞争中性原则,坚持市场配置资源的主体地位,才能使企业更好地发挥市场主要参与者的功能。在长效机制下,应当使民营企业经受市场的检验,通过市场来决定民营企业的发展前景。

二、法规和政策改革

(一)我国现行法规和政策改革措施

建立金融支持民营企业发展的长效机制,政府在制定相关政策时,应当以市场化为导向,激发民营企业的市场竞争力和生存发展能力。加强宏观调控是社会主义市场经济的内在要求,使市场在资源配置中起决定性作用,并非意味着不重视政府的作用,而是要更好地发挥政府作用,形成有利于科学发展的宏观调控体系,维护基本经济制度,协调各组成部分的功能,激发民营企业

建设金融支持民营企业发展的长效机制

等各类经济体的活力。

我国现行的《中小企业促进法》是为了改善中小企业经营环境，促进中小企业健康发展，扩大城乡就业，发挥中小企业在国民经济和社会发展中的重要作用而制定的。它提出国家鼓励各类金融机构开发和提供适合中小企业特点的金融产品和服务，引导金融机构提升小微企业融资规模和比重，对缓解我国民营企业融资难题起到了积极作用。

2019年12月，中共中央、国务院印发的《关于营造更好发展环境支持民营企业改革发展的意见》提出，健全银行业金融机构服务民营企业体系，完善民营企业直接融资支持制度，健全民营企业融资增信支持体系。

2018年以来，司法系统多措并举，全面清理不利于民营企业发展的法律和规范性文件，以期为民营企业提供优质高效的法律服务。但当前的法律法规对中小企业融资仍有一些阻碍。应当在立法、执法和守法的各个司法环节继续严抓，落实竞争中性，取消歧视规定，消减非市场行为对民营企业市场竞争的干扰，保证持续优化中小企业的法律生存环境。

（二）进一步完善法律保障和政策引导的建议

1. 进一步完善《中小企业促进法》

首先，建立为中小企业融资提供增信的国家担保体系，要明确规定各级政府担保机构的组成方式、资金来源、持续的资金补充方式、业务运作模式等。目前不少地方政府都建立了此类担保机构，但形式不一，资金来源不规范，没有法定的持续资金补充机制，运作方式不统一。在给中小企业提供担保时，还需要企业提供抵押等反担保措施，这往往增加了企业负担和融资麻烦。

其次，为应收账款、知识产权、存货、机器设备等担保品的确权、流通、处置等立法，确保担保品可确权、可流通。《中小企业促进法》应要求相关部门积极建设相关担保品的流通市场，以使担保品真正成为有效担保品。担保是借款人第一还款来源不足以偿还债务时的第二还款来源。合格的担保品，其价值应独立于借款人本身的还款能力之外，并具备良好的变现能力。而多数知识产权、存货、借款人本公司股票股权等，都和借款人的经营状况密切相关，在借款人经营出现问题时，担保品价值也会大幅度下降。另外，知识产权存在评估、变现困难等问题，除了能直接带来现金流的版权、使用许可证，其他担保品并非合适的担保品。不应高估这些担保增信方式的作用。

最后，在已有的中小企业发展专项资金和中小企业发展基金的基础上，建议规定财政对向中小企业提供融资的金融机构给予补贴或税收优惠，增强金融机构对中小企业提供融资的积极性。

2. 建议研究出台我国的"准时付款法"。

《中小企业促进法》规定，"国家机关、事业单位和大型企业不得违约拖欠中小企业的货物、工程、服务款项。中小企业有权要求拖欠方支付拖欠款并要求对拖欠造成的损失进行赔偿"。但实际上，这一规定并没有得到很好的执行，政府只是在问题突出时以运动方式集中予以整治。这一方面是由于法律缺乏细化规定，另一方面是中小企业诉讼、维权成本高。2020年7月14日，国

05
建设金融支持民营企业发展的长效机制

务院发布了《保障中小企业款项支付条例》(下文简称《条例》),对付款期限、迟延支付的损失赔偿标准都做了具体规定,在制度上有了显著的进步。

但《条例》仍存在一些不足。一是只保障中小企业而未纳入大型企业。例如,2018年引起市场关注的大型企业东方园林应收账款多达近100亿元。鉴于民营企业普遍存在应收账款账龄较长的现象,仅仅重视和解决中小企业的款项支付问题还不能够满足民营企业的整体需求。机关、事业单位和大型企业账款拖欠在一定程度上是长久以来的市场习惯和风气所致。二是以行政部门(省级以上人民政府负责中小企业促进工作综合管理的部门)为解决此问题的主责部门。在不同区域,地方政府执行条例的方式和尺度可能存在差异,执行情况有待评估。

我们认为,在执行和落实好《条例》内容的基础上,仍然需要一部规范整个市场的《准时付款法》,对商业交往中的付款行为做出可操作的法律规定,提升执法的可行性和尺度的统一性。这有助于民营企业获得法律保障,加快资金的流转速度,减少空转债务,从而降低整体负债率,节约社会成本,使民营企业资金"紧运行"的问题更好地得到解决。

3.完善相关法律法规对商业信息披露的规定和要求,明确定罪标准,加强执法力度。

民营企业融资难,很大程度上是没有获得市场信任造成的,而民营企业不被市场信任的关键原因就是不诚信、不全面披露信息,甚至为获得融资故意提供虚假信息。

走向"十四五"

我国《刑法》第一百六十一条"违规披露、不披露重要信息罪"有如下规定:"依法负有信息披露义务的公司、企业向股东和社会公众提供虚假的或者隐瞒重要事实的财务会计报告,或者对依法应当披露的其他重要信息不按照规定披露,严重损害股东或者其他人利益,或者有其他严重情节的,对其直接负责的主管人员和其他直接责任人员,处三年以下有期徒刑或者拘役,并处或者单处二万元以上二十万元以下罚金。"这一规定存在的问题,一是对哪些是"依法负有信息披露义务的公司、企业"没有给出明确解释,一般被理解为上市公司。打击不诚信披露信息、提供虚假信息,不应只局限在上市公司中,对有股权、债权融资的企业应该都适用。二是二十万元以下罚金的经济处罚过低,应予提高。

《刑法》第一百七十五条"骗取贷款、票据承兑、金融票证罪"对以欺骗手段取得银行或者其他金融机构贷款、票据承兑、信用证、保函等进行了罪行界定,但关于"欺骗手段"亦无具体的司法解释,需要明确。

(三)国际经验借鉴

国外的经验能够为我们提供一些参考。世界银行(2017)报告指出,高收入国家20%的中小企业、中等收入国家28%的中小企业和低收入国家44%的中小企业都存在融资困难。美国形成了相对成熟的小微信贷融资体系,为破解小微信贷融资难这一普遍难题提供了可资借鉴的思路和经验。

首先,在小企业融资支持方面,自20世纪50年代起,美国开始建立并不断完善小企业融资法律体系,确定了小企业特殊地

05
建设金融支持民营企业发展的长效机制

位及其融资保障原则。1953年的《小企业法》推动了美国小企业管理局（Small Business Administration，SBA）的成立，之后美国陆续制定了《小企业投资法》《小企业融资法》《小企业经济政策法》《小企业技术革新促进法》等20多部法律法规。其中美国《小企业法》7（a）担保贷款项目是《小企业法》下最常使用的融资担保项目，其担保比例中有25%或15%的违约风险由贷款人自行承担，这可以将美国小企业管理局与借款人隔离，防范道德风险；鼓励发放长期贷款，7（a）担保贷款项目的贷款期限一般为7~10年，最长可达25年，相对应的还款方式大多是分期还款；实现充分的信息披露，业务活动透明高效，提高各方主体参与的积极性；充分利用贷款二级市场，分散风险的同时扩大贷款人的授信能力。这一设计可以为我国政府性融资担保体系的发展与完善提供有益借鉴。[1]

除了专门的小企业立法，普通金融立法也高度强调赋予小企业"公平"权利。比如，2017年5月，根据《多德－弗兰克华尔街改革与消费者保护法案》第1071条对《公平信贷机会法案》的修订要求，美国消费金融保护署要求金融机构针对少数族裔业主、女性业主和小企业业主，恪守公平信贷原则，并向其报送相关信息。[2]

---

[1] 参考罗欢平发表在《金融法苑》第98期的文章"美国《小企业法》7（a）担保贷款项目及其启示"。

[2] 参考理言在平安普惠金融研究院发表的文章"他山之石 美国小微融资之道——70年的启示"。

走向"十四五"

其次，针对应收款账期问题，美国联邦政府于1982年制定了《准时付款法》并多次修订，绝大多数州也参照联邦法律制定了自己的准时付款法。这一法规规定得非常细致，主要是针对美国政府采购的。例如，对于承包人，联邦政府在收到合格的单据后，应在合同约定的时间内付款，合同若无约定，则应在30天内付款，对农产品等一些特定产品、分阶段付款等情况，有一些特殊的规定；如果付款单位认为单据不合格，要立即退回，并说明为何单据不合格，且退回时间不得晚于7天；如果超过规定的时间不付款，就开始计罚息，超过30天后，罚息计入本金；罚息利率由财政部确定，登在联邦公报上；等等。在美国，由于有明确的法律条款威慑，政府的应付账款支付比较及时。

最后，反欺诈条款和严格执法。虽然美国的上市公司是证券法执法的重点，但反欺诈是一个重要的例外——反欺诈条款适用于所有公司，无论是上市公司还是私营公司。美国《证券交易法》第10（b）条和美国证券交易委员会规则第10b-5条广泛禁止任何性质的公司使用"与买卖任何证券有关的任何操纵或欺骗手段"。美国证券交易委员会针对私人公司的反欺诈权力，对其他常见欺诈行为均有效。

美国证券交易委员会针对私人公司欺诈行为的执法较为严厉，主要为直接提起诉讼（如2019年的Theranos案，2017年的Wayne Energy案等）。除此之外，美国证券交易委员会还积极研究和推进在私营企业（包括新兴产业）领域激励信息披露的措

05
建设金融支持民营企业发展的长效机制

施，如扩大对私营企业雇员的举报人保护。①

除美国外，中国香港廉政公署、新加坡贪污调查局、英国严重欺诈调查局等都有权调查私营机构的欺诈、腐败犯罪等行为。

三、民营企业尤其是中小企业要赢得市场的信任

融资是一种基于信任的市场行为。作为微观主体的民营企业要获得融资，就必须赢得市场的信任，而不是博取社会舆论的同情。融资活动基于双方的相互了解和信任。民营企业应当树立良好的社会形象，合法经营、合规经营、诚实经营、稳健经营。

民营企业应当减少对政策和政府的依赖，直面市场进行经营和竞争。在处理与地方政府和国有企业的关系时，民营企业需要明确自身的权利与义务，不能对地方政府兜底抱有幻想，应当承担自身的企业责任和社会责任。

民营企业应当健全现代企业管理制度，提升资产负债管理能力。企业经营者应当拒绝盲目冒进，坚持高质量发展理念，为企业设立合理的发展目标。企业家应加深对多层次资本市场的认识，接触多种融资渠道，灵活运用债权和股权融资方式，根据企业具体情况选择最优策略。应当控制企业杠杆率，优化资产负债结构，采取合理的资金管理模式，完善资金预算管理、流动性管理，制定最佳融资决策，最大化资金使用效率。应当警惕和防范期限错配带来的风险，防止债务或股权质押过度集中，注重配比管理，

---

① 参考 Winship, Verity 在 UC Davis Law Review 发表的文章 "Private Company Fraud"（Draft of 14-Feb-20, SSRN）。

合理安排银行贷款和其他负债的比重。

民营企业尤其是中小民营企业，应注重流动性风险管理，运用总资产周转率、应收账款周转率、资产负债率、银行借款总额、银行信用额度等指标构筑现金流风险预警体系模型，有效化解现金流风险对企业生产经营的影响。当现金流偏离正常状态时，要分析造成该种状态的原因，提前采取防范措施。

民营企业应当知法懂法，熟悉政策方向，依法合规稳健经营，尽量避免法律风险和政策风险；拒绝动歪脑筋，以不正当手段牟取利益。全面、真实地披露企业财务、发展和管理信息，与金融机构坦诚交流，这也体现着对投资人负责的精神。大型民营企业应当树立正面典型，起到行业示范作用。

四、优化地方政府职能

加大推进政府职能改革的力度。地方政府是我国民营企业快速发展的重要支持力量。但随着我国改革进入新时代，地方政府的支持方式也应该有所改变。建立金融支持民营企业发展的长效机制，地方政府应当真正做到"放管服"，减少对具体企业经营发展的直接干预。

地方政府做好"放"，应当深化简政放权，进一步激发市场活力。应当坚持凡是市场能调节、社会能承担的事务，政府相关审批权要坚决取消。应当根据实施能力和管理便利性原则，将政府必不可少的审批、核准和备案事项，在不同层级政府间合理划分并明确公布。关于"放"，我们认为更应该包括以下内容：政

05
建设金融支持民营企业发展的长效机制

府,包括政府领导,不应该对具体企业的发展速度、发展规模、行业选择等提出要求。

地方政府做好"管",主要是营造公平、法治、有序的发展环境。地方政府应转变监管理念,强化政府的法定职能意识,监管政策应当稳定明确,应当保证执行标准的严格、统一、稳定,为民营企业营造公平、稳定、可预期的外部监管环境。不能因为宏观经济的波动等因素,而使"管"的标准在宽严之间摇摆。地方政府应创新监管方式,充分利用大数据等信息手段,探索"互联网+监管"模式。

地方政府做好"服",应当优化公共服务,更好地履行政府职责。完善公共服务供给机制,搭建审批事项少、行政效率高、行政成本低、行政过程公正透明的政务服务平台。同时更好地提供营商环境,支持执法部门,统一执法标准。应当更好地提供公共物品的服务。同时应当注意补贴方式和扶持力度,以增强民营企业综合实力和融资竞争力为目标。"服"要把握度,不应超越政府的法定职能范围,替代市场的职能作用和企业自身的责任。

2020年2月,浙江省实施了《浙江省民营企业发展促进条例》。条例将支持民营企业发展相关指标纳入高质量发展绩效评价体系,旨在推动建立和完善为民营企业提供融资担保的政策性融资担保体系,建立健全风险补偿和政府性融资担保公司的资本持续补充机制,鼓励融资担保公司与银行业金融机构建立合作和担保责任风险分担机制。条例也对县市政府的行为做了约束,为各地区地方政府提供了范例。

结合疫情,建议有针对性地解决民营企业、中小企业面临的突出问题。新冠肺炎疫情的暴发使中国大量小微企业和个体工商户受到了冲击,这些企业数量巨大且分散,扶持政策要落实到位有不少困难。根据中国人民银行的数据,截至 2020 年 4 月底,在普惠型小微企业贷款中,制造业、批发零售业和建筑业企业贷款分别占 39.3%、29.7% 和 7.6%,合计占 76.6%。而小微企业广泛存在于餐饮、住宿、旅游、娱乐等生活服务业,这些行业受疫情冲击十分严重,需要加大对特定行业、特定区域的政策支持力度,进一步畅通社会供应链和资金链,防范企业资金链断裂。

五、激发金融机构活力

建立金融支持民营企业发展的长效机制,应当引导金融机构发挥活力,激活民营企业的发展动力。金融机构应强调长效发展理念和经营方式,以战略眼光客观看待风险,防止短期行为给企业经营和融资活动带来冲击。

第一,完善追责考核制度。不良资产的产生,原因有很多,不完全是客户经理和审批人员的个人责任。客户经理和审批人员的风险管理经验和能力,是在实践中不断积累的。应该区分个人能力、操作失误、失职渎职、与客户串通合谋、客观经济形势变化、企业恶意欺骗等实际情况,由银行自主处理。一刀切的严肃追责,上追两级,对建立正常、良好的责任理念是不利的。银行应当根据自身发展战略和客户战略,设立相应的不良资产容忍度,缓冲

05
建设金融支持民营企业发展的长效机制

企业融资和信贷人员风险责任之间的目标冲突。

第二，建立新型银企关系。企业应该根据自身的条件、发展规划，在充分竞争的基础上，选择相对稳定的服务银行，诚实、全面地向银行披露各类信息，保持充分、及时的沟通，以争取银行充分、持续的信任。银行也应该在服务中对客户进行分类，例如，银行可以将客户分为战略合作客户、紧密合作客户、一般合作客户。银行应该以全局视角为战略合作客户谋篇布局，为其长期发展提供长效支撑；对于紧密合作客户，银行应当做到相对了解，能够对企业需求做出快速响应。

这并非要重新建立"主办银行"或"主银行"模式。从银企关系的不同模式看，德国、日本的银行和企业结成过于紧密的关系有利有弊。中国人民银行曾于1996年颁布《主办银行管理暂行办法》，但实际效果不佳。银保监会2018年印发的《银行业金融机构联合授信管理办法（试行）》规定的联合授信牵头行，类似于"主银行"，但此制度尚未得到普遍推行。主要原因，一是德国、日本的主办银行，多数和企业间形成了股权关系，银行人员还进入了企业的董监事会。而在中国，银行持有工商企业股权是法律所禁止的，如果工商企业入股银行，成为关系人，那么关系人贷款会受到诸多限制，因此，银企之间并无股权纽带。有竞争力的企业在银企关系中处于强势地位，银行很难成为其"主银行"，垄断其金融服务。二是在工业化时期，企业经营相对稳定，银行持续给予支持有助于企业扩张，而在后工业化、信息社会，商业模式变化很快，企业的生命周期缩短，银行很难长期持续服务于一个客户，而是需要为股东、债权人负责，择机退出市场前景不佳的企业。随着企业的优胜劣汰，金融资源也需要被配置到新的企业。关键是，面对有发展前景的新兴企业、中小企业和遇到暂时性困难的企业，银行要能够识别并加以扶植，建立长期关系。

完善贷款品种和期限政策。由于相关监管规定和商业银行为形式上控制风险的需要，我国形成了对中小企业以短期流动资金贷款为主的贷款品种、期限结构，而美国、日本、德国小企业贷款都可以长达10年甚至20年以上。这使得中小企业需要不断续贷、当期还款压力大，这也是我国中小企业贷款比上述国家规模大、占比高，但中小企业却感觉融资压力大的重要原因。实际上，企业不仅有临时性资金需求，也有中长期周转性流动资金需求。监管相关规定应进行调整，以满足企业中长期贷款需求，解决"无还本续贷"的治标不治本问题以及和贷款风险分类原则相抵触的问题[1]。

六、创新融资模式

创新的融资模式应当有针对性地为不同类型、不同发展阶段、不同性质及行业的企业提供有效的解决方案，或补足非传统企业发展所需资金，或加快资金清算等，从而达到支持企业长期健康发展、减少企业融资总额、降低负债率和融资成本的效果，而不是单纯获取资金、增加信用，无谓地增加企业的负债率和融资

---

[1] 参见刘克崮等《尽快完善当前民营企业贷款政策的建议》，《当代金融家》2020年第7期。

05
建设金融支持民营企业发展的长效机制

成本。

应该建立针对小微企业各个发展周期的系统化融资供给体系,改变不论处于什么成长阶段和周期均过度依赖银行融资的现状。针对初创期、成长期以及其他银行不宜介入的阶段,提供更多样化的融资工具。

(一)直接融资

关于国内外实践经验的研究表明,直接融资方式如果使用恰当,不仅可以缓解民营企业过度依靠银行间接融资可能出现的融资困难,还可以弱化银企或资金方和企业之间由于信息不对称带来的信用风险、收益、资本占用等问题。①

1. 股权融资创新方式

我国民营企业和中小企业在股权融资中存在如下问题。

第一,融资方和投资方尚未完全厘清股权融资的主要目的。股权融资是真正意义上的风险资本,它提供了与所有权相关的风险和回报。部分民营企业家将上市"圈钱"、取得社会地位作为企业发展的目标,而并非真诚寻求资本投入以增强可持续发展能力,对资本市场要求的规范性、透明度,上市后的监督、约束,也没有充分的认识。部分投资者,包括风投等将上市作为退出获利的投机机会,并非"有耐心的资本",亦没有认识到在未退出之前,应该与企业和衷共济,帮助企业实现稳健成长,除了注入资金外,更多应投入管理、业务网络等资源。我国目前的法规和

---

① 参考鲁政委发表在《金融时报》的文章"创新方式提高直接融资比重,缓解小微企业融资难问题"。

监管体系中也缺乏相应的约束机制，造成股权融资无法真正发挥长期支持企业可持续发展的作用。

第二，新三板、科创板等首发上市创新融资市场运作尚不成熟。我国中小板和新三板目前流动性严重不足，挂牌企业数量持续缩减。主要原因包括以下四个方面。一是上市公司本身是新兴产业或初创公司，投资者往往给予较高风险溢价，且其股价波动性较高，容易负反馈影响企业的真实经营状况。二是目前的做市商制度、集合竞价等交易机制都未能有效解决新三板市场的流动性困境。三是现行的分层制度尚不完善，对创新层要求过高，对企业成长性的关注不足，且缺乏对基础层的相关法律定位。四是辅助投资决策的财务信息较少、投研和分析师评论体系尚不完善，退市制度、挂牌企业监督治理、投资者保护等基础设施建设不足。

第三，当前我国多层次资本市场体系尚未完全发挥作用。除目前正在大力推进的科创板外，我国已初步形成了由主板、中小板、创业板、股转系统和区域股权交易中心构成的多层次资本市场体系，通过不同层次市场的相互补充，更有效地匹配不同企业的融资需求。然而，区域性股权市场作为小微企业融资服务平台的功能并未得到充分发挥。

为进一步发展股权融资市场，支持民营企业和小企业，笔者提出如下建议。

第一，在政策和监管方面提出使融资方和投资方着眼于长期发展的行为规范。例如，在关于上市、退出、锁定期等相关规定中加入并细化对公司在未来一段时间内表现的条件；优化创业板

05
建设金融支持民营企业发展的长效机制

非公开制度安排，支持上市公司引入战略投资者；明确相关规定，规避机构投资者利用科创板等创新制度进行套利等行为。

第二，在扶植企业、高标准治理和信息披露方面实现平衡，确保上市企业能够维护投资者信心。上市标准要灵活分层，使分层制度设计真正起到对不同资质、不同发展阶段企业的分流作用，确保优质上市企业在对应层级得到更充足的流动性。完善混合交易制度，从传统做市、混合做市到竞争做市不断升级，保持市场活力，形成良好的优胜劣汰机制。严格明确退市与转板制度，构建准入壁垒。构建灵活的转移机制，构造内部转移通道，促进层级流动等。[①]

第三，逐渐把区域性股权市场变成支持中小企业融资的平台。由于区域性股权融资市场和本地企业更接近，可以整合地方政府对中小微企业的扶持政策，形成一个低成本、低风险、高效率、更适合中小企业融资的重要平台，对民营及中小企业给予最合适的支持。

2. 债券融资的创新方式

根据海外市场经验，针对中小型企业的债券市场的层次较为丰富，包括高收益债、信用债等市场，并衍生出多种创新工具，如混合型（夹层）债权融资、结构化票据、资产证券化等，我国需要创新和丰富债券融资品种，完善信用评级体系、定价体系、违约处置、增强信用工具、信息披露以及其他市场基础设施

---

① 参考国元证券发表在微信公众号的文章"'创新升级'系列：从纳斯达克看科创板的路径选择"。

建设。

（1）积极发展高收益债市场，探索完全针对小微企业的独立高收益市场

美国是目前全球高收益债券最主要的发行市场，其高收益债券的发行量占到全球发行量的八成左右，有力地支持了一大批中小企业和创新企业的崛起。目前我国没有正式的高收益债市场，尤其是完全针对中小微企业的独立高收益债市场，而业界现存被视为高收益的债券，多为原高评级被下调导致被动持有的库存债券。

为进一步发展高收益债市场，利用高收益债为民营企业和中小企业融资提供支持，笔者提出如下建议。

第一，拓宽市场准入和监管支持。允许民营中小微企业发行投资级别以下或无评级的债券，同时放宽对发行人的行业限制。探索"先私募、后公募"的推进顺序，以注册制方式发行。同时提供政策增信，适当提高对高收益债券违约的监管容忍度。

第二，鼓励多层次市场参与者。引入银行、券商参与承销高收益债，鼓励券商加强对高收益债标的的研究；同时建立鼓励资产管理、基金、保险公司以及合格境外投资者参与高收益债投资的机制安排。探索利用结构化产品丰富发行人增信渠道，同时发展信用衍生品市场，减小偿付风险。

第三，拓展高收益债市场流动性。参考成熟市场的经验，可以通过相关法律法规来构建机制，平衡投资人保护与市场参与者对流动性的需要。例如，通过设定限售期、限制交易流通时间、

05
建设金融支持民营企业发展的长效机制

限制交易流通受让人、明确豁免转售条件等措施，适度拓展流通性。同时引入做市商制度，增加交易市场的流动性。

第四，有效管理高收益债的潜在风险。加快市场基础设施建设，制定适用于高收益债的投资监管标准。建立专门针对高收益债的市场机制、独立评级体系等。监管部门在对整体宏观经济形势压力、未来货币政策对整个债券市场的影响程度、市场风险、发行人的信息披露要求、担保评级体系、中介机构的责任等方面进行监管时，需要有针对性地加强管理，帮助企业有效管理市场风险，并将高收益债市场纳入证券投资者保护体系。

第五，坚持市场化定价原则。发行价格、利率、费率等遵循自律规则、按市场方式确定，有助于提升投资者的风险定价能力，丰富信用类债券品种的收益和市场结构。

（2）发挥民营企业债券融资支持工具作用

民营企业债券融资支持工具包含多种类型，核心工具为信用风险缓释工具。利用此类信用衍生产品，可以对冲投资者在债券投资中面临的违约风险。目前，我国已经推出信用风险缓释合约（CRMA）、信用违约互换（CDS）和信用保护合约等合约类工具，以及信用风险缓释凭证（CRMW）、信用联结票据（CLN）和信用保护凭证等凭证类产品，为企业提供了"债券融资＋信用保护凭证"的综合信用支持，降低了融资成本。[1]

我国信用风险缓释工具尚处于初级发展阶段，存在如下问题。

---

[1] 参考陈诣辉、王自迪、刘沛伦发表在联合资信的文章"2018年信用风险缓释工具市场研究报告"。

首先，由于目前已发行的信用风险缓释工具具有明显的政策驱动特征，为的是缓解民营企业面临的融资困难，而非由市场自然发展而来，因此产品结构相对简单。

其次，二级市场流动性较差，难以实现信用风险价格发现、优化投资组合等功能。

再次，由于国内债券市场打破刚兑时间尚短，信用风险相关数据积累时间不长，基于违约概率的信用风险缓释工具的定价方法尚无法适用，只能依托现有的信用债收益率曲线，采用信用利差法进行定价参考，再通过市场化的询价和簿记建档方式形成价格。此种定价机制较粗略，不能区分信用风险和流动性风险，不能为信用风险缓释工具交易提供准确的价格基准。这进一步限制了市场参与者的活跃度。

最后，我国监管机构尚未对信用风险缓释工具的资本占用做出明确规定，原银监会发布的《商业银行资本充足率管理办法》未明确规定信用风险缓释工具的资本占用规则。在实际操作中，信用风险缓释工具尚未被纳入风险资产对冲工具，因此，作为参与主体的商业银行购买信用保护的积极性不高。这造成其他参与主体如大型证券公司和增信机构等风险偏好较为保守，提供信用风险保护的动力不足。

中小民营企业由于抗风险能力弱，在债市仍面临较大的到期偿付、违约以及回售风险，因此，信用风险缓释工具在我国仍具有广阔的发展前景。为进一步推动其良性发展，笔者提出如下建议。

05
建设金融支持民营企业发展的长效机制

第一,适当放宽银行资本金占用相关规定,鼓励银行善用风险缓释工具。根据《巴塞尔协议Ⅲ》的规定,信用风险缓释工具可以作为银行风险资产的合格对冲工具,商业银行通过购买信用违约互换可以获得信用保护,减少资本金占用,因此商业银行参与较活跃。

第二,引入多元化金融机构。除银行外,还可以引入保险公司、共同基金、增信机构、投资银行和对冲基金等多类主体,增加市场流动性。特别是对冲基金、投资银行等风险偏好较高的参与方和投机者,可以为市场提供多样化的风险偏好,实现信用风险的分散与转移。

第三,对于定价机制,在继续探索适合我国市场的信用风险缓释工具定价模型的同时,应适当容忍债券违约常态化,逐步积累违约数据,随着信用风险相关数据积累时间延长,可以提升违约率定价方法的适用性,发展以计算违约概率和违约回收率为核心的定价方法,从而逐步形成市场化的信用风险缓释工具定价机制。

3.完善资产证券化市场建设和制度设计

资产证券化可以解决民营企业信用评级低、缺乏有效抵押或担保等融资问题。我国资产证券化市场在快速发展的同时也存在一些问题,包括法律制度有待完善,市场联通和信息披露不够充分,流动性有待提升等。为推动资产证券化市场高质量、标准化、规范化发展,笔者提出如下建议。

第一,完善法律基础和制度设计,明确基础资产的权益界定、流通规则、处置方式等。比如,针对基础资产的相关法规,包括性质和范围的界定、如何使投资者对基础资产所享有的权利得到充分保障、《破产法》针对基础资产被纳入破产清算财产、可转让性等相关规定。

第二，确保信用评级机构的客观公正性。建议完善相关法律法规，给予资信评估一个明确的定位，促使信用评级行业规范经营；建立信用评级行业有效的监管体制和认可制度，建立统一的监管体系，对评级机构的评级资格和结果进行认定或惩罚。

第三，明确税收政策，为资产证券化业务的高效开展和模式创新提供更清晰的法律指引。作为一项融资工具，资产证券化的税务问题直接决定了各方参与主体的投融资成本。目前我国资产证券化产品在增值税环境下，对非银行发起人的信贷资产证券化的税收问题，尚存在适用障碍，这使得参与机构在业务开展过程中面临不确定性。建议考虑完善相关税收法规以明确税收处理。

第四，促进信息披露的一致性，升级信息披露要求。建议对大类基础资产采取"逐笔披露"方式，细化对创新类基础资产的信息披露要求，提高信息披露的透明度。要求发行人披露的数据信息标准化，并在发行和存续期间给予投资人和第三方估值机构查询基础资产中每笔资产明细信息的权利，从而为投资者和其他市场参与者提供充分、及时、有效的决策支持。同时，对信贷类产品的发行、交易等信息，建议统一集中登记、统一信披要求。

第五，完善二级市场建设，提高流动性。一是推广做市商机制。建议出台关于资产支持证券做市商业务的具体法规和工作指引，提高交易效率，盘活二级市场。二是丰富交易方式。比如，在银

05
建设金融支持民营企业发展的长效机制

行间三方回购中提升信贷资产支持证券成为一般回购担保品的便利性，以提高资产证券化产品的吸引力和流动性。三是优化投资者结构。鼓励保险公司、资产管理公司、各类基金、交易型金融机构以及境外投资者参与我国资产证券化市场投资，实现投资者类型多元化，激发市场活力。

4. 发展股债混合创新融资工具

OECD研究发现，对于杠杆率较高且高度依赖银行信贷的企业，合理使用股债混合型融资工具有助于调整过高的债务融资占比，改善企业资产负债表结构。[1]与银行信贷相比，股债混合型融资工具对于需要降低杠杆率和希望进一步扩大再生产的民营企业来说，更能有效缓解融资难问题。

在继续推进股债混合型融资工具的过程中，有如下两点建议。

第一，进一步增加股债混合类融资品种，促进市场多样化。从境外市场情况看，除可转债外，创新型股债混合工具还包括企业次级债券、营收或利润参与权融资、股权获得权（认股权证）等。这些混合型融资工具的收益往往与企业的营业收入、资金周转、企业净利润等指标挂钩，为资金提供方提供了类似股权的收益获得方式。同时设置一定的优先劣后层级，吸引不同风险偏好的投资者投入资金。

第二，进一步完善可转债条款。就债券隐含属性来看，我国可转债具有较明显的促使投资者转股的动机，类似于间接性扩股

---

[1] 参考OECD（2015），New Approaches to SME and Entrepreneurship Financing: Broadening the Range of Instruments。

融资，而债券性质较弱。可转债属性单一，尚无法满足不同融资人、投资人在不同阶段、不同状态下的投融资目的。美国可转债发行条款相对完善，有一定借鉴意义。美国有灵活多样的利率和期限条款。我国可转债的期限最短为一年，最长为六年；而美国的可转债存续期限从半年到三十年不同，跨度较大，较为灵活。对于利率条款，通常美国市场上的票面利率差异较大，从0到10%不等，为投资者和发行人的不同风险偏好和融资需求提供了多种选择。宽松的赎回条款。我国可转债的不可赎回期大多为半年的硬性规定，没有根据存续期的长短来设定；而美国可以根据可转债存续期的长短来灵活决定不可赎回期的长短。美国有严格的保护投资者的回售条款，只有发生重大变化时才可以回售等。[1]

（二）间接融资

在间接融资模式下，新型融资模式应当起到有效减少企业融资总额，降低负债率和融资成本等作用，而不是单纯地增加信用，无谓地增加企业的负债率和融资成本。由于拖欠款和三角债等问题，中小企业融资难的症结不仅在于贷不到款，更在于资金的流转速度慢，资金流的稳定性无法得到保障。在新的融资模式下，更要强调通过改善结算方式使资金周转快起来，增加贷款额是次要的。

---

[1] 参考任贵永发表在联合评级的文章"国内可转换公司债券状况研究"。

05
建设金融支持民营企业发展的长效机制

1. 供应链金融模式的创新

供应链金融模式的创新，可以从传统银行业务模式和流程创新，以及科技辅助两个角度来思考，它们的目的都是通过减少信息不对称，提高效率，使金融、信用和商业逻辑更加契合。

（1）改进银行业务模式和流程

应收账款融资、库存或仓单融资、预付款融资是供应链金融的典型业务模式。由于应收账款融资更多依靠核心企业的配合与信用，对物流等其他辅助环节的依赖程度较低，是目前运用最广的供应链融资模式。银行的此类业务多建立在对核心企业增加信用，过度依赖大企业的担保意愿上，流程、合同、风控和授信政策等也通常是围绕核心企业以及控制支付端而设置。对于存货融资、预付款融资等涉及对物的监管和对财产的保全等方式，则往往不鼓励叙做。

在实务中，更应鼓励通过商业模式、交易流程来控制风险。针对供应链本身的特点，结合不同产业特征，从企业客户所在的产业生态切入，深入了解行业逻辑，在物权、合同、流程等方面尝试改革创新。比如，在物权控制、市场变现等方面设定特别合同条款和仓储物料大宗商品等的变现控制，并在此基础上为企业设立预授信或贷款承诺，融资机构同时设立贷款承诺备付金，纳入流动比率，并向企业收取承诺费以覆盖风险，帮助企业灵活管理流动性，在整个供应链条上增加银行和企业对未来经营的可预期性。

（2）善用物联网、工业互联网、区块链等技术手段赋能

供应链金融可以借助物联网、工业互联网和区块链等先进技

术中传感定位、工业数据采集、实时传输交换、计算处理分析、分布式加密等先进手段，在关键环节上通过可视化风险管理、贷中贷后实时监控预警，有效解决全过程中的信息不对称，使物权流转更加清晰。[①] 在合作方式上，应鼓励银行等持牌机构作为主导，同科技公司、第三方平台、核心企业合作，进一步探索模式创新。在使用新技术和平台为供应链金融赋能的同时，也必须注意到，此类新型技术的监管体系亟待完善，需要尽快制定关于企业数据共享、开放应用和企业数据保护等的法律法规，确保在开展安全信息合作的同时保障中小企业生产经营数据权益，确保中小企业生产经营数据的所有权、使用权、收益权不受侵犯。

2. 大力发展金融租赁融资方式

首先，大力推进金融租赁业的发展。在欧美等国家，融资租赁已成为仅次于银行信贷的重要金融工具，与银行、保险、信托、证券共同构成了西方现代金融的五大支柱（2019全球租赁报告，万得资讯，申万宏源研究）。我国融资租赁的发展具有较大空间，建议逐步加大对融资租赁业的政策扶植力度，制定相关政策，如对出租人租出特定设备的行为给予补助，以及对承租人因融资租赁而发生的融资费用（包括租息和手续费）给予补贴等。另外，支持融资租赁公司多渠道融资，如通过发行债券、商业票据、保险业借款等拓宽资金来源。同时，完善相关法律法规，比如，针对目前国内融资租赁业务经常发生的物权纠纷，应进一步明确对

---

① 参考工业互联网产业联盟（AII）和可信区块链推进计划（TBI）：《工业区块链应用白皮书（征求意见稿）》。

05
建设金融支持民营企业发展的长效机制

应的物权登记办法。

其次,利用金融租赁扶植国家战略性新兴产业。日本政府在利用融资租赁扶植新兴产业或政府重点产业方面发挥了积极作用。比如,为推广某种新技术和新设备而实施的"制度租赁",由政策性银行即日本开发银行从金融机构获得直接融资,再由其为经营此种设备和技术的融资租赁公司提供一定比例的优惠贷款,资助租赁公司购买此种设备。为了支持本国电子信息业发展,日本的融资租赁业务主要集中在计算机和信息通信设备租赁领域,近几年随着经济结构调整,服务业设备租赁在逐年增加。[①]我国也可以借鉴日本经验,结合科技强国战略,尤其对国家鼓励的高科技设备研发、新兴产业、新经济领域的民营科技企业的金融租赁需求辅以政策性贷款。

[①] 参考于凡在和君资本发表的文章"国际融资租赁分析研究"。

ern # 06

房地产金融发展的困境与破解

06
房地产金融发展的困境与破解

房地产金融发展的现状、问题及改革方向

一、新型城镇化为房地产金融指明了新的方向、提出了新的要求

1998年我国启动住房制度市场化改革，同年推出了个人住房按揭贷款制度。回首过往二十余载，我国住房市场化程度、城镇化水平、老百姓居住品质都实现了跨越式发展。房地产金融在这个过程中，特别是在支持住房需求和住房建设方面，发挥了突出作用。

时至今日，虽然我国城镇化率已达到60%，但市民化率仅有43%，居住在大城市的人口占比仍然显著落后。未来10年，在表观城镇化率进一步向70%迈进的过程中，加快市民化进程、加速城市集群和大都市圈的形成必将成为经济建设的突出特征和重要任务。这既是提高城市生长水平的一般规律，也是提高经济发展质量的必然选择，不仅有助于释放中国最大的内需组合，更加符合人民对美好生活的向往。

2020年4月，发改委发布了《2020年新型城镇化建设和城乡融合发展重点任务》，国务院同日印发了《关于构建更加完善的要素市场化配置体制机制的意见》。前者指明了新型城镇化建设的方向，后者肯定了城镇化过程中人、地、钱三类基本要素加速流动的重要性，破除了相关制度障碍。在进一步改革优化户籍制

度、推动城镇基本公共服务覆盖未落户常住人口、全面推开农村集体经营性建设用地直接入市、改革城市投融资机制等改革意见指引下，我们认为，一方面，新进城农民、新落户市民、新升级居民这三股力量所派生的基本住房需求（包括合理改善型需求）未来5~10年仍会保持坚挺；另一方面，土地供应总量相对不足、结构不甚合理、地价偏高、公共住房发展滞后等供给制约因素长期未有实质性改观，而未来新增供地规模和效率仍有待观察。供需矛盾之下，房价压力始终突出。这要求我们在继续坚持"房住不炒"、因城施策、稳地价稳房价稳预期的房地产长效调控机制的同时，探索土地、财税、住房等诸多方面的制度改革，以保持房地产市场长期平稳健康发展，最大限度地支持和保障民众幸福生活。其中，智慧的房地产金融政策机制设计尤为关键。

二、当前房地产金融生态中存在的三大矛盾和三大短板

如果说如何依托新型城镇化再度激发中国经济增长的活力和韧性是我们未来5~10年要面对的核心题目，那么房地产金融无疑是重要的作答工具之一。然而，当我们审视该工具时，不难发现其中仍然存在不少问题，我们将其概括为三大矛盾和三大短板。不直面这些矛盾、补足这些短板、做出行之有效的改革创新，不仅不能助力城镇化和经济增长，反而可能形成拖累。

当前房地产金融生态中存在的三大矛盾如下。

第一，金融供给管理与行业发展需求的矛盾。如前文所述，在新型城镇化发展目标之下，我们预判新房市场未来5~10年的

06
房地产金融发展的困境与破解

需求中枢可能仍维持在年均10亿~12亿平方米（1 000万~1 200万套住房），因此，仍然需要土地和资金的大量供给。目前我们对房地产融资施行相对严格的规管，这中间涉及供需不平衡的矛盾。

第二，支持合理购房需求与防范价格风险的矛盾。中国购房首付比例（首套房20%~35%，二套房40%~80%）几乎是全球最高。在实际执行中，受限于按揭额度等因素制约，居民购房实际平均首付比例高达50%~60%，且自2017年以来该比例在"去杠杆"背景下持续上升。我们的按揭政策在差异化要求方面也有诸多不合理之处，包括首套贷、二套贷的认定标准过于僵化，部分地区二套房首付比例过高等，实际存在对部分合理首置和改善需求的误伤。贷款的高门槛事实上制约了中低收入家庭的购房能力，而高收入家庭和"房二代"则有机会越买越富、越买越多，这加剧了贫富分化。

第三，开发商外部融资与控制杠杆的矛盾。中国开发商的杠杆水平偏高很大程度上是高周转的商业模式使然，但高杠杆意味着风险集中，对控制宏观金融风险不利。尤其中国开发商对于非标融资的运用较多，且主要覆盖土地前融的部分，这显然与政策意志背道而驰。

当前房地产金融生态中存在的三大短板如下。

第一，金融服务和金融工具均极度不发达。我国房地产金融体系的建设与住房市场化改革一脉相承，当时面临的主要是住房质量严重低下、住房建设能力严重不足、住房市场化支付能力缺少金融依托的背景，住房抵押贷款与开发贷款应运而生。如今国情与房情均不可同日而语，但相关金融服务和产品却几乎没有太大变化。不论是金融市场的层次，还是金融产品的选择，抑或是提供产品和服务的金融机构，都跟若干年前别无二致，这显然难以持续有效地服务于实体。

第二，公共住房金融体系薄弱。我国目前仅有住房公积金勉强可归入公共住房金融范畴，但近年来其在支持公共住房建设、运营、管理等方面作用甚微。城镇化背景下中国最广大新市民（特别是其中的中低收入家庭）的住房问题，本质上是需要公共住房体系（而非商品房市场）来解决的，这一领域的金融缺位问题不容忽视。

第三，缺少存量资产盘活机制，特别是在商业地产端。中国房地产市场正处于从增量和存量并重转向以存量为主的过渡阶段。目前房地产资产总存量有 300 万亿元的量级（其中商业地产体量不低于 50 万亿元）。由于缺乏有效的投融资机制，这些存量资产的价值无法得到有效的市场化反映，掩盖了优质资产的同时也庇护了不良资产。特别是对于商业地产，中国目前每年商业地产成交额（不包括一手销售的部分）仅 2 000 亿~3 000 亿元，相当于全球商业地产成交额（合近 6 万亿人民币）的 5% 左右，且其中近一半投资由外资机构贡献，相当于中国本土资本仅占不足 3%，这同我国经济体量的占比相形见绌。从中长期看，商业地产的发展应当是中国房地产行业的核心驱动力之一（不走住宅开发的老路不等于一并遏制商业地产发展）。通过相关金融制度建设来盘活这些存量资产有一定的紧迫性。

三、国外房地产金融的发展历程的启示

尽管中国在土地与财政金融制度上与其他国家有显著差异，但通过观察比较发达国家历史上与我国近20年来房地产市场的运行状况，不难发现其周期特性，以及在历史周期中房地产金融与实体市场的交互关系呈现出的许多共性特征。结合我国房地产市场的发展现状，并参考海外市场演化历程，我们判断我国房地产金融体系可能正处于从银行主导向资本市场做一定延伸，以及从增量市场为主向增量存量并重迈进的初始阶段。而发达国家过去30年间的房地产金融体系的演化则可以为我们即将面对的新时期、新阶段提供一些发展路径的参照。

用一句话总结海外市场过去30年房地产金融市场的演化，可以称为多层次房地产金融市场的形成，这尤其体现为资本市场工具的创新和拓展，其中主要包括REITs、MBS（抵押支持债券）和房地产基金等。形成的新格局是直接投融资比例的不断提升，表现为资本市场机构投资人通过资产证券化工具和房地产基金实现对房地产的增量配置，有效取代了一部分开发商的投资职能。实现的最重要效果主要有四个方面：一是通过多平台资产池的建立引导资产风险合理布局与有效疏散；二是令资产与资本更高效地精准匹配；三是在此过程中催生了更丰富的、风险收益偏好充分分层的多元市场参与主体（包括开发商、REITs、房地产基金管理人、机构投资人等）；四是资本市场带来一些伴生的积极功效，包括引导物业资产估值向收益率法则过渡以建立合理稳定中枢，以及提升房地产市场透明度等。整体来说，通过改革，尤其

是借助新的金融基础设施，有效解决了原先房地产金融管理中的一些难题，这包括我国目前面临的金融供给与行业发展需求的矛盾，控制杠杆的要求和建立存量资产盘活机制等。尽管该进程的发生和演进在不同国家的时点和节奏有区别，但整体而言在朝着相对一致的方向发展，其中有一定的必然性。

变革源于危机，大多数国家改革房地产金融市场的时点通常发生在宏观经济衰退、房地产市场下行，尤其是银行信贷系统发生流动性危机之后。典型的如美国在1989年房地产市场崩盘后大刀阔斧地改革了REITs和MBS工具，并一起动员了房地产基金来协同解决流动性危机；日本于20世纪90年代末期房地产泡沫破裂后，在住房和商业地产融资方面分别创设了MBS和REITs工具。开拓这类资本市场工具的诉求主要集中在两个方面：一是需要嫁接资本市场来为实体市场融资；二是为金融机构和企业（不限于房地产企业）提供盘活资产、剥离风险、改善资产负债表的有效途径。于中国而言，我们明显有第二类的诉求，近期REITs的应运而生（尽管暂不涉"房"）就是一个典型的反映。往前看，我们认为中国房地产金融体系朝着多层次多平台方向发展的趋势无疑将进一步深化，并对中国房地产投融资模式、房地产企业商业模型的进阶，以及房地产市场的宏观管理产生深远影响。

四、沿着两条主线思考未来改革方向

如上文所述，就当前而言，中国房地产金融的核心问题是平衡金融供给与金融风险，其症结在于资产价格（和其预期）管理。

06
房地产金融发展的困境与破解

但我们认为,目前的房地产金融与行政政策管理体系在这一问题的应对上已很难实现进一步的突破,目前的体系对中短期维度上的市场管理可能行之有效,但对长期存在的趋势性矛盾仍没有根本性的解决办法。从发展的视角来看,金融工具的欠缺非常明显。好在有利的一面是,不论是存量问题,还是发展问题,虽然应对举措应当有差异,但它们所需要的金融基础设施创新可能是一致的,这给予了我们同时有效解决历史问题和未来问题的可能性。因此,我们应更多着眼于以房地产金融发展改革的视角来寻求问题的解决之道,而非将目光放置在如何修补当前的管理体系上。

联系到具体发展诉求,我们认为中国房地产金融的改革应主要着眼于以下三方面内容。

第一,服务宏观经济的需要。包括防控金融风险、控制杠杆水平、盘活存量资产、加大有效供应、引导资产合理定价、维护行业长期发展动能、稳定周期运行等。

第二,顺应我国房地产行业自身发展内在趋势的需要。包括从增量供应向存量经营过渡、从相对简单的标准化开发转向复杂系统下的定制化开发、从住宅开发业务走向经营性房地产的多元化平台、从制造商角色向资产管理人进阶等。

第三,借鉴国际经验,创造有利于我国房地产行业长期健康发展条件的需要。包括提升房地产市场运行的透明度、创设一二级平台多渠道的资产盘活与风险分散机制、推广基于项目资质和信用的微观投融资架构、培育房地产长期股权投资人、促进房地产行业募投管退各个环节的专业化分工、实行严格的行业监管等。

走向"十四五"

结合短期突出问题与长期发展趋势，结合国内现实与国外经验的比较，结合私人部门与公共部门共同进步的需要，以"可持续发展"为中心思想，我们认为中国房地产金融的改革与发展应沿着以下两条主线展开。

一是构建多层次的市场化房地产金融体系。包括推动以**REITs**为代表的二级市场工具创设，推动以房地产股权基金为代表的项目投融资架构，推动以保险、公募、养老金为代表的长线机构参与股权投资，进而拓展中国房地产行业的能力、内涵与价值边界，为其长期有效服务宏观经济，服务中国整体金融和资本市场发展奠定基础。

二是探索创新型的房地产公共金融体制。重点在于推动更有效率、更具包容性、更易实现土地价值有效回收的公共项目投资机制，以服务中国城市经济长期健康成长。其核心目标是推动城市更新和公共住房供应。

以下两节将分别就上述两条主线进行展开。

06
房地产金融发展的困境与破解

构建多层次的市场化房地产金融体系

时至今日，发达国家房地产资本市场的生态已相对成熟，养老金、主权基金、保险等长线机构是房地产市场主要的资金供给方，开发商和基金管理人往往是投资的执行者和代理人，REITs则更多是终端的资产退出与运营管理平台，能帮助成熟资产长期保值增值。整体来说，美国在融资、投资、管理、退出等各个环节都形成了以不同机构角色为主体、高度分工和专业化的生态体系，这和当今中国开发商在专业职能上、银行在资金供给上大包大揽的格局完全不同。参考国际经验，我们认为中国在构建多层次的市场化房地产金融体系上将面临三个方面的进阶。

一、从一级到二级——发展 REITs 市场具有重要宏观意义

（一）发展证券化市场是近二三十年来全球房地产行业的主旋律

房地产证券化的发展契机是需要迫切改变行业融资过度依赖传统银行系统的局面。追溯起来，美国虽然早在 20 世纪 60 年代就发明了 REITs，于 20 世纪 70 年代初就诞生了 MBS 的雏形，但实际上直到 20 世纪 80 年代末 90 年代初美国商业银行信贷系统几近崩塌之后才真正走上历史舞台。因此，实际上房地产证券化发展的元年应当被认为是 20 世纪 90 年代初。美国在那段时间内推

走向"十四五"

出了一系列措施以恢复对房地产市场的融资，这些措施放在今日来看仍具有很强的典型意义，我们认为其中最核心的有以下三项内容。

第一，促进了 MBS 发行。监管机构调整了投资各项资产的资本金要求，特别是将持有 MBS 的风险权重下调至 20%，[①] 以刺激 MBS 的发行和持有，有力解决了住房信贷枯竭的问题，也令"两房"（房利美和房地美）迎来了 20 世纪 90 年代的黄金发展期，使其从原本相对边缘化的机构跃居为几乎垄断住房抵押贷款市场的巨头。但这里我们需要提醒的是，MBS 的"非理性繁荣"也为后来的金融危机埋下了种子（这点我们将在第三节做进一步阐释）。

第二，提升了 REITs 架构的灵活性。监管机构对 REITs 法规进行了一系列修改，我们认为最重要的修改有两项：一是放松了对持股集中度的要求，使得养老金、公募基金等非传统投资人得以大举进入 REITs 市场；二是创立了伞形信托结构（UP-REIT），使得物业持有人能够将资产股权转让给 REITs 以换取基金份额，同时允许交易税费的递延支付，这直接催生了 REITs 进行资产收购和上市的大潮——1997 年高峰时美股市场上的 REITs 近 180 只，而 20 世纪 90 年代初只有不到 60 只，其间板块总市值增长了近 20 倍。

第三，有效动员了房地产基金。在 2008 年金融危机之前，房地产基金并不普遍存在，而在金融危机后，保险公司和银行对

[①] 相比之下银行直接持有住房抵押贷款为 50%，直接持有商业性抵押贷款为 100%，保险机构直接投资于房地产的权重一度高达 800%。

于实体资产的大面积剥离令房地产基金有机会广泛承担这些资产（尤其是不良资产）的收购，实际上扮演了集中处置的载体。而后这些基金通过修复和提升物业经营表现，最终再经由REITs退出，有效促成了这次大规模的实体资产流通和再布局。更重要的是，其消化了大量高风险环节，让REITs作为终端资产运营和管理平台的角色更加鲜明突出，降低了二级市场投资风险。

上述变革标志着美国的房地产金融体系从银行主导向金融市场主导的全面切换。21世纪开始，美国的这些金融创新开始快速在欧洲和亚太地区普及，其他国家纷纷学习效仿，对世界范围内的房地产投融资体系造成了深刻的影响，而这一趋势至今仍在不断演进深化。

（二）为何发展房地产证券化市场（二级市场）具有必然性

我们认为传统的一级市场投融资机制具有一些深刻的内在缺陷，二级市场的创设和发展可以有效改善其中一些重要的方面，具体体现为以下四个方面。

第一，提升市场透明度，监督和平稳周期运行。房地产一级市场是一个高度区域化、本地化的市场，本质上需要利用资源和信息的不对称优势来获利，因此，从自身角度来说，它不具备提升市场透明度的动机。而二级市场投资要求确定性、及时性、可跟踪性，这将倒逼信息披露质量和市场透明度提升，对于平稳周期运行具有非常重要的作用。目前世界上一些主要的房地产数据供应商都是在二级市场蓬勃发展之后逐步壮大的，其市场覆盖和数据质量仍在不断提升，以更好地服务金融机构资产配置和政府监管。我国近年来对主要大中城市的新房市场监测已经取得了长足进步，但对广大非一二线城市市场、二手房市场以及商业地产领域仍缺少有效的跟踪。往前看，我们认为，随着相关二级市场规模的不断扩大，投资人对基础市场数据的需求会只增不减，因此，发展二级市场与监管层利益诉求一致。

第二，引导资产定价向收益率法则逐渐过渡，形成合理稳定中枢。在房地产实体市场嫁接资本市场之前，世界上大部分地区的物业资产定价多遵循比较法则，这容易造成资产价格随流动性条件大幅波动，且定价缺少收敛机制。由于资产价格上涨，开发商与银行的风险偏好进一步提升，从而形成单向循环，最后酝酿出泡沫的例子屡见不鲜。而二级市场定价遵循收益率法则，以无风险利率为锚，以特定物业资产类别自身的风险收益特性来决定溢价中枢，要稳定得多。例如，美国租赁住房自20世纪90年代以来的溢价中枢始终稳定在200个基点左右，大多数时间上下浮动不超过25个基点。再比如日本，21世纪初地产泡沫破裂后，日本开始发展以REITs为代表的二级市场，逐步普及和强化收益率定价法则。2010年前后，日本物业价格随宏观经济环境企稳并呈现止跌，此后尽管日本长期保持了低利率环境，东京都的平均住房收益率却始终稳定在4%~5%的区间内，2010—2019年的实际房价累计增长未超过10%。相比之下，中国香港同期的房价在同样的低利率环境下节节攀升，且依旧看不到明显收敛的势头，其中固然有供应紧缺的原因，但与资产定价法则不同也不无直接关系。

第三，提供流动性更佳的资产盘活渠道，有效疏解风险。一级市场大额实体交易的流动性差。这也是国外一些传统金融机构在很长的历史时期内难以有效投资房地产的主要原因之一（另一主要原因是缺乏透明性，很多机构将房地产看成高风险的内幕游戏）。在发生市场周期下行时，传统的银行系统往往面临资产流动性消失的困境，进而触发资产负债表衰退，导致技术性破产甚至引发金融危机。在缺少二级市场资产处置渠道的情形下，资产负债表的修复将是一个漫长而痛苦的过程。二级市场平台的创设（包括其上下游的房地产基金）为资产的盘活提供了另一通道，可以将部分资产从银行和企业转嫁至资本市场，起到分散风险的作用。简言之，拥有一级、二级多平台的资产池，并能够打通其资产传递机制，是疏导风险、处置风险、控制风险的最理想架构之一。

第四，提升直接融资的比例。在间接金融的体系中，商业银行作为中介机构，主要以债权的方式提供融资。但由于其不动产资产体量巨大，风险特性多样，生命周期长，如果不动产融资大部分由商业银行体系承担，业务内生存在期限错配、流动性错配和信用错配，将不动产资产的风险集聚在银行的资产负债表上，那么从宏观上势必会增大整个金融体系的风险。因此，银行体系只可以解决部分不动产金融的需求。本文所倡导的房地产基金和REITs，其本质都是直接融资，较间接融资拥有更好的风险识别和管理能力。

（三）为何推进中国REITs具有重大宏观意义

结合上文分析，我们认为在房地产证券化的两大工具中，发展 REITs 对中国来说更重要，并且其出台有一定的紧迫性（我们将在第三节对 MBS 进行阐述）。我们认为推行 REITs 在当前阶段至少具备四个方面的重要宏观意义。

第一，帮助地方政府、金融机构和各类企业有效盘活存量物业，改善资产负债表。对政府而言，REITs 可以使广义的实体经营性资产（包括房地产和各类基础设施）实现退出。我们已经见到通过类 REITs 产品来使高速公路等基础项目退出的案例，并且 REITs 取得了非常有吸引力的融资成本，这表明市场供求双方的需求都切实存在。一些资质较好的 PPP 项目（如垃圾焚烧、污水处理等领域）可能也具备以真 REITs 来实现退出的潜力。对企业而言，我们也了解到其希望将经营性物业售出，实现资金回收，以"轻装上阵"更好投资主营业务的需要。这包括电商物流企业希望将自建的仓储设施出表，科技企业希望将自己的数据中心出表，以及一部分企业希望将自己的办公楼宇售后回租等（而第三项正是日本当时推出 REITs 后市场上最普遍的做法之一）。

第二，通过资产股权价值的充分释放来帮助控制宏观杠杆率。我们有大量的经营性物业资产以成本价值存放于各类企业的资产负债表中，即便是对拥有高质量经营性物业的上市房企来说，这一部分资产价值在当前二级市场上也往往体现得不充分。但如果将这些经营性物业单独分拆成立 REITs，令其独立定价并吸引额外股权资金，那么无疑对降低广义房地产部门的杠杆率有正向的贡献。此外，国际上 REITs 法案通常也对其资产负债率做出了严格的规定（不超过 45%~60%），REITs 本身就具备限制负债、承载股权价值的功能。

第三，逐步引导资产价格建立合理稳定中枢，减轻政府相关管理部门的压力。国际上物业资产定价之所以转向收益率法则，是因为广大金融投资机构需要将房地产（尤其是二级市场上的证券化产品）作为大类资产纳入投资组合，以应用现代资产定价模型。如上文所述，定价收益率按照无风险利率加风险溢价的方式来确立，一般来说，风险溢价相对稳定，除非宏观经济和利率环境发生突变，物业资产的价格很少存在大起大落的现象。在这一定价法则下，房地产市场的"水位"更多由金融投资机构的资产配置策略决定，相对更理性，主要是因为资本市场有能力在物业价格发生明显偏离时较快地通过调节资产配置来予以平衡（同传统一级市场倾向于"追涨杀跌"放大失衡相反），这将减轻政府在金融供给侧被动实施宏观调控的压力。当然，我们需要提醒的是，目前物业资产一级市场的价格总体高于潜在的二级市场价格，收益率法则的运用可能对我国物业资产定价更多起到"纠偏"和适度"向下修正"的作用。但从构建长效机制的角度看，我们认为推进这一举措非常必要，否则房价管理可能始终处于被动状态，不利于行业良性发展（典型的反面教材便是香港）。

第四，创造长期投资标的，服务资本市场整体建设。我国目前资本市场上缺少长期稳定的投资标的，因此，REITs 的设立可以有效填补这一空白。REITs 作为一类大类资产，可能拥有非常可观的规模，我们预计中国 REITs 的市场规模可以达到 3 万亿~4 万亿元，其承载的资产规模则可能达到 5 万亿~6 万亿元。美

走向"十四五"

国市场上的公募 REITs 在 2019 年年底的总市值超过 1.2 万亿美元（其底层资产价值也只占到美国商业地产总存量的 10% 左右）。标普于 2016 年将 REITs 单独列为第 11 类大类资产（和一般股债和大宗商品等平行），也侧面反映出其重要地位。

（四）中国 REITs 在"十四五"期间有望实现万亿元市值，但前提是需要改革一些关键环节

自 2020 年 5 月初我国正式启动公募 REITs 试点工作以来，市场上对中国 REITs 的产品结构、潜在收益特性、未来行业规模等议题展开了热烈讨论，在道出殷切期盼的同时也发现了中国 REITs 初版架构中存在的一些问题和不足。

我们整体上认为，中国 REITs 在"十四五"期间会争取实现万亿元市值规模，为其未来可持续发展开一个好头，但也必须认识到板块扩容本身应该是制度设计得当情况下的市场自发行为，而目前初版 REITs 架构中仍有一些关键环节的制度设计不够成熟，将对板块成长造成一定制约。因此，以动态视角来判断"十四五"期间中国 REITs 的规模形成，可以基于三个核心视角。

第一，底层资产类别能否有效扩容。目前中国 REITs 主要支持基础设施类资产，和"商业地产"相关的类别仅包括仓储物流、数据中心以及可能的特定类型的产业园区，整体上不涉"房"。我们认为，如果能在首批试点完成后进一步纳入公共租赁住房（其基于 REITs 的投融资机制设计我们将在第三节中详述），并适度增加对商业地产类别的支持，那么我们在"十四五"期间更有望达成中国 REITs 万亿元市值的目标。

06
房地产金融发展的困境与破解

第二,定价水平与管理权归属将决定原始权益人是否有持续出让资产的意愿。定价水平取决于多种因素,但目前来看,最突出的变量是能否在REITs经营环节给予有效的税收优惠支持。若不能给予明确的税收安排,那么REITs定价将明显承压,反之则有提振作用。此外,在原始权益人处置了80%的项目权益后,能够让其继续有效参与资产运营管理并获得合理的管理费收入才是有效绑定其利益并提升其发行意愿的正确手段。另外,从专业能力角度来说,由原始权益人来承担REITs的管理也是最合适的安排。但目前因为我国REITs产品结构设计特殊,第三方公募基金将成为主要的REITs管理人,其与原始权益人的协作与利益分配是亟待厘清的要点。

第三,中国REITs的成长性如何最终决定其资本市场价值。欧美国家的REITs普遍适用内部管理人机制,将管理人利益与REITs收入成长做了有效绑定,并且在REITs本身从事资产循环(通过资产的买入卖出来实现物业组合优化)的制度安排方面更为灵活,使得REITs作为经营平台的特点更突出,普遍较亚太市场的REITs(大多适用外部管理人模式)更具活力。中国初版REITs更接近外部管理人模型,并且在REITs的资产交易环节做了相对严格的规管,其中固然有稳妥推进试点的考量,但长期来看并不利于REITs的成长,将削弱其作为投资品的价值。

归根结底,REITs市场规模的潜力,取决于其自身作为投资品的吸引力,以及和其他资本市场融资工具相比性价比是否更突出。如果政策设计得当,那么我们在"十四五"期间实现REITs

万亿元市值规模的目标并非不可实现，但如果未能对上述关键环节进行改革，谋求提升，那么可能会后劲不足，甚至落后于目前市场上的类 REITs 和 CMBS（商业房地产抵押贷款支持证券）等工具（年发行量不足千亿）。

二、从债性到股性——鼓励推动房地产股权基金的发展

除了 REITs，我们认为房地产基金（尤其是股权基金）也是房地产金融体系生态中不可或缺的一环，是改善我国房地产投融资中债性过重所必需的基础架构。

（一）为何中国房地产投融资债性过重

中国房地产投融资层面的债性较重，杠杆率高，且各类"明股实债"层出不穷。"明股实债"不仅令项目本身风险放大，也令企业资产负债表"失真"，通过"创造性的"管理报表藏匿负债，扭曲表观财务杠杆水平（例如，大量少数股东权益名为权益，实为类债投资）。目前我国开发商名下的所谓"房地产基金"，也多是以股权投资之名行债务投资之实，这些同信托等非标投资一样，都是房地产公司变相加杠杆的外部融资渠道，且通常覆盖土地前融的领域，这显然同政策意志相悖。

之所以出现债性过重的现象，我们认为有多方面的深层次原因。

第一，行业尚未经历过真正出清，投资纪律性仍有待提高。中国房地产市场尚未经历过真正意义上的周期轮回，自 21 世纪初启动市场化以来整体呈单边向上走势，因此，我们的开发商

在投资和杠杆使用上总体不具备太强的纪律性（尤其是中小房企），这与国外经历过长时间多轮周期洗礼的地产公司的表现截然不同。当前中国房企的资产负债率（不含表外"类债"）普遍在70%~80%以上，而海外房企的资产负债率多为40%~50%。

第二，资源过度集中于开发商，外部股权难以参与。当资金、项目、专业能力都汇集于开发商时，企业自然不会以股权融资为先，一定是希望多嫁接成本更低的债务融资来放大自身收益。发达国家股权投资比例大，一个很重要的原因是资金的主体并不来自开发商，而多来自投资机构，在这种生态下，开发商（或基金管理人）的角色更多是服务商和代理人，资金与项目分离。金融机构作为资金供给方的议价能力强，必然要求以股权形式参与投资。

第三，投资机构专业能力欠缺，难以同股同权参与管理。退一步讲，我们观察到，虽然我们的开发商一定程度上向金融机构敞开股权融资大门，但非标资金往往还是更愿意做债性投资，这很大程度上是因为这些资金方缺少专业能力，无法和开发商协同进行项目操盘和管理。因此，债性投资虽然在收益上有所让步，但更加安全稳健，对双方也更具效率，性价比更高，操作性更强。当然，国内也存在少数做真股权投资的机构，这些机构必须自身有专业团队来对项目实行尽职调查和协同管理，但有这种条件的机构着实寥寥。反观国外机构投资者，房地产业务线条的内部团队架构高度成熟，专业化程度很高。

第四，整体股权市场不发达，资金期限普遍偏短。我国的房地产资金大多从银行系统来，内在具有期限较短的特点，因此难以有效支持长期股权投资。此外，中国"刚性兑付"文化也提高了债务投资的性价比。我们观察到，一些本土房地产股权基金在募资过程中也需要设立分级，其中优先级仍带有固定收益的色彩，且期限通常难以超过三年，劣后级多需自身兜底以作为项目增信手段，本质上还是债性融资，这同国外真正意义上的股权基金相去甚远。海外基金的投资周期往往为5~10年甚至更长。

综上，我们认为中国房地产投融资由债向股的过程应当是渐进的，需要深层次改变行业生态，包括需要实现资金和项目的分立，引导资金方由银行转向机构投资人，从而令资金由债入股、由短向长。在具体举措方面，需要在对非标投资（尤其是明股实债）继续保持较强监管的同时，引导开发商转向标准化的房地产股权基金（可备案、可监管）。同时需要对机构投资人参与房地产投资予以适当的鼓励，而不是让银行来对行业融资实行大包大揽。

（二）为什么房地产股权基金是一种更好的投融资架构

一个最简单的房地产项目股权投资基金（以下简称"房地产基金"）的架构如下。

普通合伙人（GP）：承担项目募资、开发、运营、退出的整体管理，通常贡献一小部分的股权资金（不超过20%），这一角色通常由具备丰富项目经验和专业能力的开发商或基金管理人担任。

有限合伙人（LP）：扮演财务投资人的角色，不直接参与项目管理，但贡献股权的绝大部分（80%以上），在国外，这类投资人的主体是养老金、主权基金、保险公司、捐赠基金等机构。

债权投资人：主体通常是银行，提供开发或并购贷。对其发放额度有严格管理，当前银行借款占项目开发成本的比例普遍不超过50%~60%。

更加复杂的基金结构可能包括夹层股权投资人、过桥贷款债权人、高息债债权人等，这里不予展开。总而言之，其架设层次可以非常丰富。

同我们当前普遍实行的"批发式"房地产项目投融资机制相比，房地产基金的架构至少有如下四个优势。

第一，风险隔离。实现项目风险与母体的隔离。房地产基金通常是一个"特殊目的载体"（SPV），可以实现破产隔离。

第二，更严格的项目风险甄别。引入外部股权投资人将迫使项目尽职调查的标准进一步提高，从而更好地甄别项目风险，合理提升投资门槛。

第三，直接基于项目资质的融资管理。目前我国银行给开发商融资仍是基于房企主体信用，按主体信用等级在集团层面统一调配融资额度，且成本也是固定的，这种机制实际上亏待了好项目，又可能包庇了烂项目。房地产基金直接基于资产主体资质融资，能够实现融资的精细化管理，引导融资力度和融资成本更趋合理。

第四，定制化的投资收益分配。根据普通合伙人、有限合伙人和债权投资人的协商，结合项目风险收益的特点，可以实现定制化的收益分配规则，令各方的风险、收益、权责更加匹配，这同我国当前项目风险高度集中于开发商的格局不同。

得益于这种架构在多方风险收益分配上的相对合理性、结构方案设计上的可延展性和灵活性，房地产基金已经成为一种具有普适性的项目投融资架构，并可以应对多样化的投资需要和策略。国际上一些我们耳熟能详的机构，如黑石等，都是房地产基金的管理人，是房地产市场的主要参与力量之一，广泛致力于资产改造、城市更新甚至企业孵化等高附加值业务，极大丰富了房地产行业的生态。

（三）为什么我们需要房地产股权基金

我们认为，鼓励运用房地产基金架构对中国房地产投融资的发展具有现实意义。除了上文反复提到的可以帮助盘活资产、隔离风险以及为机构投资人创造股权投资的平台外，我们还认为，有一些重要职能特别需要房地产基金来实现。

一是在项目投资层面建立杠杆水平的收敛机制。基金项目中杠杆水平的高低是一个策略问题，尤其杠杆率的高低决定了项目存续期内的经常性收益与项目退出的一次性收益的分配。很多股权方并不希望将收益的权重过度押注于相对不确定的退出环节，因此，其往往选择主动控制杠杆率以保证经常性收益的充裕程度。当前作为基金主要组成部分的核心型基金的杠杆率通常不超过30%~40%。这同开发商更多追求周转效率、追求内部收益率需要单边扩大杠杆水平的思路是完全不同的。

二是通过对专业能力的正向激励，引导房企更多注重投资管理内功。在基金架构下，管理人的收益水平与投资成效直接挂钩，

06
房地产金融发展的困境与破解

而非一味通过放大杠杆率来实现。若考虑管理人在运作环节的额外收费（管理费、开发费等）以及可能的超额收益（在项目收益率达到一定门槛后，管理人可以享有超出其自身股权占比的额外分配），管理人在这种模式下能够实现的内部收益率可能更高。因此，可以认为这是一种良性的激励机制，是对管理人专业能力附加值的定价。在参与项目时，一些海外龙头虽然自身股权投入非常有限，但考虑各项收费后其自身投资的内部收益率甚至可以达到 50%~60% 以上，而这不需要依靠加杠杆便能做到，同时也不明显损害财务投资人的收益。

三是迫切需要房地产基金来承担一些最需要创业精神的投资。房地产基金的投资策略非常多元，可以分为核心型、核心加强型、增值型和机会型。可以认为，上述分类对应底层资产的改造程度由低到高，对应的风险收益水平由低到高，需要的专业能力由低到高，收益的主体由经常性收益为主到退出收益为主。我们认为，一些更需要创业精神的投资（尤其是非标准化的投资），如多元经营类物业的培育、城市更新等，属于增值型和机会型的范畴，这些投资在海外更多是由具备较强专业能力的房地产基金管理人来推进的。事实上，我国一线城市中不少核心的商业设施，包括北京的三里屯区域、上海的南京西路商圈中的大量项目背后都有国外房地产私募基金的影子。好消息是，我们也了解到一些内地龙头开发商开始纷纷运用房地产基金的形式探索培育长租公寓、商场、仓储物流等经营性资产，但可惜，有限合伙人中鲜有中资机构的影子。此外，中国目前一些新兴的从事城市更新和资产改造的私人企业很多也是由外资风险投资机构扶持而来，我们认为，内资仍多沉溺于住宅开发的"类债投资"，而将大量未来中国核心商业资产的权益让渡给境外投资人的现象，是为未来埋下了隐患。

（四）"十四五"期间房地产基金可落地 1 万亿~2 万亿元股权投资规模

我们认为，房地产基金在"十四五"期间要真正发展，需要三个契机，且目前看来都很有可能具备，一是机构投资人（以保险、养老金、银行理财子公司等为代表）的规模逐步壮大；二是允许和鼓励机构投资人适度提高对房地产项目的直接投资配置比例；三是维持对地产行业债务融资（尤其是非标融资）的管理定力以倒逼开发商使用房地产股权基金模型。

在具体实践方面，我们认为可以住宅和商业地产并重，且中短期内住宅开发基金的普及可能是一个更好的突破口。商业地产基金管理人的发展需要资方和管理人具备更强的专业能力，产品层面的复杂性和异质性也更高，且中短期内 REITs 难以作为商业地产投资退出路径也可能对基金模式的启动造成一定制约，因此不可"拔苗助长"。目前境内商业地产私募基金的年投资额仍在百亿元级别，我们认为，其未来会稳步增长，但短期内难以大幅上升。

住宅开发基金的商业模式要简单直接得多，资方对该业务模式的熟悉度与认可度也更高，其主要实现的功能是提升机构对房地产项目的直接投资比例，实现对明股实债的有效替换，目前主要的掣肘还是在于机构对地产项目直投的相关政策制约。好在我们已经从一些龙头开发商身上看到了相对成熟的运用案例，并且随着未来住宅开发项目的多元化和复杂化（尤其以旧改、城市更新、轨道物业等业态为代表），房企自身运用基金平台引入外部股权资金与合作方的诉求也在明显提升，因此我们认为，推广住宅开发基金可能是水到渠成的。具体到量上面，我们认为每年落地2 000亿~4 000亿元的基金投资额并非难事。在五年期内有望形成1万亿~2万亿元的存量投资规模，实现对非标融资的有效替代。

再向远期展望，我们认为商业地产基金的成长将更具潜力。欧美国家的商业地产基金目前已经形成了约1万亿美元的存量资产管理规模，每年募投额为数千亿美元，是一个活跃的市场，且背后资方主要为长线机构投资人。我们判断中国商业地产资产规模在未来10年内有望翻倍（尽管成长可能相对后置），将对相关基金业务发展构成更有力的支撑。

三、从实体到金融——以工具创新拓宽行业价值边界

上文中我们主要关注了房地产金融市场工具创设（如REITs和房地产基金）的宏观意义，这一部分我们希望更多强调金融工具创设对于行业本身价值的拓宽作用，着眼于两个方面：一是从投资角度，引导金融机构和个人家庭投资从实体购置更多转向资本市场；二是从商业模式角度，允许开发商逐步从制造商角色向资产管理人进阶。

走向"十四五"

(一)房地产金融创新服务机构投资空间广阔

伴随近二三十年房地产资本市场创新的是房地产被加速纳入机构投资人(尤其是相对传统的专注股债)资产配置体系,房地产作为独立的资产类别正逐步被资本市场所认知和认可,而且这一进程仍在不断深化。

根据第三方权威机构对欧美主要机构投资人的调查,养老基金、捐赠基金、保险机构、主权基金目前配置房地产的比例分别高于80%、75%、65%和60%,REITs和房地产基金都是主流的投资方式(另外仍有相当部分的直接投资)。我们认为,目前欧美机构投资人对房地产的存量投资额在5万亿美元以上(其中主要是商业地产),平均的配置比例为7%~10%,虽然相较于20世纪90年代以前一些机构几乎没有配置的情况已经有明显进步,但离学界和房地产业界普遍呼吁的15%~20%仍有不小的差距。一些国际上最大的机构投资人对房地产有相对高比例的配置,例如,加州教师退休基金(CalSTRS)的配置比例为15%,绝对投资额超过360亿美元(可以完全买下我国市值最大的房地产公司)。黑石作为基金管理业界的旗舰,当前在全球范围内对房地产的总投资额超过1 650亿美元,在管房地产资产规模超过3 250亿美元。

房地产投资之所以在全球任何一个国家都受到高度重视,和其本身相对优秀的风险收益特性不无关系。以REITs为例,我们测算REITs在各个主要市场的历史总回报中枢(包括分红收益和增值收益)都处于11%~13%的水平(均跑赢主要股指),其亦股亦债的特性承托了这一稳定收益中枢。此外，REITs和一般股债资产的关联性较低，其对资产配置的重要作用已经被海外机构所广泛认同。而房地产基金投资的收益率则可能达到更高的15%~25%，也普遍受到机构的青睐。

相较之下，我国目前养老金等长线投资机构尚不发达，而体量相对较大的保险资金对房地产的配置比例也几乎可以忽略不计。国内对房地产投资最积极的保险公司是平安集团，但若剔除平安不动产直接参与物业开发的部分，母公司真正投资于房地产的比例不足资产管理规模的2%，且主要是以投资上市房企股权的形式，这也侧面反映出我国房地产领域长期资产匮乏的现状。不过，我们需要看到这些机构的需求切实存在。以2019年年底于香港上市的招商局商业房托为例，太平洋保险直接购入了其12%的股权，并且表达了以REITs代替部分债券投资的想法。因此我们认为，REITs和房地产基金的创设还可以服务于中国长线机构投资者的发展，两者可以相辅相成。

（二）中国房地产公司的能力与价值边界亟待拓展

当前我国住房开发业务处于高位平台期，随着未来这一传统业务市场规模的下降，我们认为房地产行业迫切需要培养新的增长点，以拓展自己的能力和价值边界，维持开发和投资动能，继续作为宏观经济的重要压舱石。

站在当前时点展望未来，我们认为房地产资产管理在各条赛道中附加值最高，规模最大，对宏观和资本市场的重要性最突出。房地产资产管理的内涵是宽泛的，总体来说，凡是涉及物业经营、改造、提升、交易的内容都可以归为资产管理。当前中国房地产行业在资产管理能力上仍处于起步阶段，产业价值主要体现在制造环节而不是专业能力附加值上。有必要通过金融工具的创设来引导资产管理业务的积极发展，实现房地产行业发展"新老动能"的平稳接续。

之所以认为资产管理可以作为房地产发展的第二动能，主要有两条依据。一是从需求增长角度看，其驱动力来自诸多长期、深刻的结构性趋势，这包括人口老龄化、消费升级、城市更新、科技创新等，和内需的关系也更紧密，因此我们认为其长期增长逻辑是更清晰的。对应到资产层面，固然也涉及各类新型物业的开发。二是从规模空间角度看，我们目前存量资产中至少有50万亿元的商业地产，但大多经营质量相对低下，主要因为市场上缺少专业化的投资和管理人才，也缺少通过管理质量提升来获得合理收益的市场机制。我们认为资产管理业务推动各类物业资产价值改善提升具有很大的想象空间。

而观察最近国内房企业务的发展趋势，龙头公司构建更加多元的业务架构已经成为一种主流，通过将资产管理业务、物业管理业务单独分拆形成独立公司（同时保留一定的所有权）来实现多平台的经营策略，也令各个平台的价值得到了最大化的体现。其中资产管理业务分拆的例子还相对较少，REITs的缺失是一个实实在在的制约。

从国际视角审视，中国房地产公司的形态演变和价值进阶才刚刚起步。国际上的房地产公司按原型大致可以分为三类：建造

06
房地产金融发展的困境与破解

商、资产持有人、资产管理人。具体来讲有如下三点。

首先,我们目前绝大多数的房企实质上属于建造商。这在海外语境中指的是为一般大众提供相对标准化的住房设施的企业,这些企业在后城镇化时代实际上是房地产市场相对边缘的参与者。

其次,有少数龙头房企在向资产持有人形态靠拢。资产持有人,或者说海外语境下的开发商通常指建造商以外的,以高端住宅、商业地产、城市更新改造为主营业务的,从事定制化物业开发和持有经营的专业机构。美国、日本、欧洲的开发商属于这一范畴。中国香港的开发商可以被认为是以上两者的混合体,国内接近这一形态的公司目前尚屈指可数。

最后,资产管理人尚不存在。房地产公司的高级形态应当数以新加坡凯德集团为代表的资产管理人(或者说投资管理机构)。凯德集团的运作模式可以简单概括为:通过房地产基金撬动外部股权资金,在亚太和欧美区域广泛实施物业开发和收购,而后将资产注入其控制管理的 REITs 平台或核心基金实现退出和资本循环。新加坡 REITs 市场上最大的几只单体 REITs(如雅诗阁、凯德商业信托等)都是凯德集团用以实现投资退出的平台,凯德集团后续通过这些资产管理平台,持续获得管理费收入和与其股权部分对应的分红收益和增值收益,实现可持续发展。通过这种模式,凯德集团实际控制的资产管理规模从 21 世纪初的不足 200 亿新元,扩大至如今超过 1 000 亿新元,完成了从传统住宅开发商向资产管理人的蜕变。

走向"十四五"

我们认为，中国的房地产企业应当从原始的住宅建造商向现代的资产管理人转型，但前提是必须有金融基础设施。如果不能完成这一商业模式进阶，那么房地产行业的价值将日渐式微，大量存量资产的保值增值也便无从谈起。

06
房地产金融发展的困境与破解

探索创新型的房地产公共金融体制

在本节中,我们将着重讨论在公共住房领域如何基于房地产金融创新构建更加有效、包容、可持续的系统,尤其会关注公共租赁住房供给和针对中低收入家庭购房支持的方案设计。对城市更新中的公共财政机制也会有所探讨。

在住房市场领域,中国的情景同发达国家走过的历程十分不同。我们在过去 20 年内对住房供应实行了相对彻底的市场化,已经形成了商品房绝对主导的市场格局,在住房拥有率上领跑全球,这和很多西方国家从原先高度的租赁社会向住房拥有社会的渐进式转变不同。对于住房市场,当前我们急需与不同需求相匹配的"分层供给",我们的主要任务在于面向中低收入阶层构建"住房阶梯"。当前的主要短板在于公共租赁市场(尤其指面对一般工薪阶层的租赁产品),而置业市场对中低收入家庭合理购房需求的支持力度可能仍显不足。参考国外经验,同时结合中国国情,我们认为在这两项任务上的政策应对当有所不同,也应有中国自己的创新。探索适合中国国情的房地产公共金融体系,特别是公共住房金融,尤为重要。

一、我国必须加快探索公共住房金融解决方案

我们认为,中国公共住房金融应进一步考虑嫁接资本市场,

创造在效率和可持续性上更优的供给方式。我们建议公共租赁住房投融资机制是"前端让渡地价促进供应 + 后端 REITs 退出回收",形成闭环。而在购房市场,我们认为,相较于目前直接实行保障性住房实体供应的政策,运用 MBS 工具实行差异化信贷政策可能更有效,且负外部性更小。

(一)政府职能普遍从实体供应转向金融支持——国际公共住房政策的演变

发达国家在整体住房领域的公共政策变迁有比较清晰的脉络,主要表现为政府职能从实体供应更多转向金融支持,包括以金融补贴激励私人机构承担住房开发职能,以购房补贴和租房补贴代替实物分配,以资本市场工具打通购房融资渠道等。我们认为这一变迁的背后有多条线索,但很多都不直接来自金融系统本身。

首先,依靠财政资金大规模实施供应不可持续。这在欧洲国家尤为突出。典型的如英国在 20 世纪 70 年代中期公共住房供应的顶峰时期,政府在该领域的年财政支出相当于 GDP 的 10%,1980 年撒切尔夫人上台后推动"公共住房私有化",令政府逐步收窄实体供应,而后将相关财政支出削减至 GDP 的 2% 以内。这一变化的主因不是公共住房需求本身明显下降,而是后续公共住房占整体住房供应比例的不断下滑令供求关系趋于恶化。

其次,住房供应市场化。一个重要的契机是全球范围内新自由主义市场经济的普及(从 20 世纪 70 年代开始),以及在此基础上对私人住房拥有的进一步推崇,和发展私人金融部门的需要。这促成了很多国家将住房拥有率作为政策目标,大力推进私人市场供应，这种转变在欧洲更明显。相对极端的案例如美国，自始至终奉行市场化原则，历史上从未有过成规模的公共住房供应。日本从战后就一直大力推行私人住房拥有，真正意义上公共住房的供给也相对有限。

再次，城市规划否定政府大规模、集中式公共住房供应。20世纪80年代起，国际城市规划学界对此前大规模、集中式的社会住房项目（包括欧美国家二战后至20世纪70年代广泛践行的大型新市镇开发和城市更新项目）进行了严厉批判。一个重要原因是，长期来看，这些项目造成了高低收入社群在城市空间上的进一步割裂，助推了社会贫富矛盾加剧。香港是一个离我们最近的典型案例，目前香港公营房屋居民家庭和私人房屋住户的收入差异显著，而这一差距在30年前尚不明显。

最后，当代城市发展强调住房供应包容性，公私协同更为重要。在当代城市发展中，政府对住房供应更多强调"包容性"，即通过规划法规将公共住房的供应尽量纳入一般私人开发项目中，避免集中式的社区开发形成"新型贫民窟"。这可以通过制定相关规划，给定供应比例来达成，但往往容易损害开发商利润、打击商业积极性。因此，实际上政府更多考虑如何以金融手段激励私人开发商或通过有吸引力的公私合营方式创造供应，最大力度促进公平居住。

（二）依靠金融体系解决公共住房问题的重要性逐步凸显

政府的职能转变，私人部门在供给端的份额上升，都令金融政策的重要性进一步凸显。对金融政策而言，效率和可持续性是最需要关注的特质。我们可以将历史上曾经出现过的住房金融供给模式简单划分为四类。

第一，财政资金直接投入。早期，欧洲国家的政府直接拨款拨地进行房屋建造。日本在 2000 年前也通过政府住房贷款机构，部分以财政资金形式直接发放居民购房按揭贷款。但时至今日，这类模式已经基本消失，对政府来说，这不是一个长期可持续的选项。

第二，财税间接补贴。对供应方而言，通过优惠利率贷款、税收减免、现金补助等方式引导和激励私营机构参与公共住房建设，如美国的"私人开发商新建低收入家庭住房补贴计划"、日本住房金融公库提供的住房建设贷款等都是比较成功的方案。对消费者来说，各国在包括租金补贴、抵押贷款贴息、税收优惠等政策组合上因地制宜。财税的间接补贴是重要的政策组成部分，对激励供应和减轻消费者负担有着更直接的效果。

第三，专项储蓄系统筹资。这需要购房人先通过储蓄的形式将资金缴纳到一个共同的资金池，先存后取、以存定贷。这包括新加坡的中央公积金系统、英国带有专项基金性质的住房公司、德国的住房互助金融机构以及在欧美国家或多或少都有实行的合作住屋等。但在该模式下，融资渠道过于单一且资金收支容易出现不匹配，效率欠佳，难以较大规模应用。

第四，资本市场融资。这在目前主要指以 MBS 来为住房按揭融资，在发达国家，这已经是十分普遍的做法。我们在后面相关章节会进一步详细讨论。通过 REITs 来为房企融资以促进公共住房供应的案例还相对较少,但这一模式的想象空间很大,相关内容我们也会在后文阐述。整体来说,资本市场融资的效率更优,应用场景更多。

简单总结,我们认为传统的财政直接投入与专项储蓄系统模式已不具备太大的参考价值,而相较于各类对供给方和需求方的补助措施,探索资本市场融资方案应该是更为前置和根本性的议题。21世纪初以来国际上的住房金融对于资本市场的嫁接更为普遍,与其效率更优、对财政占压更小、可持续性良好有很大的关系。

(三)构建适合中国国情的公共住房金融体系的整体思路

我们认为,中国整体住房市场的发展应围绕更好地搭建"住房阶梯"来展开,架构上宜"商品房+公共住房"双轨并行。

首先,商品房市场发展的主要方向在于构建差异化的住房信贷支持体系,MBS是必选工具。政府应打破目前相对单一的住房信贷政策,对不同收入人群采取差异化的按揭贷款利率标准和首付比例要求。对中低收入家庭,政府可以通过信用担保、向商业银行贴息、直接提供低于市场化利率的政策性贷款等方式帮助其获得低息贷款,同时在控制风险的范围内适当调低其最低首付款要求,甚至直接对购房首付款予以补贴,还可以通过税收减免等方式提升其支付能力。对于这些低首付低利率的按揭资产,则应当让银行(或专门的政府金融机构)通过向资本市场发行MBS,并以政府信用作投资担保的方式来实现充分融资和分散风险。

其次,公共住房的主要发展方向在于租赁产品,建议构建以REITs为核心的投融资体系。地方政府原则上可以低价或无偿提供租赁住房建设用地，建设资金可以先期以财政支持或借款方式筹集，建成的公共住房产权归属地方政府，原则上只租不售，打包资产发行 REITs 在二级市场再融资。该模式下，由于地价较低，资产证券化的收益率要求能得到满足，亦可有效补充项目资金，减轻地方财政负担。相关部门宜加快推进 REITs 相关税收安排的政策改革，参照国际通行标准予以适当减免，尽快建立以真 REITs 为代表的住房金融二级市场。

以下分别就上述两方面进行介绍。

二、构建差异化的住房信贷支持体系，鼓励"MBS+按揭保险"

我们认为，目前住房购置在信贷政策的差异化方面做得不够，而在产品差异化方面的一些举措又可能存在一定的误区。同国际社会相比，我们的购房首付比例和按揭贷款利率水平本来就偏高，对于低收入家庭购房的金融支持也相对有限，长期下去将有损住房拥有的公平性。我们认为通过"MBS+按揭保险"系统对中低收入家庭的购房予以支持，可以做到比住房公积金系统更加有效和普惠。

（一）美国 MBS 系统为什么会酝酿出金融危机？MBS 的真正风险在哪里？

提及 MBS，可能会让人因立刻想到曾经发生在美国的次贷危机而望而却步。因此，我们有必要复盘历史，彻底弄清楚是食物本身有毒，还是食用方法不对。首先，应当了解美国 MBS 在发

06
房地产金融发展的困境与破解

展过程中是怎样逐渐"变质"的。

20世纪70年代创立，初心可鉴。美国MBS的雏形诞生于20世纪70年代，初衷是为了分散金融机构持有低收入家庭住房按揭的风险，支持特定人群的合理置业需求，但规模也非常有限（MBS占整个存量按揭的比例不到5%），绝大多数的按揭资产由银行直接持有。

20世纪90年代被动救火，获得大发展。20世纪80年代末商业银行爆发流动性危机后，美国政府大力刺激MBS的发行，大举动员资本市场为房地产市场输血。房地美和房利美作为践行这一政策的主要机构，在20世纪90年代实现了爆炸式增长，这一阶段MBS的性质已经发生根本性转变，以MBS形式存在的按揭资产接近整体按揭存量的一半，资本市场成为支持住房消费的支柱，银行逐步变为服务者和中介商。

21世纪初"两房"盛极而衰。21世纪初，美国再度发生经济危机（互联网泡沫破裂），但以房地美和房利美为代表的住房金融机构受益于其隐性的政府信用背书，并未受到显著的市场冲击，反而在资产价格下行阶段以低价向银行大量收购按揭资产，实现了进一步扩张。这间接保护了住房金融供给，一度被解读为MBS系统的稳定性优于传统银行体系。但"过度繁荣"必有隐忧，房地美和房利美随后均曝出重大财务丑闻（包括虚增利润以增加管理层薪酬等），原管理团队遭到清退，房地美和房利美的市场份额快速下滑。

21世纪第一个10年的中期私人机构趁势而上，信用体系名

走向"十四五"

存实亡。2004年起,私人机构抓住了房地美和房利美业务衰退这一历史机遇,加紧做大市场份额,私人借贷机构大量发放次级按揭,华尔街投资银行将这些次级资产打包发行MBS并保留劣后级以获取高收益,此举造就了投行业务大繁荣。同时,新上任的"两房"管理团队因为面临私人机构的挑战也选择铤而走险,降低了自身购买按揭资产和发行MBS产品的资质标准,以求夺回市场份额,其结果是进一步加快了住房按揭市场信用质量的系统性衰退。

2007—2008年金融危机爆发。金融危机爆发首先在于投资银行持有的高杠杆劣后级产品爆仓,随后传导至全球范围,引发广大金融机构资产负债表衰退。但以住房实体市场本身的受灾程度而言,2007—2008年次贷危机未必超过美国20世纪70年代和80年代末的两次市场危机,但唯独这一次,金融风险经过了高杠杆衍生品的放大并在全世界范围内传染,影响尤其恶劣。

回到MBS,我们不认为这一工具本身带有"原罪",而是美国在使用过程中摈弃了其发明的初衷,并且在后续实践中放大了其具有高度风险的一些方面。最突出的风险实质是,MBS自底层按揭发放到最终形成金融产品,中间涉及太多环节,而各个环节的执行人(或代理人)的利益都没有与整个产品的风险进行有效绑定。例如,银行以发行量论手续费收入,中介机构以业务量论收入,评级机构以评级高低论收入,投资银行以产品发行量论收入等,没有一个中间人的利益与产品整体产生有效联系,也没有惩戒措施,因此,MBS只具有做大规模的单边倾向,必然会造成住房市场流动性过剩。与此同时,信用资质审核标准的快速衰退放大了MBS底层资产的风险,并通过高杠杆的衍生品将风险进一步放大并传导至全球金融市场。而在政策端,美国政府提升住房拥有率的政策目标,以及未能及时对私人机构业务实行监管,助长了资产泡沫。

(二)为什么说美国的MBS实践实际上是一个"非典型"案例

从全世界范围来看,美国对MBS的运用方式其实可以被视为个例。欧洲国家和日本也普遍通过发行MBS来分散按揭资产风险和实现对住房市场的部分融资,但从根本上有三个差异可以识别。

第一,有节制的使用力度。即便是欧洲使用MBS力度最大的英国和荷兰,其以MBS形式存在的住房按揭也均不超过整体存量按揭资产的25%(美国在50%以上),而第二梯队的法国、西班牙等国家不超过10%,剩余国家则都为低个位数或可以忽略不计。整个欧洲市场的MBS存量加总约等于美国的1/10,仅和美国MBS市场中的次级产品规模相当。从发行端看,整个欧洲2018年RMBS(住宅类MBS)总发行量为1 130亿欧元,而美国一家就达到了1万亿欧元以上,其中仅次级的RMBS发行量就达到了1 550亿欧元,超过整个欧洲的发行量。

第二,底层资产质量更扎实。在次贷危机中,欧洲地区MBS底层资产的违约率仅为1%~2%,亚洲更是普遍不超过0.5%,而美国次级按揭资产的违约率高达25%~30%。实质上MBS在美国以外地区的运行都相对平稳。

第三,MBS产品具有收益保障。欧洲和日本都为MBS的投资人提供最大化的收益保障，不论是通过按揭保险的方式，还是像欧洲那样普遍发行覆盖债券（如果对应的底层资产池中个别按揭出现违约，那么将注入新的资产对违约资产实行替换），因此最大化地控制了投资风险，也确保了利率水平的优惠。而美国的 MBS 大多缺少收益保障机制，其劣后级更多被看作高收益、低风险的投资工具，市场对次级产品（及其劣后级）的投资需求在很大程度上助长了发行。

值得再次强调的是，MBS 的初衷是为了向资本市场适度分散银行持有按揭资产的金融风险，这些按揭主要面向中低收入家庭和其他有特殊需要的人群。事实上，除了房地美和房利美，另一住房支持机构吉利美是最早创设 MBS，也是时至今日仍在坚持上述职能定位的政府机构。美国的次贷危机是房地美和房利美在私有化之后酝酿出来的。在完全市场化的规则之下，房地美和房利美的业务脱离了有节制地、定向地支持特定家庭购房的初始定位，在规模增长的导向下不断地扩大自身业务，放大住房市场流动性，单边助推资产价格上涨。但很多欧洲和亚洲国家（及地区）的 MBS 制度仍具有较强的公共目的导向，甚至仍具有一定的计划属性，其风险要可控得多。

（三）值得参考的 MBS 架构是什么样的

MBS 需要搭配按揭保险来有效降低金融产品违约风险，提高产品信用评级，控制融资成本。国际上的做法是设立专门的按揭支持机构，典型的包括美国的房地美和房利美（和吉利美）与日本住宅金融公库。欧洲目前还没有哪个主权国家单独设立这类机

06
房地产金融发展的困境与破解

构，依靠私人按揭保险公司来提供这类服务的市场也不大。

各国家地区按揭支持机构的职能范围总体可以囊括以下几个方面，但各自能够执行的业务项目又有所不同：制定按揭发放（尤其是针对中低收入家庭）和按揭购买的信用资质标准；通过商业银行发行特定类型的按揭产品（通常是低首付、低利率、长周期产品），并以政府信用为产品收益做担保；向商业银行购买按揭资产；向消费者收取一定的按揭保险金作为风险补偿机制；将按揭资产组合打包发行 MBS 出售给资本市场，并以按揭保险或直接以政府信用担保投资者收益。

我们以美国和日本的典型机构来举例说明。

美国吉利美。美国真正意义上专注于为低收入家庭购房提供按揭支持的机构是吉利美，而非"两房"。吉利美由联邦政府直接拥有和管理，享受完全的政府信用。吉利美自身并不像"两房"一样具有按揭购买和 MBS 发行的职能，而是对私人借贷机构发放的 MBS 产品提供投资收益担保，前提是底层资产需要符合吉利美定向支持的标准。吉利美支持的人群主要是首次购房人、低收入家庭和其他一些需要帮扶的特定群体（如退伍军人、残障人士等）。

日本住房金融公库。该机构的前身是日本中央政府于 1950 年设立的住房贷款公司，主要针对中等收入家庭发放住房贷款（包括自建房屋的开发贷、购房按揭等），其资金来源主要是发行政府债券和财政直接拨款。2000 年年初，日本效仿美国经验，决议取消财政系统直接支持住房金融的传统模式，并叫停了住房贷款公司的增量业务。2007年住房贷款公司正式改制为当前的住房金融公库，其职能定位仅是"信贷支持"，不参与信贷的直接供给。住房金融库的运作模式更类似"两房"，可以购买和发行MBS，但在机构性质上更接近吉利美，包括由中央政府直接管理，以及对MBS提供完全的收益保障等。服务人群主要也是中低收入家庭和首次购房者。日本住房金融公库的转性是一个由"中央财政主导"转向"商业银行+资本市场组合"的重要国际案例。

再对按揭产品和按揭保险制度做一些介绍。

按揭条款普遍优惠，有力支持中低收入人群。这些政策性住房金融机构支持的按揭产品通常具备低首付比例（例如，美国联邦住房管理局按揭最低可以做到3.5%首付），固定低利率和长期限（当前美国联邦住房管理局按揭30年期年利率3.25%，日本35年期按揭年利率1%~2%）。

按揭保险制度各有特色。按揭保险制度有两层含义，第一层指购房人在申请按揭时因为享受低首付比例而需要向住房金融机构额外缴纳保险金（通常由银行代收），第二层指住房金融机构以政府信用为发行的MBS产品作收益担保。

在美国，凡是购房首付比例低于20%的购房人都必须缴纳按揭保险金。购房人可以选择和联邦住房管理局或者私人机构来做保险，联邦住房管理局的保险视实际首付比例和购房人信用资质的差别（联邦住房管理局按揭的历史平均违约率在4%左右）而有不同，其成本相当于0.45%~1.05%的年利率，额外计入月还款额中，且需要在按揭期限内"终身"缴纳，除非未来购房人对房屋实行再融资。私人按保机构的方案相对友好，当购房人逐步偿还按揭，对房屋权益的实际占比达到约 22% 以上时，保险金的缴纳便会自动撤销，但前期的利率成本会比联邦住房管理局略高。目前全美市场上私人按保机构和联邦住房管理局按保的市场份额约各占 50%。

中国香港的按揭保险制度对我们也具参考意义。同样地，银行允许购房人做少于规定首付成数（当前一般为四成）的按揭，最少可以做到一成。保费按房价和按揭年期分档制定，但总体缴纳额度较美国优惠很多，这与中国香港按揭质量高有关（历史违约率不足 0.1%）。以 600 万元楼价、二成首付、30 年期还款为例，按揭保险费总额约 10 万元，可分期缴纳。但我们仍要提醒大家，这并不意味着购房人只要缴纳保险金就一定可以做到低首付，最终贷款额度仍需要根据还款压力测试来决定（通常每月还款额不超过收入的 40%~50%）。在实际操作中，按揭保险多被中低收入家庭用于购买低总价的房屋，有效减轻首付压力。

日本购房人实际做按揭保险的人数不多，因为 35 年期低利率的借款已比较普遍。日本按揭保险的主要内涵是住房金融公库对 MBS 产品收益的全额担保。

最后值得特别强调的是，住房金融机构本身发行 MBS 来为住房市场融资的额度也可以是有计划性的，MBS 的发行量也可以作为调节按揭供应的一种手段（如日本住房金融公库就实行计划发行制）。综上，国际上已经存在成熟的、以 MBS 为主要工具的住房金融支持制度，在按揭产品、按揭保险制度、MBS 产品等方面都具备较好的借鉴意义。

（四）中国 MBS 的制度设计原则与规模潜力

结合以上分析，我们认为中国要想设计和践行 MBS 制度（这里主要指以住房按揭贷款为底层资产的 RMBS，不包括商业地产 CMBS），应当坚持三个主要定位。

第一，精准服务夹心阶层。我们在对中国整体住房金融体系的架构设想中也提到了 MBS 系统应当主要服务夹心阶层，尤其是为其首次置业提供金融支持。中国目前公积金贷款对这些需求的惠及范围和力度都比较有限，和其以存定贷，而非直接以收入水平来界定受众人群有关。我们认为，MBS 系统可以更直接地主要针对收入在三至五分位的人群，这些人群可能具有一定的偿付能力，但需要在首付款、按揭利率上获得更有效的支持才可以执行购置。对于真正意义上的低收入人群（收入在三分位以下的人群），我们认为也没有必要动用 MBS 支持其购房以制造高风险的按揭资产，建议这部分人群的居住需求可以主要以公共租赁房的形式来满足。

第二，坚持计划导向，MBS 发行亦需置于信贷供给的宏观管理框架之下。我们认为 MBS 的发行供给也应借鉴日本经验，坚持计划导向，实行额度管理，避免像美国一样完全由资本市场需求驱动，最终导致供应失控。

第三，以政府信用对 MBS 产品收益作担保是确保贷款利率优惠的必要条件。MBS 的定价收益率和宏观利率水平息息相关，从海外国家的经验来看，MBS 的收益率通常较对应期限的国债收益率高出 50~100 个基点，其中主要是产品的理论风险溢价，可能也计入了一部分机构运营成本。总体来说，虽然 MBS 本身是以相对市场化的方式来定价，但通过政府对这些产品收益的完全保障可以大大降低其风险，尽可能压低其收益率，使底层按揭资产利率做到尽可能优惠。此外，对 MBS 收益做担保也是为了防止 MBS 产品的劣后级被市场当作投机产品。

基于以上三个原则来判断产品规模潜力，我们预计中国 MBS 的理论年发行量可以达到万亿元级别，至少与公积金的发放力度相当，并且在成本（包括对消费者的按揭产品利率和对政府而言的相关机构运营成本）和效率上可能更优。中国近两年的 RMBS 发行量已经达到 5 000 亿元以上，但尚未有效穿透到资本市场，如果能更好地打开资本市场投资渠道，那么每年万亿元的吸纳量是可以轻易达成的。

最后，我们在此仅对潜在 MBS 制度设计的原则性事项做重点提炼，具体执行层面还将涉及繁多的技术问题，包括对应的底层政策性按揭产品的设计、受惠人群的甄别和界定、MBS 作为一类资本品的技术属性（如属于债券、非标还是独立类别资产，以及对应的资本金比例等），以及具体 MBS 发行和保障的执行机构选定（或创设）等，在此不予展开。

三、公共租赁住房体系设计

（一）中国租赁市场是主要短板，亟须政府介入

中国住房系统的短板在于租赁住房。我们认为政府有必要主

导公共租赁住房（尤其是面向一般工薪阶层的公共租赁住房）的规划建设，并加大土地和财政等公共资源投入力度，主要出于两方面考虑。

一方面，规模短缺明显。我国目前城镇家庭户中租户的比例不足20%，国际社会的平均水平在30%以上，这应当是更利于劳动力自由流通和整体居住可负担性的水平。我国租赁市场（尤其在主要大中城市）的规模还有相当的上行潜力和空间，我们预计10年后中国城镇租房人口可能增长至3亿人左右，较当前（约1.5亿人）翻番。目前我国尚不具备成熟的租赁物业，政府有责任弥补这一短缺并建立一定的市场规范。

另一方面，私人部门的商业模式不成立。自2016年提出"租购并举"以来，我们已充分鼓励私人部门参与房屋租赁的建设与管理，但成效不甚理想。除了私人部门在运作中乱象频出外，我们认为最核心的问题是其商业模式不成立，不具备可持续发展的动能。地价过高是制约正向投资回报的主要症结。我们认为，相较于让私人部门继续试错，政府部门应当主动投入土地和财务资源，实现更有效的供给。

（二）以REITs为核心打通公共租赁住房供应体系

破解成本难题，促进规模化供应的任务首先还应落在公共部门身上。我们建议政府直接主导公共租赁住房建造供应，并构建以REITs为核心的投资回收机制。关键的方案包括以下环节。

规划：将租赁住房供应纳入"因城施策"的框架当中，地方政府因地制宜制订供给计划、建造标准、土地安排。

06
房地产金融发展的困境与破解

开发：开发环节可以做到多管齐下，包括直接在租赁用地上进行开发，改建闲置的公有房屋（包括宿舍、机关大楼等），或要求开发商在其项目中提供一定比例的租赁住房产品等。

管理：政府通过统一平台持有租赁住房，并实施标准化管理。在准入制度和租金设定上可以采取相对混合的标准，即不一定要求全部的租户都满足"低收入"条件或适用租金折扣，这一来可以提升租户的包容性，二来可以减少收入折让，给通过REITs退出提供基本的收益率条件。

退出：将成熟运营的租赁住房资产注入REITs平台，实现项目层面的、定向的公共投资的回收。

我们认为，这一体系的合理性在于二级市场能够支持较大规模的尤其是半公共性质的资产退出。二级市场的定价还可以作为租赁产品（和租赁用地）的价格发现机制，这比让私人部门直接试错更负责。从效果上来讲，这可以实现令资本市场补贴财政，同时间接补贴消费者的效果。另外，我们还认为REITs这一容器有一些独特的优势，包括资产变现可以主动择时、退出后不影响经营权和控制权的保留，还可以通过管理费和部分留存收益作为有益的长期收入补充，可以通过资本市场有效督促物业高质量运营等。资本市场也可以获得一类有价值的长期投资品。

国际上并没有使用这套机制的国家，我们认为原因是多方面的。从市场建设角度看，有良好REITs市场条件的国家（如美国和澳大利亚）往往是更多奉行私人市场原则的国家。政府部门持有公共资产的规模有限，也不具备相应的管理能力。而公共部门相对发达，大量持有租赁住房的国家（主要在西欧和北欧地区）在市场的建设上滞后得多，这整体上反映了一个国家住房的市场化程度。从资产收益率角度看，纯公共性质的租赁住房（尤其在欧洲）往往伴随较大的租金折扣，其经营未必可以录得正收益。从产权特性角度看，美国的可负担租赁住房大多是高中低收入阶层混合居住的产品，具备一定的基础收益率，但往往所有权和经营权均在私人手中。我们因此认为，中国可以取长补短，将公共资产优势与资本市场创新有机结合，创立出适合自己的模式。

从企业的案例来看，美国二级市场上有一类特殊目的REITs，以提供可负担住房为己任。这类REITs通常依靠低价收购市场上的闲置物业或土地，并进行改造开发来实现增值收益，本质上和一般REITs并无差别，只是对产品类型做了限定。但这种模式仍令其受制于周期因素，在可持续供应方面有一定挑战。相比之下，我们认为中国政府通过前期让渡地价来促进供应的手段更有效率，后期退出允许政府主动择时也避免了前端投入受制于市场周期。在退出收益上，我们将遵循资本市场定价法则，力求达到合理的土地价值回收与资金周转效率之间的平衡，最大限度地减轻财政负担。

（三）当前我国以产权住房为主体的保障性住房供应体制不可持续

这里有必要单独做补充说明，中国目前以产权住房为主体的保障性住房（包括经济适用房、回迁房、共有产权房等）供应机制的问题和隐患，主要在于未妥善考虑购房人未来的退出和进阶

06
房地产金融发展的困境与破解

机制，这可能最终会同时牵连居民家庭财富的有效增值和政府公共投资的有效回收。

目前我国保障房供应虽然满足了一部分前端购置需求，但出售环节通常都需要向政府补缴高昂的地价或税费以获得完整的产权，这使得这部分居民家庭可以享受到的资产增值较一般私人业主大打折扣，实质上将难以支持其进一步攀爬住房阶梯，完成真正意义上的社会进阶。简单来说，政策"瞻前"而未充分"顾后"。

这类住房本质上都是"共有产权"产品，世界上践行这类机制的国家并不太多，其原型来自英国（目前仍是最大规模的实践者），初衷是为了使中低收入家庭能够分步完成私人住房购置。在亚洲地区实行该制度的是中国香港，对应产品是"居屋"，而中国内地保障类住房退出机制的设计同香港最为类似，具体到目前推行的共有产权房和中国香港的"居屋"则几乎完全相同。

从实际效果来看，历史上中国香港居屋住户完成补缴地价的案例累计占当前居屋存量的1%不到，因此，99%的"居屋"住户都没有实现更高质量的私人房屋的置换。英国平均每年有2%~3%的公有产权房住户完成对房屋产权的100%购置，实际上效果也一般。区别在于英国的"补地价"政策相对友好，允许购房人在初次购房后最多分三次（按市价）完成100%的产权收购，此后可以在公开市场上自由出售，享受全部的资产增值；而中国香港没有这些"中间台阶"，住户如果将房屋在公开市场上出售，那么需要将销售所得的政府应占权益部分（通常在30%）完全上缴，

333

这本质上是地价的"递延回收"，政府没有真正意义上让渡权益，实现对住户的补贴。因此，"居屋"家庭即便出售其住房，往往也难以在私人市场上觅得同等质量的房屋，这是房屋系统"流转不畅"的根本原因之一。进一步讲，中国香港虽然师从英国，但在实践上却加大了退出制约，其更深层次的原因可能是为了避免"居屋"冲击私人住宅市场的定价秩序，这背后还是土地财政诉求。

因此，这类保障性住房供给往往导致居民家庭没有切实享受资产增值的变现，政府也无从对这类产品实行土地价值的回收。住房阶梯"名存实亡"，导致地价"封存"，财政资金大量沉淀却没有周转机制，而政府还必须亲自管理这些房屋，这进一步加大了资金占压。我们认为，中国内地目前保障性住房的设计也存在这方面的隐患。国际上一些学者提出的改进办法包括让符合条件的家庭享受"终身"的购房优惠，在未来置换时可以继续享受前端的购买折扣，避免"补地价"。但我们认为，这些提案都不能解决公共资金沉淀的问题，因此，在金融政策上进行创新应当选择负外部性更小的选项，尤其是在"公共租赁住房"的基础上再搭配前文提到的结合 MBS 构建差异化的按揭支持政策，可以使中低收入家庭合理选择租购，在公共资源的投入（不论是土地、资金还是管理）上也更灵活轻巧。

（四）城市更新——探索适合中国国情的土地价值回收机制

我们在这一章着重介绍了城市更新中土地价值回收机制的海外经验，希望可以抛砖引玉，便于后续对中国的情况做更深入的探讨。因为城市更新议题与城市规划的关系更加深刻复杂，难以

06
房地产金融发展的困境与破解

仅从金融或财政角度简单给出更优方案，但不可否认的是，这个范畴的思考是房地产金融体系建设中不可回避的部分。

首先要明确我们所要探讨的"城市更新"的内涵。一些概念如"三旧改造""老旧小区改造"也都被认为是城市更新的内容。但我们这里所探讨的"城市更新"是指对城市的存量片区实行再规划（涉及土地容积率和使用性质的调整）、再设计（涉及空间网络的重塑）、再开发（涉及拆除重建或深度改造）。

具体的议题是如何以房地产为载体为公共投资（尤其是公共基础设施的投资）提供价值回收，实现城市局部更新的自融资。这一机制之所以重要，是因为其很大程度上决定着城市空间的改造是否可持续。西方学界对于"土地价值回收"这一概念的讨论热度在近一二十年逐步上升，这既体现了城市再规划、再改造需求不断扩张背景下对公共财政可持续性的更普遍关注，也从侧面反映了传统的简单依赖地方债务融资的模式已经呈现明显的局限性，需要更有效的自融资机制来应对这一城市管理的挑战。

从原型上划分，国际上的操作方式有两种。

一是欧美国家以房产税为核心的长期价值投资回收机制。这些公共财政工具的创始者同样是美国，它们在欧洲国家（和部分亚洲国家）也获得了一定的普及。从机理上讲，公共投资应该回收的价值是特定区域内因为公共投资的发生和城市环境的改善而带来的物业资产增值的部分。

我们以使用最普遍的税收增值融资为例来进行阐释。首先需要确立一个城市更新区域（可以覆盖几个街区甚至一整个行政区划），通过和公众协商确立更新改造方案，进行公共投资（通常涉及道路网的更新，轨道交通设施的建设等），然后以该区域内未来一定年份（通常为20~30年）内产生的房产税的增值部分（相较于改造前的某个特定时点）来支付公共投资工程款项或偿还项目借款。这种方法实质上是将一部分原本作为一般市政用途的税收定向导流给城市更新项目，从而免除了额外征税或扩大债务的必要。一些成功的项目在被改造后实现了巨大的物业资产价值提升，甚至可以达到原先的5~10倍，有效覆盖了项目成本。仅以纽约市为例，近年来最重要的一些大型城市更新项目如哈德逊湾、纽约中央车站区改造等，都是架构在税收增值融资上的。

二是亚洲大都市以出售开发权为主要手段的前置型、一次性回收机制。得到国际普遍识别和研究的有日本和中国香港的机制。

先来讲日本大都市城市更新中的公共财政机制。用一句话概括就是，变卖增量容积率指标。具体形式按更新区域是在城市中心区还是郊区而有所分别。在土地相对紧张的城市中心区域，政府通常会将区域内原本散碎和形状不规则的私人土地进行整合（前提也是要先通过和私人业主协商敲定改造方案），统一规划建造新的基础设施（轨道交通、公路、车站等）并增加公共用地（公园绿地、广场等）的占比。在面积相对狭小的私人用地上以更高的容积率建造新楼，原先的私人业主将共同持有新建建筑的部分土地和物业产权，其价值至少需等同于原先的私人土地和房屋价

06
房地产金融发展的困境与破解

值。在满足原业主的补偿之后,政府将富余的容积率指标出售给私人开发商以实现资金回流,其额度通常足以覆盖政府在前期规划、土地整备、基础设施建设方面的相关支出。在郊区,政府在对片区的道路网络进行重新划分后,原先的私人业主仍将得到独立的土地分配,其面积通常比原来小,但单位面积价值因公共投资的发生得到了一定提升。政府因而在满足原业主补偿后,将多余的土地直接出售给开发商。

中国香港的模式主要是指港铁公司模式。这一模式之所以特殊,是因为这是唯一一个土地公有制体系下的案例,其实际应用主要围绕轨道交通站点上盖和周边的物业,实际上也对应了一类非常普遍的城市更新模型。

港铁公司是一家依循商业市场规则、自负盈亏的"半公共机构"。简单来说,港铁公司的做法是从政府处以底价获得轨道交通站点上盖(也可以包括周边地块)的开发权,然后以市场价格出售给开发商进行变现,用作建设轨道交通设施的资金。港铁公司较日本城市更新模型更进一步的是,其通常还持有站点周边一些商业地产的所有权,以及站点内部零售门店的经营权。这为其带来不菲的经常性收益,使得公司的业务模式更加抗周期。此外,港铁公司还是一家上市公司,还可以通过资本市场进行股权和债权融资。

比较来看,亚洲大都市以开发为导向的,能够在项目前期通过出售开发权实现土地价值回收的机制,对我们明显更具借鉴意义,这是因为:这是更有效率的资金周转机制;具备西方国家所没有的高密度城市环境，土地价值更高；较西方的长期回收机制来讲，前期一次性回收或许可以有效规避因物业市场周期波动而可能带来的潜在价值损失。

我们需要警惕的地方可能是，目前中国大城市普遍对开发实施更加严格的容积率管制（例如，上海中心区不允许超过2.0~2.5），而日本、中国香港的高密度城市改造通常涉及4.0~5.0以上的容积率。如果我们不具备充沛的容积率增量，那么类似日本和中国香港的实践方式可能会效果欠佳。这样一来，类似西方的长周期回收机制则可能带来更为充沛的收益，但我们目前尚不具备后者的基础工具。

就改造的执行层面来说，国际上由开发商和房地产基金参与也非常普遍。例如，欧洲投资银行在2015年启动了针对欧洲主要城市的战略性基础设施项目及城市更新的专项开发基金计划，在其架构中就明确了要引入一些在物业改造和再开发领域具有专业经验的私募基金管理人，以协助其进行项目尽调、项目筹划、项目募资、项目投资。已经落地的案例包括"英国西北区域城市投资基金"，其已经于曼彻斯特区域内成功改造了一些旧工厂区域，将它们转变为集绿色办公、文化中心等功能于一体的具有活力的新城市社区。

总体来说，依靠以往的大拆大建和土地套利来实现财政收益的机会可能会越来越少，这种方式在公平性和外部性方面也欠佳。我们在城市更新过程中既要通过有效的空间改造来提升人居环境质量，又要充分考虑原住民的利益保护和社区网络的留存，同时要积极引入新鲜产业血液，进一步提升社区活力。因此，未来的城市更新既要在城市规划中做好统筹，又要在公共财政端建立可持续的自融资机制，在具体操作层面，对专业管理人的动员和金融工具的运用（如 REITs）也必不可少。

走向"十四五"

主要结论与政策建议

如果不改革，会有哪些风险？我们认为，不改革的风险和长期代价很可能更大。如前文所述，当前房地产金融体系面临的不是总量问题，而是平衡供给和需求、平衡发展与风险的挑战，其症结在于资产价格（和其预期）管理。我们目前通过金融供给的宏观管控和因城施策框架下的行政政策调节平抑了价格变化，但并未从根本上解决长期趋势性压力。这一压力存在的根本原因有二：一是供应仍不充分，二是难以改变居民家庭资产配置行为。如不改革当前房地产金融制度，这两个痛点就无法改变，因为前者涉及土地与规划管理问题，后者涉及整体资本市场建设问题（目前房地产仍是为数不多的具有政府隐性担保色彩的资产）。因此，维持当前的金融体系，最多可以起到平衡短期市场运行的效果，但对方向和格局上的转变并无助益。

当前的管理方式也造成了一些外部代价。比如，对合理住房需求造成了一定误伤，对宏观内需造成了一定压制，对行业发展效率造成了一定拖拽等。而从发展的视角来看，关键内需领域金融支持工具的缺失，令我国在公共住房、商业地产等重要领域迟迟难有建树。长此以往，必将损害城市经济的发展活力和竞争水平。

构建多层次的市场化房地产金融体系和探索创新型的房地产

06
房地产金融发展的困境与破解

公共金融体制是改革的核心。我们在前文中已经说明，不论是解决当前市场管理问题，还是解决未来发展问题，所需要的房地产金融基础设施是一致的，包括 REITs、房地产基金以及 MBS 等工具。通过建立完整的房地产金融市场生态，可以有效促进一些重要方面的改善。例如，通过二级市场收益率定价法则引导资产价格逐步寻锚，通过 REITs 和房地产基金的杠杆管理机制帮助降低房地产部门整体债务水平，通过多平台资产池的建立促进存量物业盘活和资产风险处置等。这些都是伴生于资本市场工具本身的正向功效，并且已经由国际市场发展经验所充分验证。这些改革措施不仅将服务于房地产行业自身的能力与价值拓展，更重要的是可以服务于公共部门的职能升级。在基础金融工具健全的情形下，我们有希望在公共住房领域、存量资产领域、城市更新领域为政府部门的工作开创新的方法、新的格局。

就短期而言，应对新冠肺炎疫情对今年经济增长的冲击，同样需要适时适度地调节包括金融领域在内的各项房地产相关政策。

第一，加快推进都市圈高质量发展，使金融端着力支持合理住房需求与推进城市更新和旧区改造。中国城镇化进程已从数量增长为主逐渐升级为质量增长为重，建议政策端以加快都市圈范围内人口集聚为目标，放宽户籍限制以鼓励落户，优化房地产需求端政策以支持合理住房需求，推进老旧小区改造以提升城市面貌和国民居住品质。

鼓励人口和产业向都市圈集聚。促进外来人口流入和本地就业的非户籍人口落户，平衡都市圈内人口、产业和公共资源的分布，优化核心城市供需结构并促进城市间协同，打造有人口向心力和产业集聚效应的城市群。大力提升市民化率（户籍人口城镇化率）和大城市化率，2019年中国名义城镇化率60%、市民化率44%（前者包含后者），建议将增长目标设定为至2030年分别达到70%和60%，这意味着未来10年将有1.4亿人成为城镇常住居民（每年1 400万人），2.2亿人成为在城市落户的新市民（每年2 200万人）。

优化限贷、限购等需求端政策。对首次置业和首次改善性需求予以差异化倾斜；适度调整"二套贷"的界定标准，针对已还清"首套贷"的无房家庭，其最低首付比例要求应更接近"首套贷"而非"二套贷"的标准；加大房贷利率差异化定价，重点支持首套房购置。提升对居民购房资格的精细化管理，从社保缴纳年限要求、断缴/补缴认定标准、普通和非普通商品住宅界定条件等方面适当调节限购门槛。

推进城市更新和旧区改造。地方政府发挥主导作用，开发商或建筑单位承担执行工作，采用"居民主体、中央补贴、社会支持"的多渠道融资方式解决资金问题。政府在适度补贴的同时采用低息专项债和专项开发贷款等方式支持建设期资金，并配合税收优惠、特许经营权等形式鼓励各方参与。

第二，改革和创新公共租赁住房供给模式，完善住房供给体系，以金融设计突破土地财政和建设资金瓶颈。我国保障性住房在过去十几年的实践中演化出了诸多形式，但整体而言在权责划分、供给效率、资金来源、建设品质、分配体制、运管效果等方面仍然存在很大问题,其根本原因在于制度模式。建议改革创新政策性住房供给模式,构建产权归属于地方政府、具体与市场化住房同等品质、面向中低收入家庭及城镇新就业职工、租金略低于市场同类水平的租赁式租房(以下称为"公共租赁住房")。配合推动都市圈高质量发展,在区域内大力建设供应公共租赁住房,不仅有利于保障中低收入家庭居住需求,让人民住有所居,亦有利于增加有效住房供应,平稳市场,加速构建"商品房+公共租赁住房"双轮驱动的住房供应体系。

当前公共租赁住房需求缺口约3 600万套。可以制定5~10年规划,重点面向都市圈内供不应求的核心城市或周边交通通达区域增加供应,城市内部的建设规划也应充分考虑区位间的供需分布状况。

地方政府规划管理,私营部门参与建设,以发行REITs的方式实现资金闭环。在该创新模式下,地方政府在公共租赁住房的规划、供地、建设、分配、管理等一系列环节中发挥主导作用,房屋产权归属于地方政府,土地和建设资金通过发行REITs回收。简言之,地方政府提供建设用地,向私营部门招标建设;后者投入建设资金,政府可以通过财政补贴、低息贷款、税收优惠等工具激励私营企业参与建设环节;房屋建成后交由地方政府拟定租金、设定申请标准、直接负责分配及管理或委派专门机构或企事业单位执行相关工作;以公共租赁住房为底层资产发行REITs,回收资金以招标时确定的成本加成补偿建设企业,超出部分即建设用地补偿款项。

第三，在"因企施策"的框架下，优化开发商融资政策。建议在"稳地价、稳房价、稳预期"的思路下适度优化开发商股债融资政策，这有利于缓解开发商阶段性资金压力、支持土地市场、促进新房供应并平稳市场各方预期，防范短期冲击下的行业系统性风险。

视企业资质差异制定融资政策，适度向经营稳健的优质开发商倾斜。根据企业财务状况对境内信用债、海外债、开发贷等融资渠道予以分档额度管理，对资质优良、杠杆低、财务稳健的房企，可适度放宽额度并提升融资审批速度。反之，对不好的企业继续保持融资高压。

适度增加标准化融资头寸以对冲非标融资短期缺口。对ABS、CMBS等证券化工具予以重点支持，引导受限的非标融资逐渐过渡至标准化融资渠道。

提升融资政策择时调整的灵活性。根据实体市场（尤其是土地市场）所处周期位置，灵活调整融资政策的松紧倾向，及时应对基本面上行或下行风险，避免因惯性放松或收紧造成市场大幅度波动。

第四，促进商业地产平衡发展，盘活存量资产价值。当前中国商业地产总价值量约50万亿元，其健康平衡发展对稳定消费、合理化资产价格乃至整个宏观经济均有重要意义。

建议在都市圈范围内前瞻性地规划商业地产项目。与城市和区域规划协同，提升商业布局与人口分布、交通布局等要素的匹配度。

06
房地产金融发展的困境与破解

积极推进商业地产 REITs，重点盘活都市圈优质存量商业地产。推进以 REITs 为核心的商业地产证券化工具发展，重点支持都市圈存量优质商业物业及资产管理人通过发行 REITs 回收资金并专项封闭用于都市圈内重点新增人口区域的商业地产项目再投资。

打造活跃的 REITs 证券交易市场。在盘活存量资产的同时，将个人投资从大宗住宅成交引导至持有 REITs 份额。

07

开放条件下防范金融风险的
难点与对策

07
开放条件下防范金融风险的难点与对策

习总书记多次强调,"中国开放的大门不会关闭,只会越开越大"。他还指出,"我国经济正处在转变发展方式、优化经济结构、转换增长动力的攻关期,经济发展前景向好,但也面临着结构性、体制性、周期性问题相互交织所带来的困难和挑战,加上新冠肺炎疫情冲击,目前我国经济运行面临较大压力。我们还要面对世界经济深度衰退、国际贸易和投资大幅萎缩、国际金融市场动荡、国际交往受限、经济全球化遭遇逆流、一些国家保护主义和单边主义盛行、地缘政治风险上升等不利局面,必须在一个更加不稳定不确定的世界中谋求我国发展"。

在百年未有之大变局下,一方面,过去积累的金融风险和体制、机制问题会进一步暴露;另一方面,国际环境变化和疫情冲击产生的新风险也亟须解决。"十四五"期间金融风险防范将面临更多挑战:一是疫情带来的经济下行压力将推动金融风险进一步升高;二是疫情与贸易摩擦叠加,对我国贸易、科技和产业链均形成了较大冲击;三是疫情导致全球经济衰退风险和金融脆弱性上升,跨境资本流动可能成为危机跨国传染的重要渠道;四是民粹主义和经济民族主义升温,全球经济治理效率下降,外部风险更加复杂;五是数字经济迅猛发展和产融结合进一步深入,在改进金融服务的同时,可能产生新的风险。

面对复杂的形势,我们必须平衡好推进改革、加强监管、防范道德风险与保持经济平稳运行之间的关系。既要支持"三农"、小微企业、民营经济，又要管理好金融机构资产质量。既要逐步进行风险处置、释放压力，又要防止处置风险的风险。既要扩大金融业双向开放，通过竞争提质增效，又要管理好风险，统筹协调好资本项目开放和人民币汇率机制完善。既要发挥金融科技促进创新服务实体经济的作用，又要防止其过度创新，放大金融风险。政策重点上，应特别关注中小金融机构，尤其是农村金融机构风险，防范和化解地方政府债务风险，处理好房地产市场发展与风险防范的关系，预防境内外金融市场风险叠加共振。

"十四五"时期，应围绕服务实体经济，积极推动金融供给侧结构性改革，进一步推进市场化、法治化，在发展中解决问题。应加强宏观政策协调，保持经济运行在合理区间。健全货币政策和宏观审慎政策双支柱调控框架，有效运用压力测试等技术手段，维护货币和金融稳定。稳妥推进金融服务业开放和资本项目可兑换，提升汇率灵活性，加强跨境资本流动宏观审慎管理。统筹上海国际金融中心、粤港澳大湾区、海南自由贸易港建设，加强国际经济金融政策协调，推动完善国际金融治理，借鉴国际金融监管经验，强监管、补短板，做好开放经济条件下的金融风险防范。

国内外新形势下金融稳定面临的挑战

习近平总书记指出，要深化金融改革开放，增强金融服务实体经济能力，坚决打好防范化解包括金融风险在内的重大风险攻坚战，推动我国金融业健康发展。近年来，我国金融业开放取得了一系列成绩，但仍有很大的提升潜力。未来，要进一步扩大金融业开放，也要不断完善与开放相适应的金融风险防控体系。"十四五"时期，我们将在全面建成小康社会的基础上迎来新的发展阶段，向第二个百年奋斗目标迈进。开放条件下的金融风险防范将成为我国未来金融改革和发展面对的重要问题。特别是，在新冠肺炎疫情影响扩大、逆全球化趋势抬头、经济结构转型升级的大背景下，我国经济金融面临的内外部环境将更加复杂，不确定性将更大，金融风险的防范压力也将更加突出。

一、疫情对国内经济形成明显冲击，经济下行将推动金融风险进一步升高

（一）疫情蔓延将增大我国经济下行压力

短期内，疫情将通过减少总需求、延缓总供给、切断产业链等方式对我国经济产生影响。如图 7.1 所示，遭受疫情冲击后，我国各项宏观经济指标均出现大幅度下滑。2020 年第一季度 GDP 增速同比为 –6.8%，创 20 世纪 70 年代以来最低。消

走向"十四五"

费、投资、进出口均出现萎缩。其中，社会消费品零售总额增速为 –19%，固定资产投资完成额增速降至 –16.1%，进出口总额同比增长 –6.4%。同时，第一季度全国居民人均可支配收入同比仅增长 0.8%，增速降幅超过 8 个百分点，城镇调查失业率升高至 5.9%，国内经济短期下行压力明显增大。

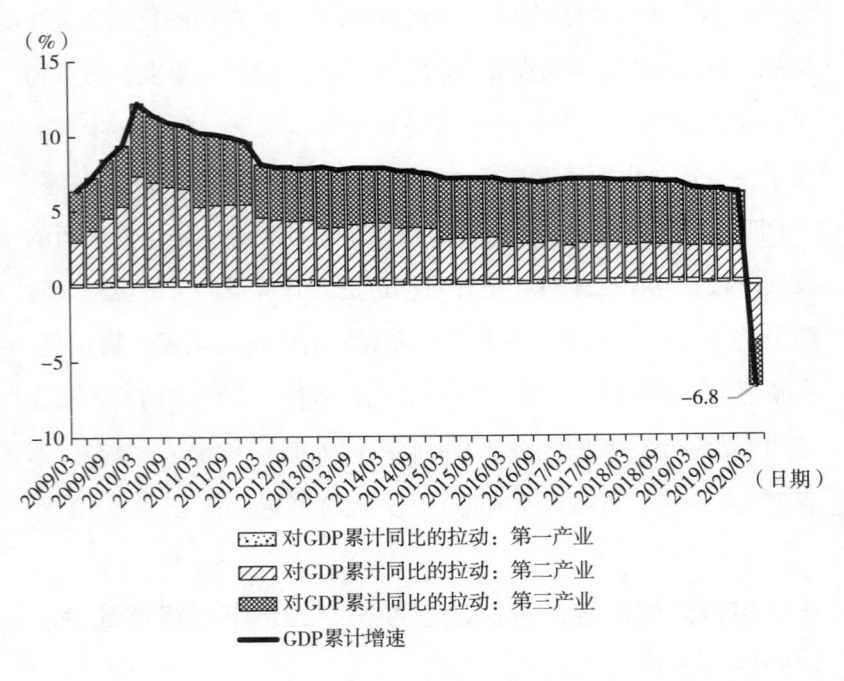

图 7.1　中国 GDP 增速走势及各产业拉动

资料来源：中国国家统计局。

行业方面，旅游、交通运输、批发零售、住宿、餐饮、娱乐等生活服务性行业受到直接冲击，增加值大幅度减少，失业率上升明显。制药、半导体、汽车制造和能源等相关行业，受产业链

07
开放条件下防范金融风险的难点与对策

中断影响显著。物流不畅、产业链运转受阻还可能产生连锁反应，对国内经济形成多轮冲击。

从长期来看，疫情暴发前，我国经济已面临人口老龄化、债务率偏高、产能结构不合理、部分领域金融风险集中等问题。随着疫情的影响日益扩大，经济部分领域和金融体系内的结构性、制度性矛盾可能更加突出。在疫情持续蔓延背景下，国内外经济增长放缓与金融市场波动相叠加会进一步削减企业盈利，致使企业违约风险升高，削弱经济供给能力，增大经济脆弱性，最终对经济产生长期影响。

（二）经济下行将导致金融风险进一步增加

随着疫情影响不断扩大，部分潜在风险将"水落石出"，金融风险加速积累和暴露的可能性大幅度增加。

一是宏观杠杆率升高。政府杠杆率方面，为应对疫情，政府通过扩大公共卫生投入，增加临时性救助等方式增大政府支出。而经济增长暂时放缓会造成政府财政收入减少。随着公共政策力度的增大，政府杠杆率和债务可持续性会面临压力。企业债务方面，疫情已对企业偿债能力产生显著影响。房地产、旅游、批发零售、住宿餐饮、交通运输、仓储物流等行业，企业收入减少、利润大幅度下降，企业偿债能力明显削弱，企业债务负担增大，尤其是中小企业、产业链下游和劳动密集型企业，杠杆率上升明显。居民杠杆率方面，个人住房贷款和消费信贷是居民债务最主要的构成部分。招商银行业绩报告显示，疫情对零售银行业资产质量已产生了影响。信用卡和个贷还款能力和意愿都在明显下降，信用卡、房贷和小微贷款逾期率均大幅度提高。

二是金融市场风险增加。疫情暴发初期，受短期恐慌情绪和经济增长负面预期等因素影响，中国股票市场经历了数次较大幅度调整，市场悲观预期弥漫，波动性显著增强。随着海外疫情扩散加剧，上证指数曾一度走低。债券市场上，市场收益率趋势性下行，市场避险情绪加重，违约风险预期上升，信用利差扩大，导致债券收益率走势出现分化。宽松的流动性条件，引起部分资产价格大幅度上涨，金融市场出现局部资产泡沫的风险增大。在疫情扩散不确定性和实体经济逐步放缓的双重因素作用下，金融市场整体风险水平将显著提升。

三是汇率风险积聚。自疫情在全球蔓延以来，人民币汇率整体走势平稳。但未来人民币汇率不确定性增大，汇率风险增加。首先，经常账户货物贸易存在逆差可能。疫情带来的海外产业链受阻、总体需求下降等都将导致出口总量减少。其次，疫情的全球蔓延将对跨国旅游等服务贸易产生明显抑制作用，经常账户服务贸易面临逆差压力。最后，疫情之下跨国投资和国家间经贸往来都会受到影响，避险情绪诱发资本由新兴市场国家流出，一些经济体货币政策的超常规变动等均会增大汇率风险。

四是流动性风险加大。在疫情影响下，经济主体风险偏好降低，可供交易的资金与到期债务总量比偏低，容易引起整体流动性困难。企业层面，复工复产延迟使企业现金流面临巨大压力，餐饮、旅游、娱乐等服务性行业销售额损失较大，现金流大幅度下降。银行层面，受中小企业流动性紧张和偿债能力下降影响，

07
开放条件下防范金融风险的难点与对策

商业银行现金回流能力也会降低。在流动性覆盖率（LCR）等流动性监管要求下，大银行流动性囤积会加剧中小机构流动性紧张，削弱货币政策应对流动性冲击能力。若出现风险，金融机构迅速出售资产，可能瞬间造成流动性危机。此外，海外疫情扩散已对经济形成冲击，国际油价下跌同样使优质资产面临变现压力。货币政策的流动性释放虽然能够对资产价格形成支撑，但若疫情持续时间拉长，则企业、银行和全球市场流动性风险都可能对我国流动性条件形成压力。

五是银行信贷风险突出。疫情在全球范围内加速扩散和金融市场动荡，将会通过产业链、贸易链、资金链等渠道，影响国内经济，提高债务违约风险，导致银行不良贷款增加（见图7.2）。同时，

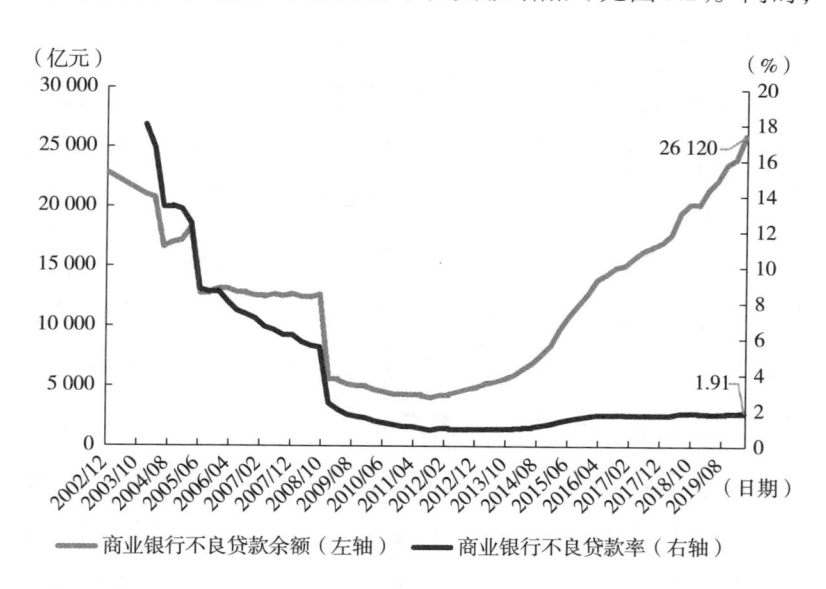

图 7.2 我国商业银行不良贷款及不良贷款率

资料来源：中国银保监会。

疫情对大量企业的生产经营造成了干扰，不仅会加剧企业违约，更会导致相关企业面临资产价值重估压力，削弱企业再融资能力，使信贷市场陷入恶性循环，引发更大范围的信贷紧缩，并持续对商业银行，特别是中小银行造成冲击。此外，疫情带来的信贷质量下降将会加重商业银行未来的不良资产化解压力。

二、疫情暴发与贸易摩擦叠加，对我国贸易、科技和产业链均造成了较大冲击，容易引发更大范围的金融风险

2018年以来，中美经贸摩擦对原有国际贸易关系造成了影响，单边主义政策抬头，全球贸易和产业链布局面临调整压力，中美产业链出现运行不畅，甚至断裂。时至今日，中美贸易摩擦已逐步演变为围绕贸易、科技乃至金融开展的经济争夺战。与此同时，新冠肺炎疫情的暴发，破坏了全球正常的生产秩序，再次对全球的价值链格局带来了重大冲击，会加速全球贸易、产业格局调整，并极易导致更大范围的金融风险扩散和危机。

（一）生产停摆、物流不畅使全球产业链面临重组

新冠肺炎疫情已在全球迅速蔓延，世界各国先后加强了管控措施，导致国际产业链停摆、物流中断，并引发全球经济和贸易活动急剧萎缩。据世界贸易组织2020年4月预测，2020年世界商品贸易将减少13%~32%。经济体的产业链体系越复杂，受到的冲击和影响将越大。同时，"隔离+封锁"的防疫举措不可避免地会造成全球供应链局部收紧，甚至断裂，必将进一步加速全球产业链格局调整和重组。全球产业链格局变化将对我国产业结构

造成显著影响，尤其是部分高科技行业面临的压力将更突出。

（二）贸易保护主义增大企业参与全球供应链的风险

在贸易保护主义和贸易摩擦背景下，中国企业重新参与全球价值链分工的难度将大幅度增加。特别是，疫情的全球蔓延会进一步加剧"脱钩中国"风险。被动的产业结构调整将产生新的金融风险。疫情暴发后，美国商务部长就曾公开表示，疫情是"制造业回流美国的最好契机"。疫情持续与中美经贸摩擦影响相互叠加，有可能使我国参与全球产业分工的路径受阻，对中国制造业的长期发展造成不利影响。

（三）供应链布局调整，全球制造业产业转移加速，极易引发新的金融风险

以往跨国企业在布局生产供应链时，主要考虑成本最小化。中美经贸摩擦以来，为了规避贸易壁垒风险，部分企业生产基地逐步从一国布局转向多国布局。新冠肺炎疫情的暴发进一步凸显了全球产业链的脆弱性，暴露了大多数企业过于依赖一两个主要供应来源的风险。很多企业开始重新评估其供应链，并开始建立更有弹性、更多元化的供应链体系，规避贸易壁垒，降低突发事件影响。各国政府也开始积极推动产业链调整，以实现供应链多元化、分散化、本地化，防范供应风险。在此趋势下，中国未来将面临产业转移加速的风险。产业链跨国转移有可能导致风险扩散、传递、增大，并极易引发新的风险。

（四）中美经贸摩擦将直接影响金融稳定

中美经贸冲突将干扰我国金融业开放进程，打乱金融服务业

对外开放节奏，给中国金融业对外开放带来不利影响。一是面对贸易冲突，部分行业的经营和债务风险明显上升，并产生了许多新的风险，直接影响金融稳定。二是中美经贸摩擦对科技创新行业产生了巨大影响，不利于经济稳定增长。同时，贸易摩擦直指高科技领域，亦给金融机构支持科技创新行业带来新的风险。三是不少贸易摩擦涉及国有企业，将对金融机构形成压力。国有企业正处于消化过剩产能、处置"僵尸企业"的关键时刻，针对国有企业的经贸摩擦会加大部分企业的风险。

三、疫情导致全球经济衰退和金融脆弱性上升，跨境资本流动将成为金融危机跨国传染的重要渠道

疫情冲击已造成全球经济面临自20世纪30年代大萧条以来最严重的衰退，造成的影响将显著高于2008年国际金融危机。短期内，疫情已引发国际金融市场剧烈动荡。新兴市场国家资本持续流出，经济金融脆弱性大幅度升高。随着对外开放步伐加快，中国未来的国际收支可能也会出现逆差，跨境资本流动对各种内外冲击的敏感性将明显增大，资本流动风险将显著增强。

（一）疫情引发国际金融市场剧烈动荡

疫情暴发以来，受短期恐慌情绪和经济增长负面预期等因素影响，全球多国股票市场出现动荡。2020年3月，美国标普500指数最低跌至2 237点左右，与年初相比累计下跌超过45%，短期内连创历史最大单日跌幅，多次触发熔断机制。标普500波动率指数（VIX）最高升至82.69点，创历史最高。随着恐慌情绪

07
开放条件下防范金融风险的难点与对策

的蔓延，加拿大、巴西、菲律宾、泰国、印度尼西亚、巴基斯坦、科威特、墨西哥、哥伦比亚、韩国、印度等多国市场触发熔断机制。同时，国际债市波动指数骤升，3月美国国债波动指数升至2008年金融危机以来最高水平，部分市场出现美元流动性枯竭。特别是，3月4日国际原油价格大幅度下跌以后，诱发了大宗商品期货价格下跌，再次引发债券市场恐慌，收益率水平下行。

公共卫生事件与油价下跌冲击叠加，引发金融市场流动性崩塌。美元现金成为唯一避险资产。美股、美债和油价的波动性均超过2008年金融危机时的高点。同时，金融市场自身脆弱性也加剧了金融动荡。由于全球利率持续下行，投资者为满足收益目标，普遍通过加杠杆、拉长久期、加大一级市场投资等方式扩大风险敞口，使货币市场、利率市场、信用市场和股票市场内部以及跨市场之间的联动性增大。量化算法交易和被动投资极易放大市场波动，一旦遭遇价格下跌，触及平仓线，会立即出现自动抛售，容易形成踩踏，造成资产价格螺旋式下跌。

（二）新兴经济体资本流动加剧，经济脆弱性明显上升

受疫情扩散和发达经济体宏观政策影响，部分新兴经济体资本流出压力持续增大，经济脆弱性正快速升高。某些国家已处于主权债务危机边缘，如有观点认为，阿根廷已处在"事实违约"状态。同时，疫情蔓延将直接加重医疗和社会保障系统负担，增大财政收支压力，甚至造成经济长期"停摆"。其中，南美洲和非洲部分新兴市场经济体由于医疗体系和财政能力较弱，对大宗商品进出口较为依赖，受疫情冲击较为明显，如秘鲁、智利、南

非等。疫情对欧洲新兴市场的整体冲击相对缓和，但由于部分国家老年人口占比偏高，其经济脆弱性依然会增大（见图7.3）。

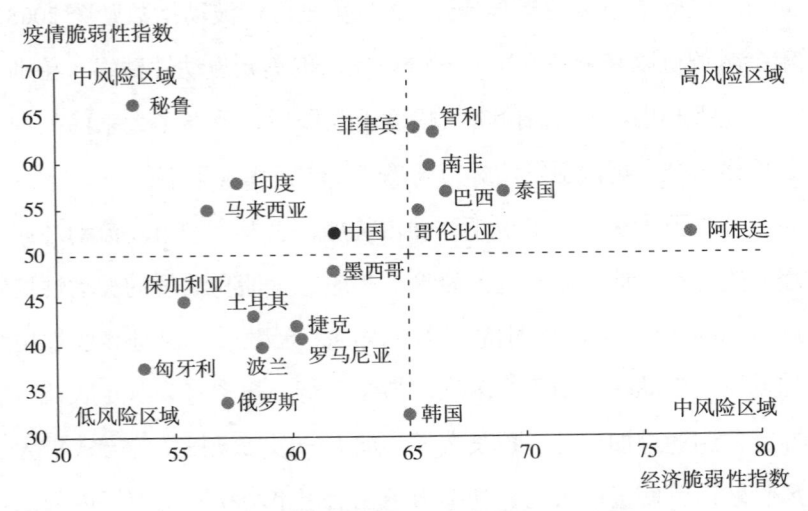

图 7.3　疫情对主要新兴经济体经济脆弱性影响

资料来源：世界卫生组织，牛津经济研究院，作者估算。

在疫情、油价下跌、国际金融市场动荡、全球经济衰退等多重冲击影响下，新兴市场经济体整体脆弱性会逐步上升，面临主权信用危机、货币危机风险的国家将进一步增多。阿根廷、泰国、南非、智利等新兴市场经济体主权信用风险较高。

（三）全球爆发金融危机概率显著升高

债务危机方面，全球政府、企业和居民部门债务风险均有明显提升。如图7.4所示，除新兴市场经济体外，疫情冲击导致部分欧洲国家主权债务风险进一步上升（如意大利）。

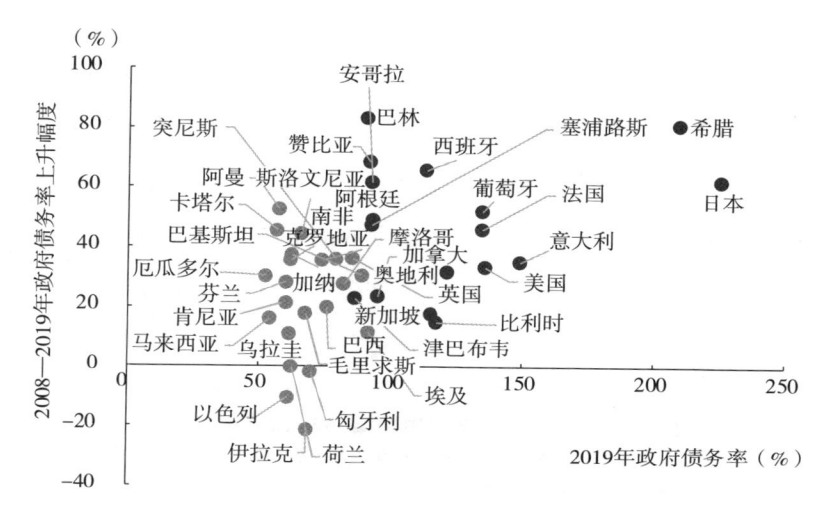

07

开放条件下防范金融风险的难点与对策

图 7.4 主要国家主权债务风险状况

注：图中横轴表示 2019 年政府债务率，纵轴为 2008—2019 年政府债务率上升幅度。其中，委内瑞拉债务率和增速较高，为了方便起见，并未在图中标出。

资料来源：国际清算银行，牛津经济研究院，作者整理。

同时，在高杠杆、低信用背景下，疫情扩散带来的供需冲击，显著影响企业偿债能力，导致企业债务风险突出。此外，由于家庭部门流动资产有限，受疫情冲击导致的收入减少影响，家庭债务风险增长较快。

货币危机方面，美联储等主要央行采取连续紧急降息措施，市场避险情绪激增，加之国际产业链受阻、油价暴跌等因素，对国际资本流动和各国货币汇率产生了较大冲击。大量资金从新兴市场经济体股票市场流出，流向国际避险资产，对新兴市场汇率造成了冲击，部分国家货币危机风险升高。

银行危机方面,疫情引发的各类风险已对全球银行体系稳定性产生了影响。如图7.5所示,2020年4月意大利两家最大的银行——联合圣保罗银行和联合信贷银行出现股价暴跌。印度多家私营银行发行补充一级资本债筹资支撑信贷持续快速扩张,个别银行被央行接管。同时,疫情引发的债务风险,流动性和货币风险,金融市场风险等都将对银行产生影响。不同风险可能会相互叠加强化,增大爆发银行危机的风险。

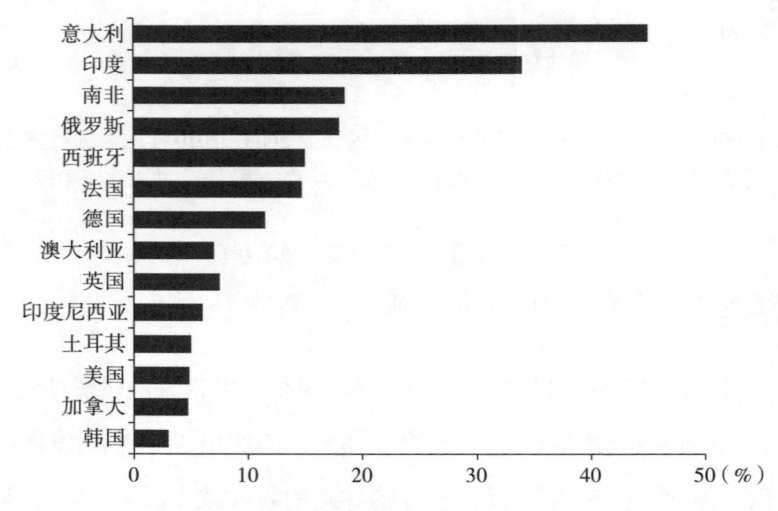

图7.5 主要国家银行坏账占银行资本的比重

资料来源:牛津经济研究院。

(四)伴随国际收支结构变化,我国受国际金融危机的传染风险正逐步增加

近年来,我国国际收支结构出现了明显的调整和变化。货物贸易占比稳步下降,服务和资金流占比升高。外汇储备规模趋于

07

开放条件下防范金融风险的难点与对策

稳定，非储备性质金融账户差额正负交替。展望未来，跨境资本流动有可能成为金融危机传染我国的重要渠道。

一是经常账户顺差趋势性下降，未来将呈现顺逆交替格局。如图 7.6 所示，从经常账户结构看，中美贸易摩擦升级意味着未来中国货物贸易顺差可能以更快的速度下降，居民收入增加与消费升级将导致服务贸易逆差持续上升，经常性顺差进一步缩小。此外，随着人口老龄化加剧，以及近年来居民部门负债率的上升，未来中国储蓄投资缺口将继续收窄，经常账户顺差将随之缩小，有时甚至会出现逆差。

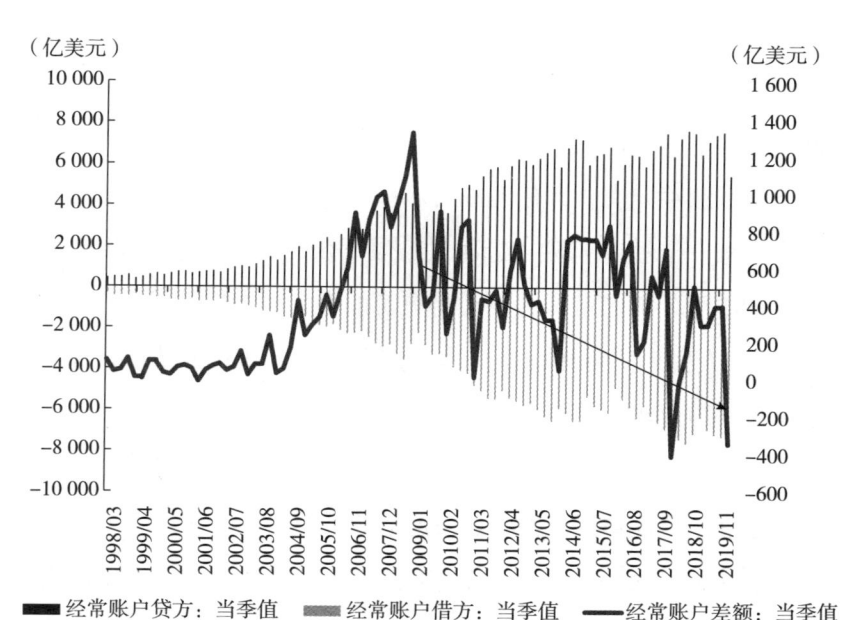

图 7.6 经常账户走势情况

资料来源：中国国家外汇管理局。

二是非储备性质金融账户顺差可能逐步消失，跨境资本流动会更加明显。直接投资方面，随着中国人均收入上升和产业结构的转型升级，对外直接投资的增长速度可能会持续超过外商直接投资，直接投资项方面可能出现持续逆差。证券投资方面，随着我国逐渐放松对国内机构投资者与外国机构投资者跨境投资的限制，未来的证券投资资产与负债均会显著增长。考虑到国内证券投资市场开放的速度，证券投资差额短期内可能维持顺差，但中期存在逆差可能。其他投资方面，随着人民币兑美元汇率进一步呈现双向波动和资本管制的逐步放松，其他投资项目差额未来也将时正时负。

三是储备资产短期将维持稳定，中长期可能面临波动。外汇储备是应对资本流动、稳定汇率的重要基础。短期内，我国外汇储备将继续稳定在3万亿元左右水平。中长期内，由于非储备性质金融账户余额趋于双向变动，加之经常账户余额可能由正转负，未来的中国外汇储备增速波动将有可能增大。考虑到推进"一带一路"、人民币国际化以及资本账户逐步开放等因素影响，外汇储备规模将逐步调整变化。

（五）欧美国家大规模宽松将制约未来宏观政策空间，极易导致金融脱离实体经济空转、资产泡沫等风险

受新冠肺炎疫情影响，全球经济受到了持续冲击。发达国家中央银行采取了大规模量化宽松，甚至"零利率＋量化宽松"的货币政策组合。如美联储于3月两次降息，将联邦基金利率目标下调到0~0.25%，并宣布7 000亿美元规模的量化宽松计划，购

07
开放条件下防范金融风险的难点与对策

买5 000亿美元国债以及2 000亿美元的抵押担保证券。美联储还采取多种措施以满足市场流动性需求。欧洲央行同样通过疫情紧急采购计划（PEPP）、紧急长期再融资业务（PELTROs）、放宽定向长期再融资业务（TLTRO Ⅲ）的条件等多种方式，向市场注入流动性。同时，2020年上半年，各国为应对疫情，普遍采取了大规模的财政刺激政策，政策力度和涉及范围也属空前。

大规模货币和财政刺激政策的实施会限制未来的政策空间，制约政策应对经济波动的能力。更重要的是，过度宽松政策带来的大量资源在金融体系内空转，并未真正进入实体经济，会加剧金融脱实向虚，增大资产泡沫风险。在美国，很多申领政府救济款或者失业金的投资者并未消费，而是扩大股票投资，致使美国股市快速回升。

在其他发达经济体的金融市场上，大水漫灌的影响正在显现，股票等风险资产的价格迅速上涨。在经济尚未明显好转的情况下，股票已经率先领涨。一旦疫情的控制、经济的复苏不如预期，市场就会进行二次调整，而这将给经济复苏带来更大的挑战。依据国际货币基金组织的报告，当前全球金融市场与实体经济严重脱节，将成为一个不容忽视的风险。

四、民粹主义升温，全球经济治理低效，未来我国面临的外部风险将更加复杂

21世纪以来，部分发达国家出现了以"人民的名义"为口号，打着反建制、反精英、反传统旗号的民粹主义势头，2008年

全球金融危机后更是大行其道。简单迎合大众、强调本国优先、关注短期增长和就业、忽视风险和政策可持续性等均为民粹主义政策的主要特征。在民粹主义下，政府对外政策容易出现逆全球化倾向，对内政策容易过度激进，强调短期目标。在全球经济治理体系低效的环境下，民粹主义抬头会进一步加剧市场动荡，为经济衰退和金融危机埋下隐患。

（一）民粹主义政策极易导致政策过度宽松，加剧金融风险

一是民粹主义更倾向于依靠宽松政策来促进经济增长。过度宽松的货币政策将导致低效率主体难以退出市场，扭曲经济主体决策方式，加剧财政与货币政策协调难度，损害央行公信力，造成市场预期不稳。二是持续扩张的财政和货币政策可能贻误深层次改革良机，结构性问题积累将加大危机爆发风险。过度依赖宽松财政、货币政策，一味迎合民众诉求，只会进一步贻误改革时机。三是为促进增长而放松金融监管，可能助长金融风险集聚。任何一国单方面放松监管的举措都容易引发大范围监管放松，并将损害全球金融稳定。四是平均主义分配政策和不切实际的社会保障目标将抑制经济增长，削弱政府危机应对能力，可能导致财政赤字扩大、公共债务和外债增加、资本外逃、货币金融危机的恶性循环。

（二）疫情凸显全球政策协同、合作和治理不足，容易加速金融风险全球扩散

新冠肺炎疫情全球"大流行"，全球产业链断裂、金融市场大幅度动荡等一系列问题，一方面反映了各国相互依存程度之深，

07
开放条件下防范金融风险的难点与对策

另一方面也反映了全球治理缺陷和集体行动协同性不足。

全球治理可以细分为多个领域，各个领域又有专门的国际组织，但各个国际组织间的合作和协同性不强，这导致全球治理"碎片化"，后果之一就是应对复杂事件的能力不足。尤其在公共卫生等非传统安全领域，仅靠某一国际组织难以进行有效治理。例如，全球卫生治理和全球环境治理、全球贸易治理与全球知识产权治理等都有很强的关联性，缺少一方参与，治理效果将大打折扣。新冠肺炎疫情凸显世界卫生组织与世界贸易组织的合作和协同非常必要。

（三）逆全球化潮流对国际货币基金组织和世贸组织等国际组织形成挑战，全球治理亟待改革

作为全球最重要的国际组织，世界贸易组织和国际货币基金组织均面临着民粹主义和逆全球化思潮冲击，极大地制约着国际协调和监督救助作用的有效发挥。随着全球范围内的贸易保护主义升级，国际货币金融体系不稳定等挑战增多，现行以世界贸易组织为基础的全球贸易体系和以国际货币基金组织为核心的国际货币和金融体系均面临极大挑战。

发展中国家和新兴市场经济体快速崛起，但其国际话语权和决策参与能力依然偏弱，区域贸易协议盛行等趋势，导致世界贸易组织很难在未来的全球贸易格局行程中发挥重要的主导作用。美国以退出世界贸易组织相威胁，强力推进自身主张，致使世界贸易组织部分改革陷入停滞。面对美国引领的《跨太平洋伙伴关系协定》（TPP）《跨大西洋贸易与投资伙伴关系协定》（TTIP）《服务贸易协定》（TISA）以及《美墨加三国协议》（USMCA）等新的区域贸易规则，全球区域合作持续推进，全球治理面临碎片化风险。同样，国际货币基金组织在出资份额，对成员国财政、货币、金融、结构改革的监督，特别是对储备货币发行的监督等方面也存在诸多有待改进之处。随着未来世界经济、政治、贸易格局日趋复杂，全球治理格局变化、国际组织改革方向都将成为影响我国外部环境的重要因素。

五、数字经济迅猛发展和产融结合进一步密切，可能加大系统性风险

近年来，物联网、大数据、云计算、智能制造、信息网络等数字经济和数字金融蓬勃发展。作为数字化时代产融结合的新形式，大科技公司基于其技术优势与积累的大量数据，沿着"互联网支付—互联网借贷—综合金融服务"的路径不断向金融业扩展。疫情之下，数字经济在疫情应对、复工复产、支持"三农"和小微企业等方面发挥了重要的积极作用。数字经济在发展的同时，也带来了许多新的风险。如数据泄露、网络安全等技术风险，以及混业经营、市场垄断等产融结合风险，容易引发系统性风险增加。

（一）技术风险引发金融风险

一是信息技术风险。数字经济使用的前沿信息技术往往给监管机构风险识别、监测与处置造成困难。监管机构难以识别高科技"黑箱"及其隐含的风险。数据驱动、平台支撑、网络协同的业务模式，也使风险处置难度加大。对技术问题或服务中断造成

07
开放条件下防范金融风险的难点与对策

损失的追究也面临法律空白。二是数据泄露风险。金融科技公司凭借其在互联网领域的优势，掌握着大量数据，客观上形成了数据寡头或数据垄断，也存在数据泄露风险，容易造成重大财产安全损失。三是侵权风险。在数据保护环境尚待完善的情况下，部分个人敏感信息被随意收集、存储和分析，容易构成侵权。四是网络安全风险。互联网上的木马、蠕虫、勒索软件层出不穷，对网络安全造成了严重威胁，不利于金融稳定。

（二）形成产融结合风险

作为数字时代产融结合的新产物，数字金融服务可能因产融结合而引发一些风险。一是利益冲突风险。在数字经济环境下，某些产融结合集团通过内部交易进行利益输送可能损害小股东、其他借款人等利益相关方利益，或者利用信息优势损害客户利益等，这些利益冲突有可能导致信贷资源错配。二是市场垄断风险。数字经济权力过度集中，易导致垄断和反竞争行为。三是混业经营风险。金融控股集团内部不同的业务风险存在跨行业、跨市场传递特征，极易出现监管套利和道德风险。四是数字鸿沟风险。不同人群使用金融科技服务的能力有所分化。数字鸿沟将导致相当一部分人无法享受到数字经济发展红利，违背数字化技术提升金融普惠性的初衷，影响社会公平正义。五是系统性风险。大型科技公司的服务对象常常是传统金融机构覆盖不到的"长尾"人群。这类客户通常缺乏较专业的金融知识与投资决策能力，容易出现群体非理性行为，"长尾"风险可能迅速扩散，形成潜在系统性金融风险。

走向"十四五"

开放条件下防范金融风险的重点和难点

近年来，世界政治经济格局发生了深刻变化，中国经济金融发展面临的外部挑战明显增多。受内外部多种因素影响，中国经济中一些长期积累的深层次矛盾逐渐暴露，金融风险易发、高发。为有效防范化解风险，党中央、国务院做出了打好防范化解重大金融风险攻坚战的重要决策部署，提出了"稳定大局、统筹协调、分类施策、精准拆弹"的基本方针。经过集中整治和综合施策，我国在防范化解金融风险方面取得了重大阶段性成果。总体来看，金融风险由前几年的快速积累逐渐转向高位缓释，已经暴露的金融风险正在得到稳妥有序处置。

当然也要看到，中国经济运行周期性、结构性问题仍然存在，金融风险正在呈现一些新的特点和演进趋势。一是重点领域风险仍然较高。地方政府隐性债务存量规模大，公司信用类债券违约压力较大，房地产市场风险可能在某些区域显现，并可能传导至金融机构。二是重点机构和各类非法金融活动的增量风险得到了有效控制，但存量风险仍需进一步化解。三是随着金融开放进程的加快，境内外金融风险叠加共振的可能性不容忽视。在"三大攻坚战"进入收官之年的当下，新冠肺炎疫情在全球蔓延，对世界经济金融产生了重大不利影响，主要发达经济体的大规模货币财政刺激计划在缓解疫情冲击的同时，可能也在形成新的风险积

07
开放条件下防范金融风险的难点与对策

累,使我国开放条件下的金融风险防范任务更加艰巨。

一、防范金融风险重点领域

(一)部分中小银行尤其是城市商业银行和农村金融机构风险较高

与大型商业银行相比,中小银行深耕于特定区域,更熟悉本地市场,地缘和客户资源优势明显,经营机制更灵活,市场敏锐度较高,在服务"三农"、小微企业方面有优势。但有些中小银行治理不完善,脱离当地、脱离"服务实体经济",盲目扩张,风险问题日益突出。例如,包商银行出现了严重信用风险。

为保护存款人和其他客户的合法权益,2019年5月24日,中国人民银行、银保监会会同有关方面依法果断地对包商银行实施接管,发挥了及时"止血"作用,避免了包商银行的风险进一步恶化。接管组全面行使包商银行的经营管理权,并委托建设银行托管包商银行的业务,稳妥做好债权保障工作,在全面开展清产核资的基础上,推进包商银行改革重组。2020年4月30日,蒙商银行正式设立,和徽商银行分别承接包商银行相关业务、资产和负债,包商银行风险处置得以稳妥有序推进。这次风险处置既制止了金融违法违规行为,最大限度地保护了客户合法权益,避免了客户挤兑和风险向众多交易对手扩散,也依法依规打破了刚性兑付,实现了对部分机构激进行为的纠偏,严肃了市场纪律,防范了道德风险,促进了金融市场信用分层,推动了市场风险合理定价。

走向"十四五"

同时，其他高风险中小金融机构处置顺利实施。锦州银行、哈尔滨银行、甘肃银行财务重组和增资扩股方案顺利实施，恒丰银行改革重组工作基本完成，有力防止了风险蔓延。此外，一些县域的农村信用社、农村商业银行、农村合作银行，通过积极地增资扩股，将其经营模式转为为当地社区服务。结合金融风险处置，完善中小金融机构公司治理，使其通过聚焦为实体经济服务、聚焦为民营企业和小微企业服务，将经营模式转向当地，有助于促进业务实现可持续发展，化解前期过度扩张形成的风险积累。

当前，我国正处在转变发展方式、优化经济结构、转换增长动力的攻关期，在经济结构调整过程中，前期积累的风险难免会"水落石出"。部分城商行、农村金融机构等中小金融机构资产扩张过快，经济环境的变化必然导致其风险暴露更明显。如图7.7所示，从不良贷款比例看，2020年第二季度末商业银行不良贷款比例为1.94%，其中大型商业银行和股份制商业银行分别为1.45%和1.63%，城市商业银行和农村商业银行分别为2.30%和4.21%。从拨备覆盖率看，2020年第二季度末商业银行拨备覆盖率为182.40%，其中大型商业银行和股份制商业银行分别为227.97%和204.33%，城市商业银行和农村商业银行分别为152.83%和118.14%。无论是从不良贷款比例还是从拨备覆盖率看，城市商业银行和农村商业银行均面临较高的风险。由此可见，在经营理念、风险控制、内部管理、业务能力、人员素质、治理水平等方面，中小银行与大型商业银行仍存在明显差距，中小银行风险防控更加具有挑战性。

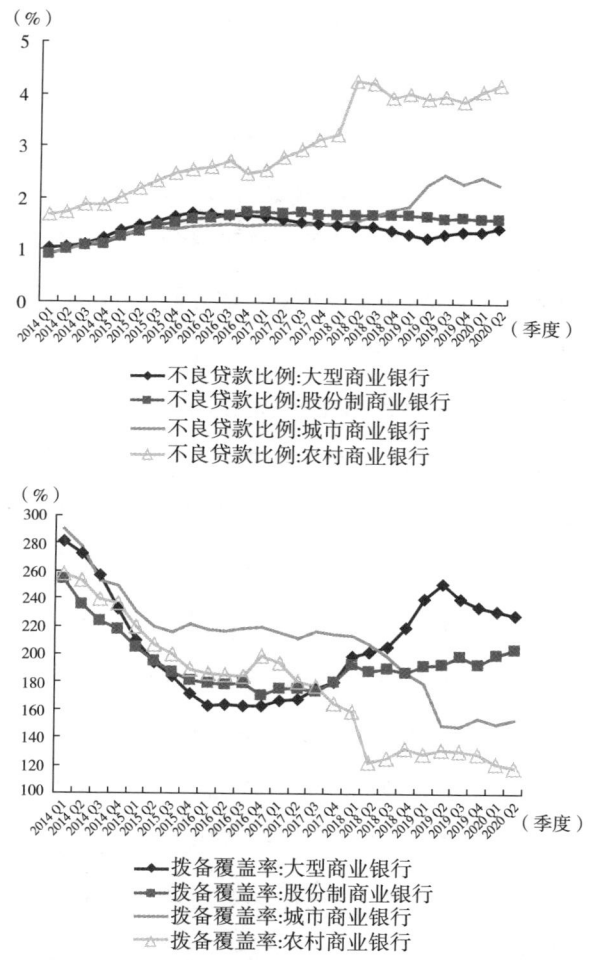

07
开放条件下防范金融风险的难点与对策

图 7.7　不同类型银行不良贷款比例和拨备覆盖率比较

资料来源：万得资讯。

此外，随着外部形势不断恶化，如果外需急剧下滑，一些地方政府可能倾向于依靠增加投资来刺激经济。2020年以来，一些地方启动了煤电项目，虽然对经济的拉动作用显著，但由于高污染、高排放，面对新能源的冲击和应对气候变化的要求趋严等，可能会使相关资产变成搁浅资产，带来巨大的不良资产风险。同时，地方政府也担负着处置当地金融风险的重要职责，如果通过"拉郎配"的方式把好机构和坏机构合并来处置风险，看起来风险好像被处置了，但实际上只是掩盖了风险，并没有真正处置风险，甚至可能带来巨大的道德风险。地方政府的这些行为都可能会加大金融风险，尤其是部分中小银行面临的金融风险。

（二）地方政府性债务风险防范任务艰巨

为应对2008年国际金融危机冲击，各地成立了大量城投公司，以银行贷款、信托贷款和发行城投债等方式为地方基础设施建设提供配套资金保障。在一些地方政府推动下，城投债务规模持续扩张，地方隐性债务风险不断积累。2014年出台的《国务院关于加强地方政府性债务管理的意见》和2015年正式实施的新《预算法》明确提出，我国对地方政府债务余额实行限额管理，各级地方政府加快建立了规范的举债融资机制，防范化解了财政金融风险，地方政府债务规模得到了一定程度的控制。但一些地方政府进行违规融资的冲动较为强烈，再加上金融机构具有主动借贷的意愿，且通过影子银行提供了融资服务，这使得地方政府负有偿还责任的隐性债务快速增长。为防范地方政府隐性债务风险，自2017年以来，财政部相继发布了《关于进一步规范地方政府举债融资行为的通知》和《关于坚决制止地方以政府购买服务名义违法违规融资的通知》，通过积极采取多种措施，进一步规范了地方政府的融资行为。

07
开放条件下防范金融风险的难点与对策

自2017年加强地方债务治理整顿以来，地方隐性债务增速放缓，过快扩张势头有所缓解，但形势仍然比较严峻。如图7.8所示，根据国际货币基金组织2019年的测算，2016—2018年，我国仅考虑显性债务的狭义口径政府部门杠杆率分别为36.7%、36.8%和37.9%，而考虑隐性债务后的广义口径政府部门杠杆率分别为62%、67.3%和72.7%；预计2024年狭义口径政府部门杠杆率为51.0%，而广义口径政府部门杠杆率将超过100%，达到101.5%。

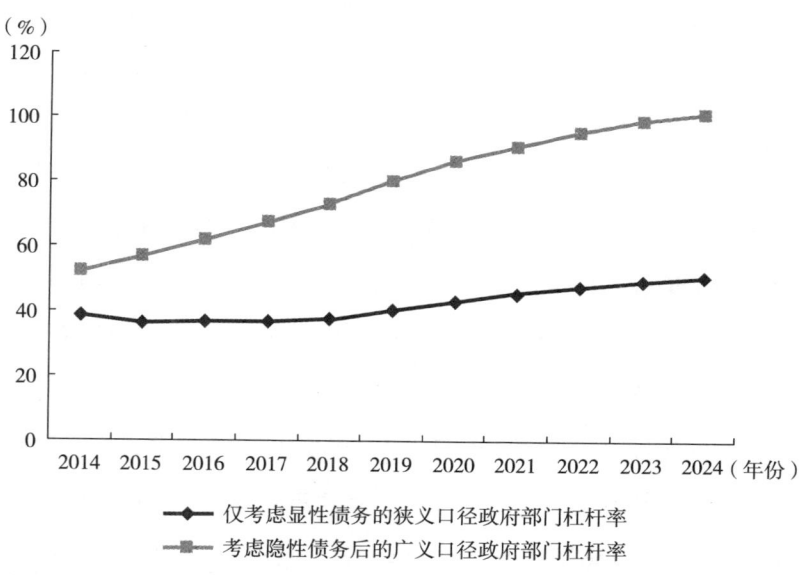

注：2019年及以后为预测值。

图7.8 不同口径政府部门杠杆率走势

资料来源：国际货币基金组织。

国际货币基金组织的这个计算结果不一定准确，但一定程度上反映了中国地方政府债务问题依然比较突出。由于地方政府筹集的资金主要投向了中长期基建项目，债务期限错配风险较大，且存在担保链风险。特别是个别区县债务额度高，到期时间集中，还款来源不足，偿债压力大。需要警惕财政风险转化为金融风险的可能。

（三）房地产市场风险依然较为突出

由于房地产关联行业众多，带动力强，曾被视为经济增长的支柱产业，在多轮房地产市场调控过程中曾出现越调越涨的现象。房地产价格持续上涨，购房负担加重对居民消费产生了挤出效应，资金向房地产业集中加剧了实体经济特别是小微民营企业融资难融资贵问题。

近年来，按照"因城施策"的基本原则，坚持"房子是用来住的、不是用来炒的"定位，落实房地产长效管理机制，不将房地产作为短期刺激经济的手段。在一系列调控措施综合作用下，房地产市场逐步向理性回归，总体保持稳定，但这并不意味着房地产市场风险警报已经解除。在国内外流动性宽松的环境下，即便保持房地产市场调控严格不放松，仍可能有大量资金通过各种渠道流向房地产市场。同时房地产企业海外融资较多，国际金融市场的动荡或欧美国家主要央行货币政策的调整，可能会给其带来较大冲击。截至目前，房地产信贷总量仍在不断膨胀，风险值得关注。2020年6月底，人民币房地产贷款余额47.40万亿元，同比增长13.1%，占全部人民币贷款余额的比例为28.7%。

居民债务变化和房地产市场密切相关，随着房价快速上涨，居民加杠杆买房的潜在风险不容忽视。如图7.9所示，社科院数据显示，2020年6月底居民部门杠杆率为59.7%，比2019年年底

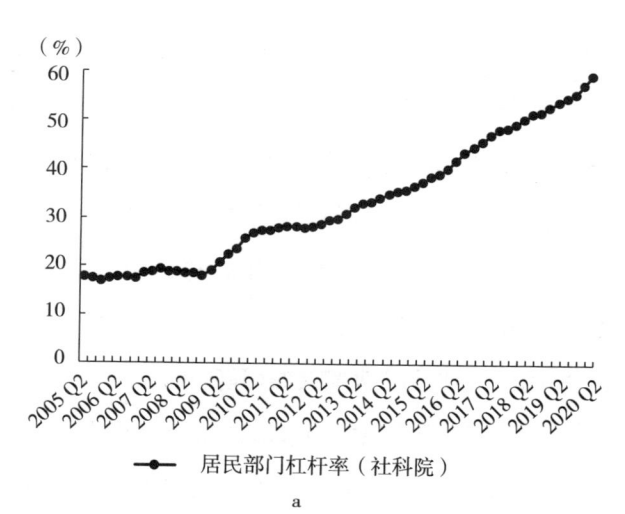

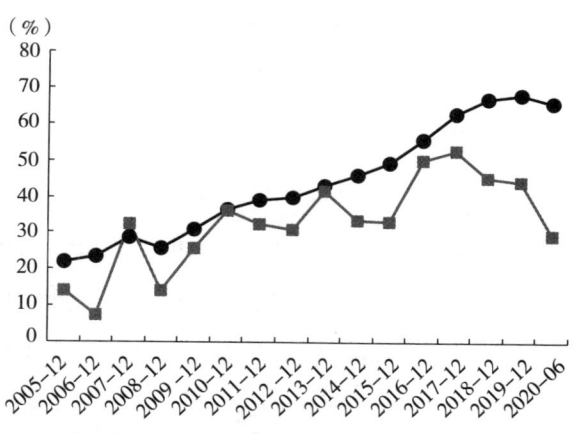

07
开放条件下防范金融风险的难点与对策

图7.9 居民债务潜在风险不容忽视

资料来源：万得资讯。

的55.8%上升了3.9个百分点，大于2019年全年增幅（3.7个百分点）。历史上居民杠杆率增幅较大的年份是2009年（5.6个百分点)、2016年(5.5个百分点)和2017年(4.0个百分点),2020年上半年的上升幅度属于较高水平。人民币住户贷款与存款之比自2005年年底的22%上升至2020年6月底的65.7%。从新增人民币贷款来看,居民部门新增贷款占金融机构新增贷款比重从2008年年底的14.3%上升至2017年年底的52.7%,此后虽有所回落,但2020年6月底仍高达29.4%。

（四）境内外金融风险叠加共振可能性增大

国内外金融市场联动性增强会放大市场波动性。随着金融市场开放不断深化,境外参与主体扩大,国内外金融市场联动性将加强。互联互通程度加深使国内外金融市场的资金交流增加,这改变了早期只有信息流动而缺乏资金往来的局面。国内金融市场对国际环境不确定性的敏感度上升,外部金融市场的变化更容易产生羊群效应,放大市场波动。全球金融市场波动带来的外在风险和危机传染,会对风险在国内股市、债市、汇市等金融市场间的传递起到推波助澜的作用。受市场情绪等多种因素影响,跨境资本流动非常不稳定,投资者的迅速进入和撤离会造成金融市场剧烈震荡,出现超出经济基本面变化的超调现象,触发潜在风险暴露,导致金融体系不稳定性增加,金融危机发生概率增大。一旦金融市场波动引发市场信心恶化和金融恐慌,导致市场流动性枯竭和银行信用冻结,资产价格大幅度下降甚至资产泡沫破裂,可能酿成严重的货币、银行、债务或系统性金融危机,使经济陷入严重衰退。

从近年的情况来看,相对于直接投资,证券投资对跨境资本

07
开放条件下防范金融风险的难点与对策

流动影响的重要程度上升。直接投资资金关注中长期回报，主要受结构性因素影响，如竞争力、产业链、税收制度和地理位置等，受周期性影响较小。证券投资容易受到利率、汇率、风险因素、政策因素、交易成本等因素的影响，具有强投机性、易逆转的特点，表现出较强的顺周期性，主要体现在国外投资者增持或减持国内股票和债券资产，进而会对汇市产生影响。随着金融开放进程加快，外资在我国资本市场上的参与程度逐步上升，2019年境外投资者净增持境内债券866亿美元，净增持上市股票413亿美元，境外投资者在中国债券、股票市场的持有比重为3%~4%，较2016年年底翻了近一番。

如图7.10所示，新冠肺炎疫情在全球扩散以来，欧美等主要发达经济体相继实施了大规模的货币和财政刺激计划，不仅在常规货币政策工具上发挥到了极致，而且在非常规货币政策方面创新不断。随着刺激计划落地，投资者的恐慌情绪有所平息，国际金融市场基本经受住了流动性冲击带来的严重考验，在大跌之后出现较快反弹。与金融市场的较快反弹相比，疫情走势和实体经济复苏仍有较大不确定性。在2020年6月发布的《世界经济展望》中，国际货币基金组织预测2020年全球增长率为–4.9%，较4月份的预测调低了1.9个百分点。欧美放松封锁、重启经济后，确诊病例数出现了较明显的反弹，美国部分州不得不放缓放松步伐，经济表现恐难出现较快改善，存在由流动性问题演变为信用问题的可能，由此出现了需要加码推出新一轮刺激计划的呼声和预期。在此情况下，欧美等发达经济体不仅难以退出宽松政策，其本已

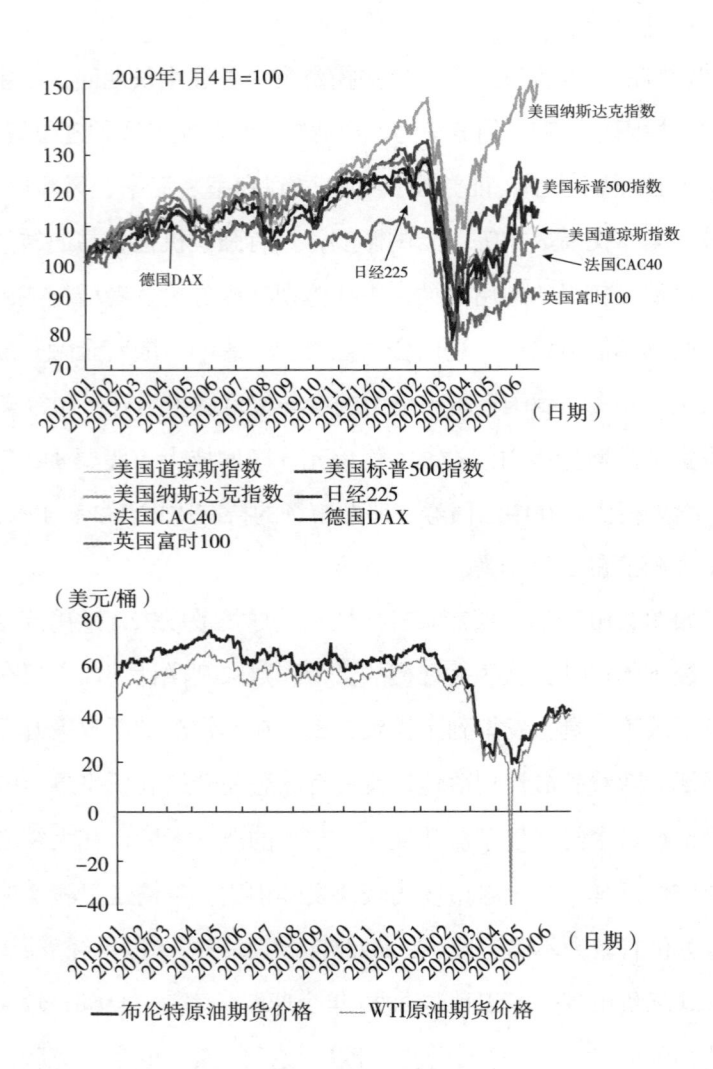

图 7.10　国际金融市场大幅度波动

资料来源：万得资讯。

受限的政策空间还将进一步遭到挤压。但实体经济难以反弹的现实很可能导致更多资金流向资产市场自我循环空转，不仅容易造

07
开放条件下防范金融风险的难点与对策

成资产泡沫和加剧市场波动风险，而且由于资产分布的非均等性，少数拥有财富和资产的人将从中获益，贫富差距拉大将加剧民粹主义等社会问题。选票压力下不切实际的社会福利目标和民粹主义政策，可能加剧激励机制扭曲和风险过度积累，加大爆发金融危机的概率。

二、平衡好推进改革、加强监管、防范道德风险与保持经济平稳运行之间的关系

（一）既要支持"三农"、小微企业、民营企业等经济薄弱环节，又要防止金融机构不良资产增加，进一步增加中小银行脆弱性

"三农"、小微企业等薄弱环节具有天生的内在弱质性，农业受自然条件影响风险较大，小微企业多数资产少、底子薄、抗外部冲击能力弱。但其涉及范围广、覆盖人口多，在解决就业、提高居民收入、维护社会稳定方面有举足轻重的作用，也是补齐发展短板、拓展增长潜力的重点所在。由于"三农"、小微企业等在经济运行中的弱势性，其融资机会很容易被挤占。在金融服务"三农"、小微企业方面，与大型商业银行相比，中小银行地缘和客户资源优势较明显，经营机制更为灵活，在为民营小微企业提供广覆盖、差异化、高效率、可持续的融资服务方面，发挥了至关重要的作用。

2020年年初以来，新冠肺炎疫情对企业经营造成了严重冲击，需求下降、较长时间的停工停产使企业面临生产、销售和物流运输等活动停滞、订单减少、固定成本难以消化等困境，导致

走向"十四五"

企业面临现金流断裂的风险，资金周转压力本来就较大的中小企业更加困难。这需要中小金融机构加大支持力度，帮助中小企业渡过难关。但正如我们前面所分析的，中小金融机构总体实力和经营状况弱于大型金融机构，部分中小金融机构风险突出。更需要关注的是，小微企业在大中企业下游接订单，更容易受到冲击，加之其分散风险进行转型的能力较弱，其脆弱性在外部形势恶化的情况下会进一步恶化。受疫情影响，很多商业活动由线下转为线上，但小微企业数字化转型的能力相对较弱。近期我们对四省2 100多户获得普惠型信贷的小微企业和个体工商户进行的线上问卷调研表明，疫情发生后，仅有不到3%的纯实体经营样本转向线上经营。疫情使小微企业进一步处于不利境地，同时也加大了中小金融机构的风险。因此，必须平衡好支持经济薄弱环节与防控中小金融机构风险的关系，特别是要把握好以下几个原则。

一是更多采用市场化方式引导中小金融机构加大支持力度，不宜硬性规定数量和价格。一方面，小微企业信贷体量较小，需求灵活多样，一味要求信贷数量规模的扩张并不一定符合小微企业的融资需求，反而可能形成新的风险隐患。另一方面，小微企业信贷成本和风险较高，只有充分考虑小微企业信贷的风险溢价，通过利率价格杠杆调节，才能真正解决小微企业"融资难"问题。

二是在发挥大型金融机构作用的同时，减少对中小金融机构的挤出。2019年，大型银行积极发挥头雁作用，使小微企业贷款速度明显提升，年底普惠型小微企业贷款余额为11.6万亿元，同比增长超过25%，五家大型银行普惠型小微企业贷款增长超过

07
开放条件下防范金融风险的难点与对策

55%，新发放普惠型小微企业贷款综合融资成本下降超过1个百分点。但一方面，大型商业银行利用其资金价格和综合服务优势，发展原本属于中小银行的优质客户，给某些地区中小银行带来了一定挤出效应，中小银行不得不进一步下沉业务，发展风险更高、资质更差的客户，这对其信贷风险管理提出了更高要求。另一方面，大型银行发展其本不熟悉的小微业务对其风控管理也是挑战，一定程度上可能加大其资产质量恶化风险。

三是中小金融机构要专注服务本区域微观经济主体，提高风险控制能力。从近年来中小金融机构的情况看，爆发风险事件的，往往不是那些下沉社区、专心服务实体经济的金融机构，而是那些热衷于跨区域扩张，热衷于同业、表外业务的金融机构。这些中小机构在公司治理、内部控制等方面存在较大问题。中小金融机构要完善自身治理，聚焦服务实体经济，利用多种技术手段，踏踏实实做好信用风险评估，加强风险防控。

（二）既要逐步进行风险处置、释放压力，又要防止处置风险的风险，加大经济下行压力，引发区域性甚至系统性风险

2020年是防范化解金融风险攻坚战的收官之年。得益于近年来的严格监管和风险处置，重点领域的金融风险得到了有效控制，三年来影子银行的规模持续收缩，不合规网贷机构大范围良性退出，地方政府隐性债务风险逐步得到化解等。但正如我们前面所分析的，重点领域的金融风险依然存在，还有一些"硬骨头"要啃，一些领域的风险如果置之不理，容易积重难返，积聚到一定程度会爆发，可能对经济金融造成巨大冲击。新冠肺炎疫情更是加大了国内外经济金融运行的不确定性，既可能进一步加大金融风险，又使我们在处置风险过程中，不得不更多关注风险处置对经济金融的影响，避免造成信贷过度紧缩、加大经济下行压力。因此，在巩固攻坚战取得阶段性成果的基础上，必须坚守底线思维，统筹考虑宏观经济形势新变化，把握好抗击疫情、恢复经济和防控风险之间的关系，讲究方式方法，稳妥推进各项风险化解任务，确保风险总体可控、持续收敛。为此，我们要把握以下几点原则。

一是科学把握节奏和力度。要有计划地采取措施，做好工作步调和时间安排的统筹协调，有些措施可以错峰推进。设定好各个环节，分步骤推进。做好过渡期安排，必要时实行新老划断，避免形成断崖效应。

二是处置方案的设计要贴合实际，不搞"一刀切"。加强重点领域的风险监测，有些还可以进行压力测试，摸清情况，为"精准拆弹"打好基础。对于问题较严重、风险处置难度较大的情况，要逐家研究讨论处置方案，细化工作措施，有序推进风险化解工作。

三是严格监管、规范发展，在处置存量风险的同时，做好增量风险的防控。要坚持标本兼治，建立健全金融规范发展的长效机制。在补齐监管空白、形成监管合力的基础上，引导影子银行等良性发展，努力实现防范金融风险与服务实体经济的有机统一和动态平衡。

（三）既要扩大金融业双向开放，通过竞争提质增效，又要防止能力和竞争力不足带来的风险

全球力量格局的深度调整要求我国培育竞争新优势，我国的

07

开放条件下防范金融风险的难点与对策

经济高质量发展要求进一步扩大对外开放，更加开放的金融服务业格局将成为我国适应经济全球化新形势的必然选择，也对金融稳定提出了更高要求。2018年以来，基于自身发展需要和自主选择，按照"宜早不宜迟、宜快不宜慢"的思路，我国金融开放步伐显著加快，出台了许多重大举措，大体可以分为两个层面：一是机构层面，基本实现了股权准入层面和业务准入层面内外资的完全一致。二是金融市场层面，加大境内外金融市场的互联互通，放宽外资在国内金融市场投资的限制。股票市场、债券市场纳入明晟（MSCI）等多个国际主流指数，为境外投资者参与国内金融市场投资提供便利。疫情发生之后，我国金融改革开放一直在继续推进，包括粤港澳大湾区和上海自贸区临港新片区都推出了很多金融改革开放的新措施。

金融服务业开放有助于提升我国金融业发展水平和金融机构的整体竞争力。一是发挥外资机构的"鲶鱼效应"，倒逼国内金融机构走出舒适区，在竞争中提升服务水平，提高运营效率和增强自身实力。二是外资机构可以带来经营管理、风险管理、财富管理、业务创新等方面的先进经验和技术，为国内金融机构拓展视野、审视自身不足、改进管理、提升经营效率提供有益借鉴。三是吸引更多外资投资国内金融机构，有助于增加金融机构特别是中小金融机构资本金来源、提升公司治理水平。四是丰富金融机构种类，增加市场参与者数量，有利于统筹利用"两个市场、两种资源"，增加金融有效供给，促进金融结构优化和产品创新，更好地满足实体经济差异化、个性化、多元化的金融需求。五是

走向"十四五"

有利于提升我国金融影响力，使其在国际金融领域扮演越来越重要的角色，促进我国由金融大国向金融强国转变。

但也要看到，金融服务业开放不仅存在正面效应，也可能潜藏风险。一是金融业竞争加剧，特别是中小金融机构将会面临更大的竞争压力。外资金融机构在市场份额、客户资源、专业人才等方面的竞争，会对国内金融机构业务模式、盈利能力等造成冲击。部分规模小、效益低的国内金融机构可能会因难以适应内外部环境的变化，面临被市场淘汰的风险。二是"走出去"的能力不足的风险。特别是，由于我国长期处于较封闭的金融环境中，国内机构和投资者对国际规则和东道国规则缺乏了解和必要的尊重。近期中国银行原油宝期货事件和瑞幸咖啡造假引发的"中概股"事件，再一次敲响了警钟。特别是瑞幸咖啡造假事件后，美国监管层对"中概股"的态度日趋强硬，可能造成我国企业赴美上市难度加大、遭遇信任危机，金融中介机构也因此受到牵连。因此，在金融开放过程中，必须把握好开放和自身能力建设的平衡。

一是合理把握开放的力度和速度。开放本身并不是产生金融风险的根源，但在开放过程中不确定因素会增多，可能会提高金融风险防范的复杂性，导致金融脆弱性上升。金融开放应服务国家战略和实体经济发展的需要，遵循协调性原则，处理好各项改革之间的关系，合理安排开放顺序。

二是金融开放程度要与金融监管能力、金融机构的风险管理能力相匹配。只有在监管到位的情况下，金融开放才能起到促改革、促发展的作用。金融机构也必须积极主动了解国际规则，依法依规经营，提高风险管控能力。

三是金融开放程度也要与投资者的能力相匹配，要加强投资者教育和消费者保护。金融机构要树立负责任金融的理念，把金融产品和服务的信息准确地传达给消费者。投资者要树立收益自享、风险自担的理念，增强风险意识。金融管理部门要完善相关的法律法规，加强投资者适当性的管理，推进金融知识的普及教育。

（四）既要推动人民币国际化，减少货币错配和对美元体系的依赖，又要统筹协调好资本项目开放和人民币汇率机制完善

自2009年7月启动跨境贸易人民币结算试点以来，在坚持服务实体经济，促进贸易投资便利化导向，强调尊重市场参与的基础上，人民币跨境使用的政策限制逐步被解除。人民币跨境使用经历了从零星边贸结算到全面铺开、从经常项目到资本项目、从银行企业到个人、从简单业务到复杂业务逐步发展的过程。人民币作为国际货币的影响力不断提升，全球支付货币的功能稳步增强，计价、投融资与储备货币的功能也逐渐显现。如图7.11所示，人民币支付在全球支付体系中的比重由2011年12月的0.29%提高到2020年6月的1.76%，排名由第17位上升到第6位。2019年经常项目下人民币跨境收付为6万亿元，资本项目下合计为13.6万亿元。2016年10月，人民币正式加入SDR货币篮子，截至2020年第一季度末，国际货币基金组织官方外汇储备货币构成（COFER）中人民币储备规模为2 214.77亿美元，占比为2.02%。据不完全统计，已有70多个国家的央行或货币当局将人民币纳入外汇储备。截至2020年6月底，境外主体持有境内人民币金

走向"十四五"

融资产的余额增加到 7.18 万亿元，同比增长 28.1%，资产结构也由存款为主开始向债券、股票转变。也要看到，新冠肺炎疫情暴

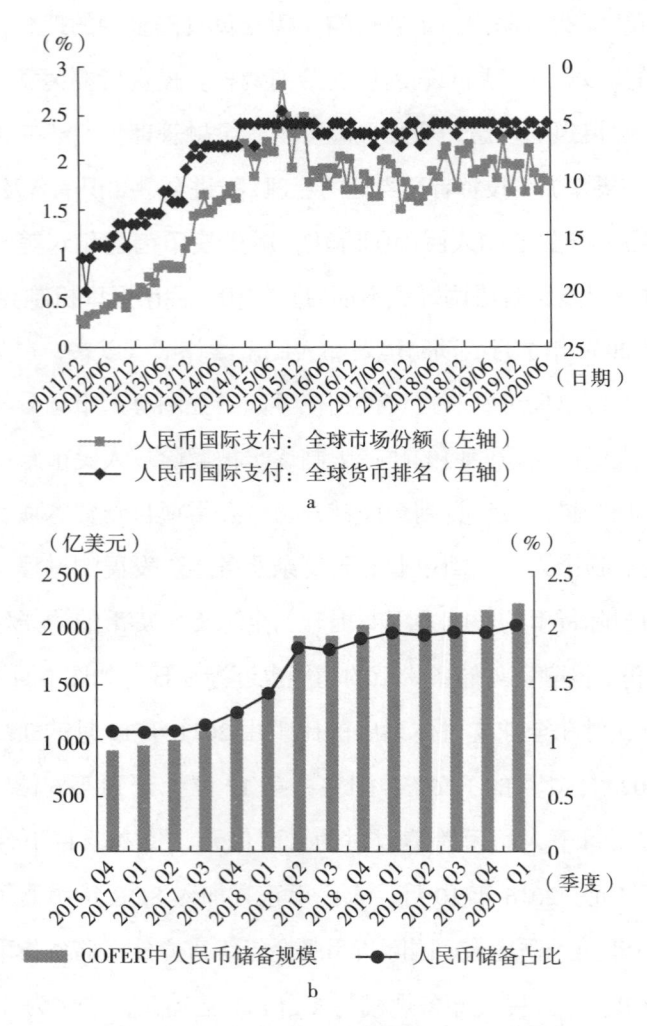

图 7.11 人民币国际支付和储备功能得到提升

资料来源：万得资讯。

07
开放条件下防范金融风险的难点与对策

发后，针对危机引起的"美元荒"，美联储与各国央行迅速协同开展了大规模的货币互换，人民币互换规模仍相对较少，人民币国际化和国际货币体系改革仍任重而道远。

在既有的国际货币体系中，美元处于中心货币地位。近年来，国际经济格局发生了显著变化，在"美国优先"政策下，美国不但实行强硬的贸易与投资保护主义，而且实施普遍的贸易与金融制裁措施，利用美元在全球支付体系中的独特作用实现其非经济目标。有观点认为，疫情中美联储采取的极端宽松政策面临退出难题，货币宽松会冲击美元信誉，引起美元地位下降，但实际上从2008年以来，美元的国际地位并没有下降。最近欧盟达成了发行共同债券的协议，这一历史性的变化，可能会增强欧元在国际货币体系中的地位，也会对人民币国际化带来一定影响。

作为经济增长较快的大型开放经济体，我国面临较为严重的货币错配问题。我国外币资产多于负债，存在净外币资产，属于债权型货币错配。与此同时，在2008年国际金融危机后，美元走弱，利率降低，我国企业等微观主体由此积累了大量的美元债务。数据显示，截至2019年年底，我国外币登记外债余额中有83%为美元债务。稳慎推进人民币国际化，有助于减少货币错配、消除汇率风险和降低美国金融制裁的风险。

人民币要成为重要的国际货币，对汇率形成机制和资本项目开放都有要求，必须统筹协调好这三者之间的关系。

一是币值稳定以及汇率的自我稳定功能将为一国货币国际化提供一个成熟的市场机制，从而加快货币国际化进程。在人民币国际化的过程中，境外投资者会逐渐接受拥有一定数量的人民币或以人民币计价的资产。当人民币汇率波动或升（贬）值预期出现变化时，境外投资者对人民币资产配置的偏好会发生改变，引起境外人民币资产需求的变化，进而影响人民币国际化。

二是要满足境外投资者对人民币投资产品的需求，发挥好离岸市场作为人民币国际化重要支点的作用。在海外发行央行票据是个很好的尝试。继2015年于伦敦首次海外发行人民币央行票据后，中国人民银行于2018年11月建立了在香港发行央行票据的常态机制，既丰富了香港市场高信用等级人民币投资产品和流动性管理工具，也有利于完善离岸人民币收益率曲线。今后还可以做更多尝试，促进离岸人民币市场结构优化、均衡发展。

三是有序推进人民币资本项目可兑换，有助于进一步提高人民币可自由使用程度，更好地满足实体经济的需求，但同时也要做好跨境资本流动的风险管理。

（五）既要发挥金融科技促进创新、服务实体经济的作用，又要防止其过度创新，放大金融风险

金融科技发展有利于提高金融体系运行效率、提高金融服务水平，但也对风险防范和金融监管提出了新挑战。

金融科技发展带来了突出风险问题。一是金融欺诈风险。一些金融科技企业可能会虚假宣传，违规运用甚至套取资金，金融服务需求方中也不乏不法分子利用审核和安全标准漏洞，进行金融欺诈。二是监管套利风险。由于监管规则调整未及时跟进，一些业务处于模糊地带，与传统金融机构相比，金融科技公司可能

07

开放条件下防范金融风险的难点与对策

享有不平等的监管待遇，从而进行监管套利。三是数据滥用风险。金融科技公司凭借固有优势形成数据寡头或数据垄断，侵犯客户隐私，甚至威胁国家金融安全。四是网络攻击风险。金融科技公司暴露在网络攻击下的业务较多，遭受网络攻击的风险较大。五是系统性风险。金融科技公司经营模式、算法的趋同，容易引发"羊群效应"，甚至出现"闪崩"等情况。

金融科技发展对金融监管构成了挑战。首先，分业监管不适应大型科技公司的混业经营模式。其次，监管机构难以识别高科技"黑箱"和其中隐含的风险。算法具有"不可解释性"以及技术产品和应用本身不具有法律主体资格和承担责任的能力，这导致责任主体难以划分，风险识别困难。再次，风险监测、预警滞后将难以控制风险积聚。最后，风险处置难度也较大。互联网支付、网络借贷和股权众筹等业务带来的风险隐患都涉及对公众资金的快速、大范围、隐蔽性聚合和不透明管理，一旦发生风险，可能引发大规模群体性事件。

因此，既要发挥金融科技促进创新服务实体经济的作用，又要防止其过度创新，放大金融风险。对此，我们要把握好以下几点原则。

一是确保监管有效覆盖。只要从事金融业务，就应当按照业务属性，获得该行业金融监管部门的许可。对未经许可开展金融业务的，应加强查处，提高其违法成本。同时，注重一致性监管与国际合作，避免监管空白与监管套利。

二是平衡好风险监管与鼓励创新的关系。注重发展合规科技与监管科技，提升监管效能，既要鼓励创新，又要将风险控制在可控范围之内。

三是平衡好金融科技发展与消费者保护的关系，特别是老年人和受教育程度低的弱势群体。研究现有金融消费者保护机制适用于互联网金融业务的有关问题，明确风险补偿机制和风险处置机制。

07
开放条件下防范金融风险的难点与对策

主要结论与政策建议

在扩大金融服务业对外开放的大背景下,"十四五"期间我们防范金融风险的总体思路就是：围绕服务实体经济,健全货币政策和宏观审慎政策双支柱调控框架,加强货币政策和财政政策的协调；推进金融服务业对外开放,统筹上海国际金融中心、粤港澳大湾区、海南自由贸易港建设,推动完善国际治理；加强国际协调,加快金融市场化、法治化建设,进一步强化金融监管,在发展中防范风险,在发展中解决问题。

一、加强宏观政策协调,提高宏观调控有效性

面对新冠肺炎疫情造成的巨大影响,货币政策和财政政策应强化协调配合,共同支持实体经济发展。

(一)加强货币政策和财政政策协同配合

财政政策要提质增效,完善标准科学、规范透明、约束有力的预算制度,更好地发挥推进结构调整的优势作用。深化税收制度改革,调整优化政府支出结构。在经济下行期,要更加注重解决市场失灵的问题,促进储蓄向投资转化。宏观政策在技术层面上要加强协作,把握好中央和地方政府债券发行、财政库款缴存等的节奏和力度,强化离岸政府债券和香港央行票据发行及境内货币政策操作的协调配合,减少对市场流动性的短期扰动。创新

财政、货币政策对就业、产业、区域、民生、安全的支持和保障方式，积极推进产融结合、产融对接、绿色金融等政策融合创新。

（二）货币政策应更加灵活适度，重点考虑创造条件将就业目标纳入货币政策框架

面对疫情冲击，应防止重走通过基建投资等资本密集型投资来拉动经济的老路，应更加注重促进就业和居民收入增长，稳定消费和扩大内需。逐步提高就业目标在货币政策考量中的优先级，完善就业统计指标体系并加强对劳动力市场的分析监测，创造条件将就业目标纳入货币政策框架。进一步加强结构性货币政策工具对"三农"、小微企业和重点人群就业的支持力度。

（三）进一步健全结构性货币政策，完善现代中央银行制度

在保持总量适度的基础上，创新和运用好结构性货币政策工具，完善结构性政策规则，疏通政策传导，加大金融对实体经济，特别是民营企业和小微企业的支持力度，增强经济内生增长动力。

一是在保持总量适度的同时，进一步促进结构优化，用调结构的方式有针对性地解决经济运行中的突出问题。货币政策作为总量政策，也可以在支持经济结构调整和转型升级方面发挥重要作用。货币政策的总量功能和结构功能是分不开的。总量功能是结构功能的前提，管好总量，才能为优化结构提供良好的货币金融环境。

二是不断创新和丰富结构性货币政策工具，引导金融机构加大对国民经济重点领域和薄弱环节的支持力度。通过设计激励相容机制，有效引导金融机构的行为，进一步有效发挥结构性货币政策工具的精准滴灌作用,提高政策的"直达性",加大金融对实体经济特别是小微企业、民营企业的支持力度,全力支持做好"六稳""六保"工作,促进金融与实体经济良性循环。

二、健全"双支柱"政策框架,运用好宏观审慎压力测试

"十四五"期间,在国内经济转型升级过程中,有必要健全"双支柱"政策框架,构建好宏观审慎政策体系,运用好宏观审慎压力测试,守住不发生系统性风险的底线。

(一)提升金融宏观调控和金融监管协调

一是完善宏观调控机制,建立运转良好的现代中央银行制度。改进货币政策治理体系,完善货币政策目标和工具,提高金融市场价格形成机制和传导的有效性,疏通货币政策传导。推进人民币汇率形成机制改革,保持汇率弹性,发挥好汇率调节宏观经济和国际收支自动稳定器的作用,提高货币政策自主性。

二是稳步推进宏观审慎政策体系建设,防范系统性风险。构建系统性金融风险评估预警体系,稳步推进宏观审慎压力测试,形成系统风险定期监测、分析、评估和报告的框架和制度。重点开展房地产金融宏观审慎管理。探索将更多金融活动、金融机构、金融市场和金融基础设施纳入宏观审慎政策框架。完善系统重要性金融机构监管框架,加强金融控股公司监管,明确系统重要性金融机构识别、评估方法和流程,完善风险处置和市场退出机制。

三是推进功能监管,减少监管分割。对同业业务、资产证券化产品等业务加强监管,健全互联网金融监管长效机制,打破部

门分割，消除监管套利。强化对金融控股公司、系统重要性金融机构和金融基础设施的监管。提高地方金融监管能力，加强监管协调机制建设。

（二）增强金融机构防范风险和服务实体经济的能力

一是进一步发挥货币政策和宏观审慎政策的逆周期调节作用，引导货币信贷合理增长，在加强金融对实体经济支持力度的同时，促使宏观杠杆率保持基本稳定。二是发挥好结构引导作用，引导金融机构加大对实体经济关键领域和薄弱环节的信贷支持。三是推动金融改革，引导金融机构配合各项改革举措落地，完善金融机构治理。四是提升宏观审慎政策和监管政策的有效性，督促引导金融机构提高风险管理能力。

（三）强化统计信息保障，运用好宏观审慎压力测试

信息方面，应进一步推动金融统计数据信息整合，建立不同层次的系统风险核心指标集，加强对系统风险的统一监测。从国际经验看，弥补信息缺口是制定金融稳定政策的重要前提。应进一步加强金融业综合统计和金融信息资源共享。针对不同的外部性和金融市场失灵风险，建立多层次的系统风险核心指标集，为宏观政策提供依据，为审慎政策工具应用提供中间目标。

方法方面，加快我国系统风险模型开发应用，正确认识压力测试在宏观政策决策中的作用，统筹开展压力测试。系统风险模型是制定金融稳定政策的基础，更是开展压力测试的技术保障。以系统风险模型为核心开展不同层次、不同目标的压力测试，是科学实施宏观审慎政策的关键。应尽快推动我国系统风险模型的

开发和应用研究，在国家层面建立宏观审慎压力测试制度，从宏观审慎压力测试的顶层设计、组织实施、信息披露等方面进行系统规划。逐步建立核心风险指标与压力测试共同确认的宏观审慎工具调整实施方式。

三、进一步推进金融供给侧结构性改革

"十三五"期间，我国深入推动了经济供给侧结构性改革，有效推进了经济结构调整，减少了无效和低端供给，扩大了有效和中高端供给，增强了供给结构对需求变化的适应性和灵活性，使供给体系更好适应需求结构变化，显著促进了经济可持续发展。实体经济是金融业的根基，为实体经济服务是金融业的根本。随着供给侧结构性改革的推进，金融业逐步顺应新发展理念要求，推动金融供给侧结构性改革，以调整优化金融体系结构，改进金融服务，为实体经济发展提供更高质量的金融服务。

（一）优化金融结构和布局，更好地满足实体经济投融资需求

长期以来，我国金融服务业在满足人民资产性需求和长期金融保障方面的能力相对不足。投资渠道窄，国内针对居民个人的金融服务建设相对滞后，难以满足资产管理需求。现有投资渠道难以给投资者良好预期和稳定收益，导致居民集中投资房地产领域。投资门槛高，资本市场结构不合理，金融产品与服务同质化严重，难以满足需要。直接融资渠道狭窄，难以满足居民资产性需求的增长。

"十四五"期间，我国应着力加强金融在养老医疗方面的支

持力度。解决社会保险基金长期面临的资金总量不足、筹资渠道单一、保值增值绩效较差、经常性和持续性投入难以保障等问题。拓宽养老和医疗产业的融资渠道。增大普惠型金融支持精准扶贫的力度，提升农村金融综合服务水平，增强金融支持扶贫的有效性和针对性。在跨国金融服务方面，改进人民币结算的金融支持与服务，稳慎推进人民币国际化。

（二）提升金融机构公司治理水平

一是完善金融机构股东监管，规范股东行为，加强穿透管理。二是健全金融机构内部治理体系，规范股东大会、董事会、监事会与管理层关系，完善授权体系，建立董事会与管理层制衡机制，防止内部人控制。三是规范国有金融资本管理。通过公司治理程序，加强对董事的监督管理。

（三）因势利导发展金融科技，提升金融服务效率

一是加强顶层设计，完善监管制度体系。完善区块链、大数据等技术标准和监管规则，加强监管协调和行业自律，引导从业机构合规审慎经营。二是严格市场准入，全面推行功能监管。三是完善个人数据保护的监管规则，制定金融科技行业数据标准，推动数据标准的统一。四是发展监管科技，提升风险识别、防范与处置能力。五是加强产融结合相关监管，着力防范信贷资源错配、内部和关联交易、金融脱实向虚、机构交叉传染风险。

四、推进金融服务业对外开放，加强国际经济金融政策协调

经济全球化是时代大潮，全面发展、扩大开放的大势不可逆

07
开放条件下防范金融风险的难点与对策

转。技术进步和生产发展必然要求经济金融全球化模式做出相应变革和调整。面向未来，更加开放的金融服务业格局将成为我国适应经济全球化新形势的必然选择，也是维护金融稳定的必然要求。在国际政治经济环境复杂多变的条件下，为促进经济长期可持续发展，防范和化解金融风险，应坚持市场化、法治化、国际化原则，推动全面落实准入前国民待遇加负面清单制度，实现制度性、系统性开放，以区域开放带动全方位开放，加强国际经济金融政策协调，优化国际循环，实现国内国际循环相互促进。

（一）稳慎推进人民币国际化

一是扩大人民币跨境支付结算，探索实施更高水平的贸易投资便利化试点，重点推动贸易和投资领域人民币跨境使用。考虑结合"一带一路"建设，推动形成人民币输出和回流闭环。以大宗商品计价为突破口，可以在人民币计价原油期货基础上，推出其他大宗商品人民币计价产品。二是加强与离岸市场监管当局的信息交流和监管合作，抑制投机冲击。同时，深化在岸金融市场，形成推动人民币国际化的合力。三是统筹考虑人民币清算行和人民币跨境支付系统的发展。四是利用我国科技企业的优势，结合金融科技创新，带动人民币国际化。五是继续推动国内金融市场开放，进一步便利境外投资者使用人民币投资境内债券和股票，支持将境内金融市场产品纳入主流国际指数。建立健全开放的、有竞争力的外汇市场，进一步吸引境外央行类机构增配人民币资产，稳步提升人民币储备货币功能。

（二）以区域开放带动全方位开放

面向未来，自由贸易试验区和自由贸易港建设担负着加快政府职能转变、积极探索管理模式创新、促进贸易和投资便利化，为全面扩大开放探索新途径、积累新经验的重要使命。

一是进一步优化提升自由贸易试验区的营商环境和法治环境。推进简政放权，减少行政许可和审批事项，实行高水平的事中监管和事后监管水平，提高准入效率。加强法治环境建设，营造国际一流的自由贸易区法治环境。二是大力推进自贸试验区金融开放创新。优化负面清单管理模式，促进跨境投融资便利化。三是推动上海国际金融中心建设再上新台阶。加快上海国际金融中心建设，积极对接国际高标准规则，在更高水平上加快上海金融业对外开放，建设与国际接轨的优质金融营商环境，促进人民币金融资产配置和风险管理中心建设。

（三）加强国际经济金融政策协调

一是以G20（二十国集团）为平台，加强国际宏观政策协调。虽然与国际金融危机后相比，G20的效率有所下降，但它仍是当前国际经济金融政策协调的首要平台，也显著优于过去G7（七国集团）主导的局面。未来应在G20框架下，加强宏观政策协调。推动各国依据其产业链链条长度、吸纳就业能力、抗疫关联度等指标，设计重点产业清单，最大限度保证相关国际产业链正常运行。

二是平衡好内外部均衡，加强各国宏观政策协调。在经济全球化背景下，各经济体之间的联系日益紧密，宏观政策的溢出效应日益明显。近年来全球跨境资本流动的重要性显著提升，汇率浮动难以完全对冲资本流动冲击，也不是保证货币政策自主性的充分条件。随着各国经济金融一体化程度的进一步提高，货币政策国际协调可操作性增强，正负效应凸显。在此背景下，为更好实现宏观总体平衡、提升本国福利，应把握好保持汇率弹性、完善跨境资本流动宏观审慎管理和国家宏观政策协调三方面平衡。

（四）重视开放中的金融风险

一是完善对外投融资体系，防范债务风险。当前和未来一段时间内，全球发展融资缺口将继续扩大。OECD的报告显示，全球金融发展融资缺口高达2.5万亿美元，并有进一步扩大趋势。随着民粹主义浪潮兴起，传统欧美国家减少了对低收入国家的援助力度，主要机构提供的资金相对不足。着力推动我国对外投融资体系向高质量、绿色可持续方向发展，高度关注并妥善应对对外投融资建设中潜在的债务风险。二是防范和重视"长臂管辖"风险。应提升合规意识，妥善处置和应对"长臂管辖"风险。政策方面，应引导企业充分了解国际反洗钱、反恐怖融资、反腐败、反逃税、网络安全等重点领域的法律规定，明确操作流程和关键控制点。

参考文献

01 充分发挥我国强大国内市场优势

［1］李琼.把超大规模市场优势转化为发展优势［N］.湖北日报，2019-12-25（019）.

［2］国务院发展研究中心课题组，马建堂，张军扩.充分发挥"超大规模性"优势，推动我国经济实现从"超大"到"超强"的转变［J］.管理世界，2020，36（01）：1-7+44+229.

［3］赵昌文.打好超大规模市场优势这张"王牌"［N］.经济日报，2020-01-08（011）.

［4］蔡昉.发挥超大规模市场优势 实现经济社会发展目标［N］.经济日报，2020-03-12（011）.

［5］谢宇，张晓波，涂平，任强，黄国英.中国民生发展报告2018—2019［M］.北京：社会科学文献出版社，2019.

［6］李廉水，刘军，程中华，等.中国制造业发展研究报告2019：中国制造40年与智能制造［M］.北京：科学出版社，2019.

［7］本报评论员.充分挖掘超大规模市场优势［N］.经济日报，2020-04-23（001）.

［8］高帆.如何理解和挖掘我国超大规模市场优势［N］.社会科学报，2020-03-12（002）.

［9］德祥.充分挖掘超大规模市场优势［N］.学习时报，2020-03-11（003）.

［10］卓尚进.充分发挥我国超大规模市场优势和内需潜力［N］.金融时报，

2020-02-27（002）.

[11] 中国社会科学院宏观经济研究中心课题组，李雪松，陆旸，汪红驹，冯明，娄峰，张彬斌，李双双.未来15年中国经济增长潜力与"十四五"时期经济社会发展主要目标及指标研究［J］.中国工业经济，2020（04）：5-22.

[12] 白重恩，张琼.中国经济增长潜力预测：兼顾跨国生产率收敛与中国劳动力特征的供给侧分析［J］.经济学报，2017，4（04）：1-27.

[13] 李稻葵，石锦建，金星晔."十三五"时期中国经济增长潜力和前景分析［J］.投资研究，2015，34（12）：4-19.

02 中国储蓄率变化、决定因素及其影响研究

[14] 白重恩，张琼.中国的资本回报率及其影响因素分析［J］.世界经济，2014（10）.

[15] 都阳.新冠肺炎"大流行"下的劳动力市场反应与政策［J］.劳动经济研究，2020（3）.

[16] Orazio P. Attanasio, Lucio Picci, Antonello E. Scorcu. Saving, Growth, and Investment：A Macroeconomic Analysis Using A Panel of Countries［J］.The Review of Economics and Statistics, 2000, 82（2）：182-211.

[17] Marianne Baxter, Mario J. Crucini. Explaining Saving—Investment Correlations［J］.The American Economic Review, 1993, 83（3）：416-436.

[18] John Y. Campbell. Does Saving Anticipate Declining Labor Income? An Alternative Test of the Permanent Income Hypothesis［J］.Econometrica, 1987（55）：1249-1273.

[19] Christopher D. Carroll, David N. Weil. Saving and Growth：A Reinterpretation［J］.Carnegie-Rochester Conference Series on Public Policy, 1994（40）：133-192.

参考文献

[20] P. Chen, Loukas Karabarbounis, Brent Neiman.The Global Rise of Corporate Saving[J]. Journal of Monetary Economics, 2017(89): 1-19.

[21] M. S. Feldstein, Charles Y. Horioka.Domestic Saving and International Capital Flows [J].Economic Journal, 1980 (90): 319-329.

[22] Francesco Grigoli, Alexander Herman, Klaus Schmidt-Hebbel. World Saving [R].IMF Working Paper, 2014.

[23] Louis Kuijs. How Will China's Saving-Investment Balance Evolve?[R]. World Bank Policy Research Working Paper No. 3958, 2006.

[24] N. Loayza, K. Schmidt-Hebbel, L. Serven. "What Drives Saving Across the World?[J].the Review of Economics and Statistics, 2000, 82 (2): 165-181.

[25] F. Modigliani, R. H. Brumberg.Utility analysis and the consumption function: an interpretation of cross-section data [M]. New Brunswick: Rutgers university press, 1954: 388-436.

[26] F. Modigliani, Shi Larry Cao. The Chinese Saving Puzzle and the Life-Cycle Hypothesis [J]. Journal of Economic Literature, 2004 (42): 145-170.

[27] F. Modigliani. The Life Cycle Hypothesis of Saving and Intercountry Differences in Saving Ratio [Z].in Introduction, Growth and Trade, Essays in Honor of Sir Roy Harrod. W. A. Elits, M.F. Scott, and J. N. Wolfe, Oxford, 1970.

[28] OECD. OECD Economic Outlook (Interim Report) [R]. Paris, 2010.

[29] Andrew A. Samwick. Is Pension Reform Conducive to Higher Saving?[J]. The Review of Economics and Statistics, 2000, 82 (2): 264-272.

[30] International Money Fund. Policy Response to COVID-19 [R/OL]. 2020. https://www.imf.org/en/Topics/imf-and-covid19/Policy-Responses-to-COVID-19.

[31] D. T. Yang. Aggregate Savings and External Imbalance in China [J]. Journal of Economic Perspectives, 2012, 26（4）: 125-146.

[32] L. Zhang, Ray Brooks, Ding Ding, Haiyan Ding, Hui He, Jing Lu, Rui Mano. China's High Savings: Drivers, Prospects, and Policies [R]. IMF Working Paper, 2018.

03 全球"宽货币、低利率"对我国金融业的影响

[33] ANGELINI P, NERI S, PANETTA F. Monetary and macroprudential policies [J]. Bank of Italy Temi di Discussione（Working Paper）No, 2011, 801.

[34] BERNANKE B S. The new tools of monetary policy [J]. American Economic Review, 2020, 110（4）: 943-83.

[35] BERNANKE B S, MISHKIN F S. Inflation targeting: a new framework for monetary policy? [J]. Journal of Economic perspectives, 1997, 11（2）: 97-116.

[36] BLANCHARD O J, FARUQEE H, DAS M, et al. The initial impact of the crisis on emerging market countries [J]. Brookings papers on economic activity, 2010: 263-323.

[37] BOLTON P, HUANG H. The capital structure of nations [J]. Review of Finance, 2018, 22（1）: 45-82.

[38] BORIO C E V, DISYATAT P, JUSELIUS M, et al. Why so low for so long? A long-term view of real interest rates [J]. BIS Working Paper, 2017, 685: 73.

[39] BORIO C E V, WHITE W R. Whither monetary and financial stability? The implications of evolving policy regimes [J]. BIS Working Paper, 2004, 147: 51.

参考文献

[40] BRUNO V, SHIM I, SHIN H S. Comparative assessment of macroprudential policies [J]. Journal of Financial Stability, 2017, 28: 183-202.

[41] FRIEDMAN M. The role of monetary policy [J]. American Economic Review, 1968, 58 (1): 7-11.

[42] BEAN C R, BRODA C M, ITŌ T, et al. Low for long?: Causes and consequences of persistently low interest rates [M]. ICMB, International Center for Monetary and Banking Studies, 2015.

[43] HÖRDAHL P, SOBRUN J, TURNER P. Low long-term interest rates as a global phenomenon [J]. 2016.

[44] HALDANE A G, COBHAM D. Targeting Inflation: A conference of central banks on the use of inflation targets organised by the Bank of England 9-10 March 1995 [J]. Economic Journal, 1997, 107 (440): 211.

[45] KIM S, KIM S H, WANG Y. International Capital Flows and Boom-Bust Cycles in the Asia Pacific Region [J]. Discussion Papers Series, Department of Economics, Tufts University, 2005, 506.

[46] KAMINSKY G L. Currency crises: Are they all the same? [J]. Journal of International Money and Finance, 2006, 25 (3): 503-527.

[47] LIM C H, COSTA A, COLUMBA F, et al. Macroprudential policy: what instruments and how to use them? Lessons from country experiences [J]. IMF working papers, 2011: 1-85.

[48] MISHKIN F S. International experiences with different monetary policy regimes). Any views expressed in this paper are those of the author only and not those of Columbia University or the National Bureau of Economic Research [J]. Journal of monetary economics, 1999, 43 (3): 579-605.

[49] ROSE A K. A stable international monetary system emerges: Inflation targeting is Bretton Woods, reversed [J]. Journal of International Money and Finance, 2007, 26（5）: 663-681.

[50] SVENSSON L E O. Inflation forecast targeting: Implementing and monitoring inflation targets [J]. European Economic Review, 1997, 41（6）: 1111-1146.

[51] YELLEN J L. Macroprudential supervision and monetary policy in the post-crisis world [J]. Business Economics, 2011, 46（1）: 3-12.

[52] 保罗·克鲁格曼.萧条经济学的回归[M].北京：中国人民大学出版社，2009.

[53] 戴尔·科普兰.经济相互依赖与战争[M].北京：社会科学文献出版社，2017.

[54] 弗雷德里克·米什金.货币金融学（第11版）[M].北京：中国人民大学出版社，2016.

[55] 郭树清.中国经济的内部平衡与外部平衡问题[J].经济研究，2007（12）: 4-10.

[56] 管涛.货币供应与汇率：中国"货币超发"必然导致人民币贬值吗？[J].金融研究，2018（12）: 19-36.

[57] 管涛.汇率选择"中间解"的中国样本[J].国际金融研究，2017（12）: 75-82.

[58] 辜朝明.大衰退：宏观经济学的圣杯[M].北京：东方出版社，2016.

[59] 海曼·明斯基.稳定不稳定的经济：一种金融不稳定视角[M].北京：清华大学出版社，2010.

[60] 林伯强.人民币均衡实际汇率的估计与实际汇率错位的测算[J].经济研究，2002（12）: 60-69.

[61] 李宏瑾.长期性停滞与持续低利率：理论、经验及启示[J].世界经

济，2018（1）：3-28.

[62] 罗纳德·麦金农.经济自由化的顺序——向市场经济转型中的金融控制 [M].上海：上海人民出版社，2014.

[63] 施建淮，余海丰.人民币均衡汇率与汇率失调：1991—2004 [J].经济研究，2005（4）：34-45.

[64] 沈联涛.十年轮回：从亚洲到全球的金融危机 [M].上海：远东出版社，2009.

[65] 威廉·怀特.金融体系中的顺周期性：我们是否需要一个新的宏观金融稳定框架 [J].金融研究，2008（5）：65-86.

[66] 野口悠纪雄.战后日本经济史 [M].北京：民主与建设出版社，2018.

04 提升金融体系对经济转型升级的适应性

[67] ACEMOGLU D. Reward structures and the allocation of talent [J]. European Economic Review, 1995, 39：17-33.

[68] ARCAND J, BERKES E, PANIZZA U. Too Much Finance? [R], International Monetary Fund, 2012.

[69] HICKS J. A Theory of Economic History [M]. Oxford：Clarendon Press, 1969.

[70] MURPHY K, SHLEIFER A, VISHNY R. The Allocation of Talent：Implications for Growth [J].The Quarterly Journal of Economics, 1991, 106：503-530.

[71] JORDA Ò, SCHULARICK M, TAYLOR A.2017. Macrofinancial History and the New Business Cycle Fact.[M]// EICHENBAUM M, PARKE J：NBER Macroeconomics Annual, Chicago：University of Chicago Press, 2016：213-263.

[72] CECCHETTI S, KHARROUBI E, Reassessing the Impact of Finance on

Growth［R］, Bank of International Settlement, 2012.

［73］ CECCHETTI S, MOHANTY M and ZAMPOLLI F. 2011, The real effects of debt［R］.Bank of International Settlement, 2011.

［74］ BAUMOL W, Entrepreneurship: Productive, Unproductive, and Destructive［J］.Journal of Political Economy, 1990, 98: 893-921.

［75］ 刘鹤.序言［M］//乔安妮·凯勒曼, 雅各布·德汉, 费姆克·德弗里斯.21世纪金融监管.北京：中信出版社, 2016.

［76］ 刘鹤.在第十二届陆家嘴论坛开幕式上的致辞［EB/OL］.（2020-06-18）.［2020-8-15］.https://money.163.com/20/0618/10/FFD89GD100258105.html.

［77］ 查尔斯·达尔文.物种起源［M］.南京：译林出版社, 2016.

［78］ 卡萝塔·佩蕾丝.技术革命与金融资本：泡沫与黄金时代的动力学［M］.北京：中国人民大学出版社, 2007.

［79］ 罗斯托.经济成长的阶段［M］.北京：中国社会科学出版社, 2010.

［80］ 琼·罗宾逊, 约翰·伊特韦尔.现代经济学导论［M］.北京：商务印书馆, 2011.

［81］ 威廉·鲍莫尔, 罗伯特·利坦, 卡尔·施拉姆.好的资本主义坏的资本主义［M］.北京：中信出版社, 2008.

［82］ 威廉·N.戈兹曼.千年金融史［M］.北京：中信出版社, 2017.

［83］ 亚当·斯密.国富论［M］.北京：北京联合出版公司, 2014.

［84］ 亚历山大·格申克龙.经济落后的历史透视［M］.北京：商务印书馆, 2012.

［85］ 易纲.再论中国金融资产结构及政策含义［J］.经济研究, 2020（3）.

［86］ 张军扩, 余斌, 吴振宇.追赶接力：从数量扩张到质量提升［M］.北京：中国发展出版社, 2014.

［87］ 国务院发展研究中心课题组.充分发挥"超大规模性"优势 推动我国

参考文献

经济实现从"超大"到"超强"的转变［J］.管理世界，2020（1）.

［88］ 王一鸣.更好推动经济转向高质量发展轨道［N］.经济日报，2019-12-9.

［89］ 郭树清.坚定不移打好防范化解金融风险攻坚战［J］.求是，2020（16）.

［90］ 张晓朴，朱鸿鸣，等.金融的谜题：德国金融体系比较研究［M］.北京：中信出版社，2021.

05 建设金融支持民营企业发展的长效机制

［91］ 陈有西.民营企业的法治困境［J］.民主与科学，2016（5）：22-24.

［92］ 陈诣辉，王自迪，刘沛伦.2018年信用风险缓释工具市场研究报告［R］.联合资信、联合评级研究部，2019-04-11.

［93］ 魏凯，卿苏德，张奕卉，黄胜，徐晓旻，焦丽梅，陈垚亮.工业区块链应用白皮书（征求意见稿）［S］.工业互联网产业联盟（AII）和可信区块链推进计划（TBI），2019-02.

［94］ 郑旻."创新升级"系列：从纳斯达克看科创板的路径选择—策略专题［J］.国元证券，2019-02-08.

［95］ 华经情报网.2018年中国民营经济运行现状及发展前景分析［R/OL］.百家号，2019-07-01.https：//baijiahao.baidu.com/s?id=1636651997598625822&wfr=spider&for=pc.

［96］ 黄益平.中国民营企业的融资问题［N/OL］.清华五道口.2020-05-16. https：//www.sohu.com/a/395617515_550313.

［97］ 简尚波.中国高收益债系列研究（一）：市场结构及交易现状研究［R］.远东资信，2019-04-26.

［98］ 简尚波.中国高收益债系列研究（二）：从案例看高收益与高风险动态匹配［R］.远东资信，2019-06-03.

［99］ 金若琳，陈梦佳，罗华伟.民营上市公司股权质押成因和经济后果研

究［J］.中国市场，2019（20）.

［100］ 经济参考报.疫情下多国企业破产数量上升，美国超10万家小型企业倒闭［N/OL］.人民网，2020-05-15. http：//finance.people.com.cn/n1/2020/0515/c1004-31709887.html.

［101］ 康正宇.2010—2018年8月民营企业与国企债券融资对比分析［R/OL］.鹏元研究，2018-10-18.http：//www.sohu.com/a/260335998_739558.

［102］ 李峰，王全弟.美国应收账款担保制度及其对我国的启示［J］.复旦学报（社会科学版），2011（04）：108-116.

［103］ 理言.国际视窗：美国小微融资之道——70年的启示［N/OL］.平安普惠金融研究院，2020-04-23.https：//baijiahao.baidu.com/s?id=1666093815250522211&wfr=spider&for=pc.

［104］ 李学峰.民营企业融资究竟难在哪里？［N/OL］.新浪财经，2018-11-14.http：//finance.sina.com.cn/money/bank/bank_hydt/2018-11-14/doc-ihnvukff0157519.shtml.

［105］ 郝帅，闫瑾，刘晓光.2019年度我国公募债券市场违约处置和回收情况研究［R］.联合资信，2020-04-10.

［106］ 刘晓春.是时候重新审视银企关系了［N/OL］.中国金融四十人论坛，2020-01-06.https：//mp.weixin.qq.com/s/Yk9QTHTPfGYyuotSp8LF9Q.

［107］ 刘亚南.疫情严冬中，美国小企业如何活下去？［N/OL］.新华财经，2020-04-26.https：//baijiahao.baidu.com/s?id=1665000091583053673&wfr=spider&for=pc.

［108］ 鲁政委.创新方式提高直接融资比重，缓解小微企业融资难问题［N/OL］.金融时报-中国金融新闻网，2019-01-07.http：//www.financialnews.com.cn/pl/gd/201901/t20190107_152425.html.

参考文献

[109] 罗欢平.美国《小企业法》7（a）担保贷款项目及其启示［J］.金融法苑，2019，98（3）：177-188.

[110] 马鲲鹏，王丛云.高速增长下，转型正当时——融资租赁行业深度报告［R］.申万宏源研究，2019-03-26.

[111] 浦文昌.美国德国法国日本是如何解决中小企业融资难问题的［N/OL］.澎湃新闻，2019-04-21.https：//www.thepaper.cn/newsDetail_forward_3315400.

[112] 任贵永.国内可转换公司债券状况研究［R］.联合信用评级有限公研究报告，2018-12.

[113] 任泽平，马家进，罗志恒.2019年中国民营经济报告出炉：民营企业实现从0到56789的成就！［R/OL］.金融界，2019-10-14.https：//baijiahao.baidu.com/s?id=1647322086137116909&wfr=spider&for=pc.

[114] 任泽平.我国各行业企业融资结构［R/OL］.新浪专栏，2018-12-14.http：//finance.sina.com.cn/zl/china/2018-12-14/zl-ihqackac9131454.shtml?cre=zl&r=user&pos=5_4.

[115] 赛迪智库.工业互联网：产业链图谱加速完善［N/OL］.2019-02-22.http：//www.ccidnet.com/2019/0222/10457100.shtml.

[116] 田国强，黄晓东，宁磊，王玉琴.警惕家庭债务危机及其可能引发的系统性金融风险［R/OL］.2018-08-08.http：//news.hexun.com/2018-08-08/193714472.html.

[117] 王桂芳，文小兴.疫情之下，融资能力哪家强？一季度上市企业融资能力排行榜［N/OL］.零壹财经，2020-05-15.https：//new.qq.com/omn/20200517/20200517A0GPXO00.html.

[118] 王清华.资产证券化新规下的法律风险控制［R/OL］.锦天城律师事务所，2015-01-26.https：//www.allbrightlaw.com/CN/10475/1f3c29e9229af5cf.aspx.

［119］王伟.宏观调控对民营企业发展的影响及其对策［J］.中国民营科技与经济，2005（11）：22-24.

［120］王小鲁.调查报告：银行行长看经济形势［J］.中国改革，2020（1）.

［121］范军利.创业板非公开发债启动［N/OL］.财新网，2011-11-21.http：//finance.sina.com.cn/money/bond/20111121/085210850923.shtml.

［122］人民银行研究局课题组.小微企业融资的国际比较与中国经验［R/OL］.财新网，2020-5-28.http：//opinion.caixin.com/2020-05-28/101560047.html.

［123］于凡.国际融资租赁分析研究［R/OL］.和君资本，2017-05-22.http：//www.hejun.com/thought/point/201705/8391.html.

［124］张旭.政策叠加下的民营实体企业生存环境［R/OL］.搜狐财经，2018-10-29.http：//www.sohu.com/a/271954723_270543.

［125］招商银行课题组.穿越生死线——招商银行小微企业调研报告之二［R］.招商银行研究，2020-5-18.

［126］曾刚，吴语香.从信用债市场看民营企业融资现状［R/OL］.当代金融家，2019-11-13.http：//www.modernbankers.com/html/2019/financiercon_1113/668.html.

［127］中国证券报.机构人士揭秘民企融资现状：大型民营企业贷款综合成本目前约7％［N/OL］.金融界，2019-04-26.https：//baijiahao.baidu.com/s?id=1631823119291680213&wfr=spider&for=pc.

［128］周琼.从美国《准时付款法》看民营企业应收账款问题的解决［N/OL］.新浪专栏，2019-02-20.http：//finance.sina.com.cn/zl/china/2019-02-20/zl-ihqfskcp6806140.shtml?cre=zhuanlanpc&mod=g&loc=25&r=0&rfunc=76&tj=none.

［129］祝惠春.积极拓展直接融资渠道［N/OL］.人民网，2019-03-01.http：//theory.people.com.cn/n1/2019/0301/c40531-30951380.html.

参考文献

[130] Kaiji Chen, Jue Ren, Tao Zha. How Does the Interaction between China's Monetary and Regulatory Policies Impact Shadow Banking and Total Bank Credit? [N/OL].Voxchina.2017-07-12. http：//www.voxchina.org/show-3-21.html.

[131] OECD, New Approaches to SME and Entrepreneurship Financing：Broadening the Range of Instruments [R].OECD Publishing, paris, 2015-10-28.http：//dx.doi.org/10.1787/9789264240957-en.

[132] Winship, Verity. Private Company Fraud [N/OL].UC Davis Law Review, 2020-2-14. https：//ssrn.com/abstract=3538499 or http：//dx.doi.org/10.2139/ssrn.3538499.

后　记

　　《径山报告》研究项目启动于2017年，在黄益平教授的领导下，过去三年的《径山报告》聚焦金融领域热点、难点问题，分别围绕金融开放、金融改革、金融创新三大主题，开展了理论性和政策性兼具的研究工作，逐步成为中国金融四十人论坛的品牌项目，形成了广泛的社会影响。为持续研讨经济金融领域重大话题、探究中国经济金融继续向前发展的路径，2019年10月，王海明秘书长找到我，希望由我来牵头组织未来三年的《径山报告》，我欣然接受。

　　2020年既是"十三五"规划的收官之年，也是"十四五"规划谋篇布局的关键之年，因此我们考虑围绕"十四五"规划来选题并开展研究。经过多次讨论和听取各方意见，《2020·径山报告》的题目最终被确定为"'十四五'时期经济金融发展与政策研究"。在此基础上，我们进一步讨论确定了五个分报告题目和领衔专家人选，分别是：中国社会科学院国家高端智库首席专家蔡昉、中国社科院人口与劳动经济研究所副所长都阳共同负责的"中国储蓄率变化、决定因素及其影响研究"；国家外汇管理局副局长陆磊负责的"全球'宽货币、低利率'对我国金融业的影响"；上海新金融研究院副院长刘晓春负责的"建设金融支持民

走向"十四五"

营企业发展的长效机制";高瓴资本产业与创新研究院院长、中金公司原首席经济学家梁红负责的"房地产金融发展的困境与破解";中国人民银行研究局局长王信负责的"开放条件下防范金融风险的难点与对策"。我本人负责牵头综合报告起草,在考虑综合报告题目时,恰逢2019年中央经济工作会议召开,会议明确提出"充分挖掘超大规模市场优势",这一主题不仅本身具有丰富内涵和研究价值,作为逻辑主线也能够很好地将各分报告串联起来,因而综合报告题目初定为"充分发挥我国超大规模市场新优势"。在即将出版之际,我们按照党的十九届五中全会通过的"十四五"规划建议,将综合报告题目改为"充分发挥我国强大国内市场优势"。同时,在项目启动会上,中财办经济一局局长张晓朴建议增加分报告"提升金融体系对经济转型升级的适应性",并对研究工作给予指导。这样,一个综合报告加六个分报告的课题框架就确定下来了,随后各部分负责人组建研究团队,细化研究提纲,启动课题研究。

从1月初课题启动到8月末成果发布,整个过程历时八个月,各位课题负责人及团队成员广泛查阅资料、深入开展研究,倾注了大量时间和精力。特别是,春节前后新冠肺炎疫情的暴发与蔓延,给生活和工作带来了极大不便,疫情的影响几乎贯穿了整个课题研究过程。课题组成员和中国金融四十人论坛工作人员克服种种困难,积极应对疫情带来的各种挑战和不便,保质保量地完成了课题研究,取得了预期成效。课题组在5月中旬召开线上课题讨论会、7月下旬召开线上中期评审会,广泛听取来自各界专

后 记

家的修改意见和建议，经过多次打磨和完善，在8月末顺利交卷。

参与本书写作的人员主要有：肖钢、冯明、石锦建执笔综合报告，蔡昉、都阳执笔分报告一，陆磊、马昀、王笑笑、姚一旻、尚昕昕、亢悦、贺洋执笔分报告二，朱鸿鸣执笔分报告三，刘晓春、周琼、肖蕾、祝修业执笔分报告四，梁红、张宇执笔分报告五，王信、张蓓、贾彦东、李宏瑾、马志扬、崔莹、张伟执笔分报告六。在此，对以上各位负责人及课题组成员，谨致以诚挚的感谢！

在本书出版之际，我要特别提到，全国政协经济委员会副主任、中财办原副主任杨伟民，全国政协经济委员会副主任、国务院发展研究中心原副主任刘世锦，全国政协委员、国务院发展研究中心原副主任王一鸣，中财办经济一局局长张晓朴，中国银行保险监督管理委员会副主席肖远企，清华大学五道口金融学院院长张晓慧，北京大学国家发展研究院副院长黄益平，安信证券首席经济学家高善文，国际货币基金组织原中国执行董事何建雄等多位领导和专家，在课题讨论和评审环节，提出了宝贵的指导意见。根据他们的意见，我们对综合报告和各分报告初稿进行了修改、调整、补充和完善。对此，我们深表谢意！

我要特别感谢复旦大学特聘教授、重庆市原市长黄奇帆同志，他不仅参加了课题中期评审，提出了宝贵意见，还拨冗为本书撰写了序言。

中国金融四十人论坛王海明秘书长和相关工作人员，为课题组的组建，报告的开题、评审、发布等活动，以及报告的编辑、翻译和出版，做了大量辛勤的工作。在此，我们表示衷心感谢！

走向"十四五"

  本书的出版离不开中信出版社的大力指导和支持。中信出版社的黄静、丁媛媛、路姜波等对本书的出版发行，特别是从适应读者需求的角度，对本书的标题选定、文字润色、篇章结构提出了非常中肯的建议，在此一并致谢。

  由于我们的能力有限，本书研究仍存在不足之处，敬请读者批评指正。

肖钢

2021 年 4 月